日本語学習者向け
FOR LEARNERS OF JAPANESE

# 語彙ドン

## 大学で学ぶためのことば

石澤徹・岩下真澄・伊志嶺安博・桜木ともみ・松下達彦（著）
TORU ISHIZAWA・MASUMI IWASHITA・YASUHIRO ISHIMINE・TOMOMI SAKURAGI・TATSUHIKO MATSUSHITA

VOL.1
中級
INTERMEDIATE LEVEL

くろしお出版

# この本の特長

『語彙ドン！―大学で学ぶためのことば―』（以下、『語彙ドン！』）には、おすすめのポイントが四つあります。

**① 大学や専門学校の授業でよく使われることばをまとめて勉強できる**

**② いろいろな練習やゲームで楽しく勉強できる**

**③ 一回勉強したことばを、何回も使うチャンスがある**

**④「本当の（authentic）読み物」を読むステップになる**

## ① 大学や専門学校の授業でよく使われることばをまとめて勉強できる

「日本語を上手に使えるようになるために語彙（vocabulary）が大切なのはわかる。でもたくさんあって、何をどれから勉強したらいいかわからない！」と言う人はたくさんいます。そこで、『語彙ドン！』では、「大学で学ぶためのことば」を集めて、これらを中心に勉強できるようにしました。この本で勉強することばは、著者の一人の松下達彦が作った「日本語学術共通語彙（Japanese Common Academic Words）」から選びました。『語彙ドン！ Vol.1』ではそのうちの600語を勉強します。どれも、いろいろな専門の本や授業で広く使われています。これらは上級に進むためにとても大切なことばですが、毎日の生活で見たり聞いたりすることはあまりありません。ですから、『語彙ドン！』を使って勉強することをおすすめします。

## ② いろいろな練習やゲームで楽しく勉強できる

『語彙ドン！』では、ことばを覚えるために、いろいろな方法が使われています。次の方法のなかに、みなさんがいつもしている勉強の方法と同じものがありますか？

＊自分がそのことばを知っているかどうか、よく考えてみる。

＊知らないことばでも、文脈（context）からどんな意味か考えながら読んだり聞いたりする。

＊ことばの意味も説明の日本語で読んで、日本語で考える。

＊同じことばを何回も思い出したり使ったりする。

＊ことばの音と文字を結び付けられるように練習する。

＊いろいろな練習のどれが自分に合っているか考えながら、楽しく勉強できる方法を探す。

「書いて覚える」「カードにする」という練習もとてもいい方法ですし、前のページの方法の他にも、おもしろい勉強の方法があるかもしれません（コラム「この本で勉強することば」(p.52)参照）。自分に合う「覚えやすい方法」「思い出しやすくなる方法」をいろいろ見つけて、語彙をドン！と増やしましょう。

### ③ 一回勉強したことばを、何回も使うチャンスがある

前に勉強したことばでも、使うときにすぐ思い出せなかったり、テストのあとすぐに忘れてしまったりしたことはありませんか。『語彙ドン！』は、前に勉強したことばを使って、新しいことばを勉強するように作られています。つまり、勉強したことばを思い出して使うチャンスがたくさんあり、何回も勉強できます。

### ④「本当の(authentic)読み物」を読むステップになる

『語彙ドン！』のSTEP 4やチャレンジの文章は「本当の(authentic)読み物」(本・新聞・ニュースなど)を少し簡単にしたものです。LESSON 1からLESSON 20にむけて、少しずつ「簡単にした文」が減り、「本当の(authentic)読み物」に近づいていきます。勉強したことばもたくさん含まれていますが、まだ勉強していないことばや専門で使うことばも入っています。しかし、LESSON 1から少しずつ読む練習をしていくと、読むのに慣れて、知らないことばがあっても読めるようになっていきます。ですから、『語彙ドン！』は「ことばを増やしながら『本当の(authentic)読み物』を読むためのステップ」になっています。

このように、『語彙ドン！』は、大学などの授業を受けるために必要なことばを、いろいろな方法で何回も使いながら、楽しく勉強できるように作られています。

## ◉この本で勉強することば（日本語学術共通語彙）について

日本語学術共通語彙は、次のようにして選びました。まず、大学の勉強で使う文章をたくさん集めて、次の四つに分けました。

A. 人文学 (Humanities)
B. 社会科学 (Social Sciences)
C. 理工系自然科学 (Technological Natural Sciences)
D. 生物・医学系自然科学 (Biological Natural Sciences)

次に、A ～ Dの一つひとつでよく使われることばを選びました。最後に、A ～ Dの四つのうち、三つか全部に選ばれたことばを「学術共通語彙」にしました。A ～ Dのうち三つより多いジャンルで使われるので、文系（A.人文学、B.社会科学）でも理系（C.理工系自然科学、D.生物・医学系自然科学）でもよく使われることばです。こうして1100語くらいのことばが選ばれました。

これらのことばは、勉強に使いますが、専門用語（Technical term）ではありません。どの専門でもよく使われますし、新聞やニュースでもよく使われることばです。生活のためのことばやドラマ・小説のことばとは少し違います。

この「日本語学術共通語彙」のことばは、大学や専門学校などで授業を受けるためには、下の図のように中級でいちばん大切だと言えます。

だんだんむずかしくなる
使われる回数が少なくなる

<table>
<tr><th>レベル Level</th><th colspan="5">ジャンル Genre（ことばが使われるところ）</th></tr>
<tr><td rowspan="2">上級 Advanced</td><td colspan="4">専門のことば</td><td rowspan="2">ドラマ・小説のことば</td></tr>
<tr><td>人文</td><td>社会</td><td>理工</td><td>生物</td></tr>
<tr><td>中級 Intermediate</td><td colspan="4">勉強によく使うことば<br>＝学術共通語彙</td><td>生活会話のことば</td></tr>
<tr><td>初級 Elementary</td><td colspan="5">どんなジャンルでも使われる、よく使うことば</td></tr>
</table>

だんだん狭く（専門的に）なる

## ◉『語彙ドン！』ウェブサイト：http://www.9640.jp/goidon/

○ no. の音声ファイル
○ 追加の練習問題
・STEP3のアクティビティ２，３
・STEP4の内容理解問題

# この本の使い方

## チェックでドン！：まずは今の自分を知ろう

STEP 1のことばを見て意味がわかるときは○、わからないときは×、困ったときは△を書きましょう。読み方も書いてみましょう。わからないときは、そのことばの番号に○をつけておきましょう。ウェブサイトに音声があるので、聞いてみましょう。

| | | 意味がわかる | 読み方 |
|---|---|---|---|
| 1 | レベル | ○ | れべる |
| 2 | 説明(する) | △ | せつめい |
| 3 | 力 | △ | ちから |
| ④ | 考える | × | |
| 5 | 例えば | | |

| | | 意味がわかる | 読み方 |
|---|---|---|---|
| 16 | ～化(する) | | |
| 17 | 初め／始め | | |
| 18 | 位置(する) | | |
| 19 | ほとんど | | |
| 20 | コンピューター | | |

## 例文・意味でドン！：例文を読んで、意味をイメージしよう

少し長い例文を読んでみましょう。下線のことばは、STEP 1のことばと同じです。ことばが文全体の中でどんな意味で使われているか、考えながら読みましょう。辞書を使わずに、そのことばの前後や、前の文や後ろの文を読みながら、文を読み進めてみましょう。下線のことばは、下に意味と短い例文があります。わからないときに見てください。また、右にあることばをかくして、_____に何が入るか考える練習もできます。また、聞くことが苦手な人は、音声をダウンロードして聞いてみましょう。

**1** 1-1

日本語のレベルが上がると、説明できることも増える。だが、本当に日本語の力がある人というのは、日本語で考える力がある人のことではないだろうか。例えば、二つのものを比べて、いい点とよくない点をわかりやすく言うことは、よく考えることができなければ難しい。考える力があれば、説明力も伸びていくはずだ。皆さんには、このテキストで学びながら、ぜひ日本語を使って考えるようにしてもらいたい。

右にあることばをかくすとき、カバーのしおりを使うと便利です。

| | | | |
|---|---|---|---|
| 1 | 【名詞】 | 意 [level] 高さ。どのぐらいよいか、または、どのぐらいあるかを言うもの。<br>例 日本語を勉強して、日本の大学に入れる_____になりたい。 | レベル |
| 2 | 【名詞】 | 意 人がわかるように、その意味や様子を話すこと。<br>例 パソコンを初めて買った母にその使い方を_____する。 | 説明(する) |

GOI-DON

## ゲームでドン!：3種類のアクティビティーで楽しみながら勉強しよう

STEP 3には三つのアクティビティー(activity)があります。ゲームのように楽しく勉強できます。

### アクティビティー❶

左と右の漢字を線でつないで、一つのことばにしましょう。問題文の＿＿＿に合うことばを探して、＿＿＿に入れましょう。

| | | | | |
|---|---|---|---|---|
| a | 膨 | ・ | ・ | 体 | |
| b | 貢 | ・ | ・ | 築 | |
| c | 大 | ・ | ・ | 大 | 膨大／ぼうだい |
| d | 構 | ・ | ・ | 献 | |

1. 公園をきれいにする＿＿＿＿をこれからも友だちと続けていくつもりだ。
2. ＿＿＿＿旅行にもひとりでの旅行にも、よい点と悪い点がある。
3. 来週までに＿膨大＿な量の資料を読んで、レポートを書かなければならない。

### アクティビティー❷

問題文の＿＿＿に入ることばをボックスから探して、文を完成させましょう。動詞は文に合う形にして入れてください。

| | | | | |
|---|---|---|---|---|
| し | ょ | う | か | い |
| せ | む | じ | い | み |
| い | け | ゆ | い | と |
| ふ | る | う | ん | め |
| さ | ま | ざ | ま | る |

□ 認める
□
□
□
□
□
□

1. 1年間の留学生活で＿＿＿＿なことを勉強することができた。
2. 家族は私が外国人と結婚することを＿認め＿てくれた。
3. 初めて出席する人に自己＿＿＿＿をしてもらいましょう。

### アクティビティー❸

問題文の＿＿＿に入ることばを使って、クロスワードを完成させましょう。動詞は辞書形にして入れてください。

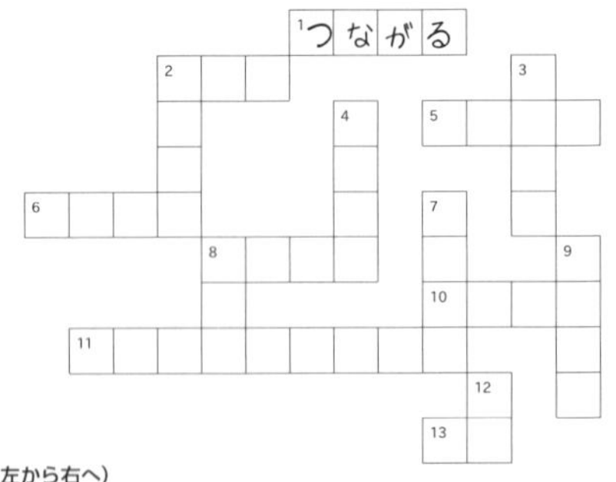


→(左から右へ)

| | |
|---|---|
| 1 | 今やっている毎日の小さなことが、きっと未来の自分に＿つながっ＿ている。 |
| 2 | ＿＿＿の人がやさしくなれば、この世界は平和になるだろうか。 |
| 5 | おいしい料理のためには、しっかりした＿＿＿が大切だ。 |

↓(上から下へ)

| | |
|---|---|
| 2 | 何も問題ないので、このまま話を＿＿＿ていきましょう。 |
| 3 | 何か困ったことがあったら、留学生＿＿＿の先生に聞いてみるとよい。 |
| 4 | 私も彼の意見と＿＿＿に、この建物を壊すことに反対だ。 |

STEP 2で勉強したことばがどんな意味だったか、思い出しながら解いてみましょう。STEP 3が難しいときは、STEP 2に戻って、それぞれのことばの例文や意味を読み直してみましょう。

### 読んで ドン!：長い文章を読んで、学んだことばの復習をしよう

このレッスンで勉強したことばのうち、いくつかのことばが入った文章を読みます。そのあとに「ことば問題」にチャレンジしてみましょう。ここの文章は、日本で売られている本の「本当の(authentic)」文章から選びました(読みやすくするために、ことばを少し変えてあるものもあります)。これが読めるということは、しっかりことばが身についているということです。もしわからなかったら、STEP 2をもう一度見て、復習しましょう。「内容理解問題」がウェブサイトにありますので、ダウンロードしてチャレンジしてみましょう。

### チャレンジドン!：覚えたことばでいろいろチャレンジしてみよう

◎「チャレンジドン！」を読んでみましょう。この本の中で一番「本当の読み物」に近いです。理解を深めたい人は、「内容理解問題」をダウンロードしてやってみましょう。

◎読むだけが勉強ではありません。勉強したことばを使って例文を書いてみましょう。できるなら、いくつかのことばを使って、少し長い文章を書いてみましょう。

### ■ 漢字とその読み方について ■

漢字の下にあるひらがなは「ふりがな」といいます。この本では、漢字で書かれることが多いことばは漢字で書き、漢字だけでは難しいことばには、ふりがながついています。LESSON 1からLESSON 20まで、勉強したことばが増えると、ふりがなはだんだん少なくなっていきます。また、まだ勉強していないことばについては、以下のようなルールになっています。

LESSON 1から12まで：

初級(JLPT-N4)より難しいことば・漢字にふりがながついています。また、初級でも漢字で書くと読み方がわかりにくいものにはふりがながついています。

LESSON 13から20まで：

ふりがなが少しずつ少なくなります。上級のことば・漢字(N1)や、あまり使われなくて難しいことば・漢字にはふりがながついていますが、LESSON 12までに勉強したことばや、中級のことば・漢字(N3/N2)にはふりがながついていません。

# もくじ CONTENTS

## Lesson 1


1 レベル p.2
2 説明(する)（せつめい）
3 力／-力（ちから／りょく）
4 考える（かんが）
5 例えば（たと）
6 比べる（くら） p.3
7 点（てん）
8 関係(する)（かんけい）
9 現実（げんじつ）
10 -的（な）（てき）
11 他（ほか）
12 -付け（づ）
13 生活(する)（せいかつ） p.4
14 社会（しゃかい）
15 電子（でんし）
16 -化(する)（か）
17 初め／始め（はじ／はじ）
18 位置(する)（いち）
19 ほとんど
20 コンピューター
21 時点（じてん） p.5
22 行う（おこな）
23 検討(する)（けんとう）
24 特定(する)（とくてい）
25 筆者（ひっしゃ）
26 ため
27 行為（こうい） p.6
28 特に（とく）
29 目的（もくてき）
30 運動(する)（うんどう）


## Lesson 2


31 講義(する)（こうぎ） p.12
32 非常（ひじょう）
33 特別（とくべつ）
34 注目(する)（ちゅうもく）
35 言い換える（い か）
36 十分（じゅうぶん）
37 分ける（わ） p.13
38 活動(する)（かつどう）
39 取り組み（と く）
40 貢献(する)（こうけん）
41 今後（こんご）
42 団体（だんたい）
43 表す（あらわ） p.14
44 以下（いか）
45 一方（いっぽう）
46 以上（いじょう）
47 明らか（あき）
48 構築(する)（こうちく）
49 必要（ひつよう） p.15
50 チェック(する)
51 膨大（ぼうだい）
52 あるいは
53 方法（ほうほう）
54 システム
55 量（りょう）
56 ある p.16
57 用いる（もち）
58 多く（おお）
59 大量（たいりょう）
60 消費(する)（しょうひ）


## Lesson 3


61 紹介(する)（しょうかい） p.22
62 監視(する)（かんし）
63 センター
64 役割（やくわり）
65 主に（おも）
66 様々（さまざま）
67 まとめる
68 会（かい） p.23
69 向ける（む）
70 提案(する)（ていあん）
71 状況（じょうきょう）
72 疑問（ぎもん）
73 会員（かいいん）
74 準備(する)（じゅんび）
75 発展(する)（はってん） p.24
76 コミュニケーション(する)
77 つながる
78 地理（ちり）
79 自由（じゆう）
80 認める（みと）
81 計画(する)（けいかく）
82 進める（すす） p.25
83 全て（すべ）
84 経験(する)（けいけん）
85 急速（きゅうそく）
86 有効（ゆうこう）
87 政府（せいふ）
88 補う（おぎな）
89 同様（どうよう） p.26
90 -性（せい）


## Lesson 4


91 種類（しゅるい） p.32
92 生物（せいぶつ）
93 異なる（こと）
94 発達(する)（はったつ）
95 有利（ゆうり）
96 述べる（の）
97 基づく（もと）
98 物理（ぶつり） p.33
99 -学（がく）
100 データ
101 日常（にちじょう）
102 体系（たいけい）
103 科学（かがく）
104 競争(する)（きょうそう）
105 特徴（とくちょう）
106 富む（と） p.34
107 含める（ふく）
108 イメージ(する)
109 結果（けっか）
110 技術（ぎじゅつ）
111 形／-形（かたち／けい） p.35
112 限る（かぎ）
113 容易（ようい）
114 代表(する)（だいひょう）
115 チーム
116 極端（きょくたん）
117 全体（ぜんたい） p.36
118 前後(する)（ぜんご）
119 移動(する)（いどう）
120 -数／数-（すう／すう）


## Lesson 5


121 背景（はいけい） p.42
122 光／-光（ひかり／こう）
123 反射(する)（はんしゃ）
124 面積（めんせき）
125 等しい（ひと）
126 手段（しゅだん） p.43
127 障害（しょうがい）
128 取り上げる（と あ）
129 まず
130 透明（とうめい） p.44
131 分類(する)（ぶんるい）
132 以降（いこう）
133 割合（わりあい）
134 カテゴリー
135 当てはまる（あ）
136 前者（ぜんしゃ） p.45
137 吸収(する)（きゅうしゅう）
138 後者（こうしゃ）
139 完全（かんぜん）
140 図（ず）
141 表（ひょう）
142 適する（てき） p.46
143 ライフ
144 式（しき）
145 中止(する)（ちゅうし）
146 アイデア
147 数学（すうがく） p.47
148 試験(する)（しけん）
149 単位（たんい）
150 値／-値（あたい／ち）

## Lesson 6

- 151 人口（じんこう） p.54
- 152 統計（とうけい）
- 153 発表(する)（はっぴょう）
- 154 最も（もっと）
- 155 約（やく）
- 156 -倍（ばい）
- 157 報告(する)（ほうこく）
- 158 関わる（かか） p.55
- 159 危険（きけん）
- 160 作業(する)（さぎょう）
- 161 就く（つ）
- 162 半数（はんすう）
- 163 関する（かん）
- 164 計算(する)（けいさん）
- 165 サービス(する) p.56
- 166 -業（ぎょう）
- 167 メディア
- 168 地域（ちいき）
- 169 得る（え）
- 170 デジタル p.57
- 171 処理(する)（しょり）
- 172 法律（ほうりつ）
- 173 工業（こうぎょう）
- 174 産業（さんぎょう）
- 175 長期（ちょうき）
- 176 形態（けいたい）
- 177 推定(する)（すいてい） p.58
- 178 -代（だい）
- 179 順（じゅん）
- 180 -当たり（あ）

## Lesson 7

- 181 自然（しぜん） p.64
- 182 合併(する)（がっぺい）
- 183 自体（じたい）
- 184 価値（かち）
- 185 安全（あんぜん）
- 186 伝統（でんとう）
- 187 刺激(する)（しげき） p.65
- 188 モデル
- 189 動作（どうさ）
- 190 作成(する)（さくせい）
- 191 働き（はたら） p.66
- 192 密接（みっせつ）
- 193 状態（じょうたい）
- 194 影響(する)（えいきょう）
- 195 安定(する)（あんてい）
- 196 保障(する)（ほしょう）
- 197 職（しょく） p.67
- 198 現代（げんだい）
- 199 求める（もと）
- 200 情報（じょうほう）
- 201 動向（どうこう）
- 202 最新（さいしん）
- 203 都市（とし） p.68
- 204 生産(する)（せいさん）
- 205 言わば（い）
- 206 独自（どくじ）
- 207 美術（びじゅつ）
- 208 集団（しゅうだん）
- 209 スクリーン
- 210 開放(する)（かいほう）

## Lesson 8

- 211 対象（たいしょう） p.74
- 212 意識(する)（いしき）
- 213 及ぶ（およ）
- 214 要素（ようそ）
- 215 追求(する)（ついきゅう）
- 216 提供(する)（ていきょう）
- 217 投入(する)（とうにゅう） p.75
- 218 生み出す（う だ）
- 219 矛盾(する)（むじゅん）
- 220 条件（じょうけん）
- 221 維持(する)（いじ）
- 222 同時（どうじ）
- 223 徹底(する)（てってい）
- 224 両方（りょうほう） p.76
- 225 全般（ぜんぱん）
- 226 流れ（なが）
- 227 順序（じゅんじょ）
- 228 描く（えが）
- 229 備える（そな）
- 230 分野（ぶんや）
- 231 読み取る（よ と） p.77
- 232 共有(する)（きょうゆう）
- 233 チャンネル
- 234 ステージ
- 235 共感(する)（きょうかん）
- 236 主流（しゅりゅう）
- 237 特色（とくしょく） p.78
- 238 加える（くわ）
- 239 方向（ほうこう）
- 240 存在(する)（そんざい）

## Lesson 9

- 241 中央（ちゅうおう） p.84
- 242 行動(する)（こうどう）
- 243 集合(する)（しゅうごう）
- 244 おのおの
- 245 選択(する)（せんたく）
- 246 従う（したが）
- 247 基本（きほん） p.85
- 248 直接（ちょくせつ）
- 249 つまり
- 250 ワーク
- 251 観察(する)（かんさつ）
- 252 正確（せいかく）
- 253 記録(する)（きろく） p.86
- 254 作り出す（つく だ）
- 255 与える（あた）
- 256 及ぼす（およ）
- 257 調査(する)（ちょうさ）
- 258 単独（たんどく）
- 259 複数（ふくすう）
- 260 視点（してん） p.87
- 261 対照(する)（たいしょう）
- 262 人種（じんしゅ）
- 263 対する（たい）
- 264 タイム p.88
- 265 際（さい）
- 266 本来（ほんらい）
- 267 明確（めいかく）
- 268 委員（いいん）
- 269 主要（しゅよう）
- 270 間接（かんせつ）

## Lesson 10

- 271 属する（ぞく） p.96
- 272 章（しょう）
- 273 相互（そうご）
- 274 結論(する)（けつろん）
- 275 単に（たん）
- 276 交流(する)（こうりゅう）
- 277 事業（じぎょう） p.97
- 278 多様（たよう）
- 279 接する（せっ）
- 280 生じる（しょう）
- 281 スムーズ
- 282 実験(する)（じっけん）
- 283 パターン
- 284 全国（ぜんこく）
- 285 超える（こ） p.98
- 286 試み（こころ）
- 287 -者（しゃ）
- 288 制度（せいど）
- 289 適用(する)（てきよう）
- 290 範囲（はんい）
- 291 制限(する)（せいげん）
- 292 所在(する)（しょざい） p.99
- 293 管理(する)（かんり）
- 294 縮小(する)（しゅくしょう）
- 295 国土（こくど）
- 296 除く（のぞ）
- 297 経過(する)（けいか）
- 298 採用(する)（さいよう） p.100
- 299 段階（だんかい）
- 300 アウト

## Lesson 11

| No. | 語 | 読み | ページ |
|---|---|---|---|
| 301 | 理由 | りゆう | p.106 |
| 302 | やりとり(する) | | |
| 303 | 反応(する) | はんのう | |
| 304 | 適切 | てきせつ | |
| 305 | コントロール(する) | | p.107 |
| 306 | 誤り | あやま | |
| 307 | 単純 | たんじゅん | |
| 308 | 新た | あら | |
| 309 | カバー(する) | | |
| 310 | 当事者 | とうじしゃ | |
| 311 | 組織 | そしき | |
| 312 | 中間 | ちゅうかん | p.108 |
| 313 | 定着(する) | ていちゃく | |
| 314 | 複雑 | ふくざつ | |
| 315 | 開始(する) | かいし | |
| 316 | 訴える | うった | |
| 317 | 合計(する) | ごうけい | |
| 318 | 追加(する) | ついか | p.109 |
| 319 | サイド | | |
| 320 | 肯定(する) | こうてい | |
| 321 | 項目 | こうもく | |
| 322 | 取り込む | と こ | |
| 323 | 重大 | じゅうだい | |
| 324 | 循環(する) | じゅんかん | p.110 |
| 325 | 無限 | むげん | |
| 326 | 国際 | こくさい | |
| 327 | 議論(する) | ぎろん | |
| 328 | 扱う | あつか | |
| 329 | 適正 | てきせい | |
| 330 | 修正(する) | しゅうせい | |

## Lesson 12

| No. | 語 | 読み | ページ |
|---|---|---|---|
| 331 | 不可欠 | ふかけつ | p.116 |
| 332 | 使用(する) | しよう | |
| 333 | 程度 | ていど | |
| 334 | 望ましい | のぞ | |
| 335 | 通常 | つうじょう | |
| 336 | 一種 | いっしゅ | |
| 337 | 含む | ふく | |
| 338 | 副- | ふく | p.117 |
| 339 | 作用(する) | さよう | |
| 340 | 注意(する) | ちゅうい | |
| 341 | 方針 | ほうしん | |
| 342 | 拡大(する) | かくだい | |
| 343 | 実施(する) | じっし | |
| 344 | すなわち | | |
| 345 | 具体 | ぐたい | |
| 346 | 焦点 | しょうてん | p.118 |
| 347 | プラス(する) | | |
| 348 | マイナス(する) | | |
| 349 | プログラム | | |
| 350 | 責任 | せきにん | |
| 351 | 否定(する) | ひてい | p.119 |
| 352 | 応用(する) | おうよう | |
| 353 | 性質 | せいしつ | |
| 354 | 化学 | かがく | |
| 355 | 場合 | ばあい | |
| 356 | 特有 | とくゆう | |
| 357 | 生命 | せいめい | p.120 |
| 358 | もたらす | | |
| 359 | 境界 | きょうかい | |
| 360 | 確率 | かくりつ | |

## Lesson 13

| No. | 語 | 読み | ページ |
|---|---|---|---|
| 361 | 資料 | しりょう | p.126 |
| 362 | 文献 | ぶんけん | |
| 363 | いわゆる | | |
| 364 | 引用(する) | いんよう | |
| 365 | ポイント | | |
| 366 | 規則 | きそく | |
| 367 | 宣言(する) | せんげん | p.127 |
| 368 | 平均(する) | へいきん | |
| 369 | 目標 | もくひょう | |
| 370 | 掲げる | かか | |
| 371 | 発想(する) | はっそう | |
| 372 | 数値 | すうち | |
| 373 | 厳密 | げんみつ | |
| 374 | 分析(する) | ぶんせき | p.128 |
| 375 | テーマ | | |
| 376 | 構成(する) | こうせい | |
| 377 | 反映(する) | はんえい | |
| 378 | 区分(する) | くぶん | |
| 379 | 応じる | おう | |
| 380 | 同一 | どういつ | |
| 381 | 普及(する) | ふきゅう | p.129 |
| 382 | なす | | |
| 383 | 経る | へ | |
| 384 | 適当 | てきとう | |
| 385 | 解決(する) | かいけつ | |
| 386 | 継続(する) | けいぞく | |
| 387 | アプローチ(する) | | p.130 |
| 388 | 特殊 | とくしゅ | |
| 389 | 導く | みちび | |
| 390 | 増大(する) | ぞうだい | |

## Lesson 14

| No. | 語 | 読み | ページ |
|---|---|---|---|
| 391 | 延長(する) | えんちょう | p.136 |
| 392 | 可能 | かのう | |
| 393 | 短期 | たんき | |
| 394 | 理解(する) | りかい | |
| 395 | 活発 | かっぱつ | |
| 396 | 比較(する) | ひかく | |
| 397 | 年度 | ねんど | p.137 |
| 398 | 整理(する) | せいり | |
| 399 | 典型 | てんけい | |
| 400 | 一致(する) | いっち | |
| 401 | 一部 | いちぶ | |
| 402 | 類／-類 | るい るい | |
| 403 | 承認(する) | しょうにん | p.138 |
| 404 | 未- | み | |
| 405 | 優れる | すぐ | |
| 406 | 質／-質 | しつ しつ | |
| 407 | 根拠 | こんきょ | |
| 408 | 示す | しめ | |
| 409 | 実用 | じつよう | |
| 410 | 評価(する) | ひょうか | |
| 411 | 関心 | かんしん | |
| 412 | 健全 | けんぜん | p.139 |
| 413 | 保つ | たも | |
| 414 | オープン(する) | | |
| 415 | 指摘(する) | してき | |
| 416 | 信頼(する) | しんらい | |
| 417 | 捉える | とら | |
| 418 | 生存(する) | せいぞん | p.140 |
| 419 | 近年 | きんねん | |
| 420 | 高度 | こうど | |

## Lesson 15

| No. | 語 | 読み | ページ |
|---|---|---|---|
| 421 | 構造 | こうぞう | p.146 |
| 422 | 研究(する) | けんきゅう | |
| 423 | 一般 | いっぱん | |
| 424 | 資源 | しげん | |
| 425 | 重要 | じゅうよう | |
| 426 | 周辺 | しゅうへん | p.147 |
| 427 | 環境 | かんきょう | |
| 428 | 汚染(する) | おせん | |
| 429 | 開発(する) | かいはつ | |
| 430 | ゆるやか | | |
| 431 | 現在 | げんざい | |
| 432 | 判断(する) | はんだん | |
| 433 | 基盤 | きばん | p.148 |
| 434 | ただし | | |
| 435 | -源 | げん | |
| 436 | 変化(する) | へんか | |
| 437 | 効果 | こうか | |
| 438 | 期待(する) | きたい | |
| 439 | 機能(する) | きのう | p.149 |
| 440 | 進歩(する) | しんぽ | |
| 441 | 水準 | すいじゅん | |
| 442 | 通じる | つう | |
| 443 | 考慮(する) | こうりょ | |
| 444 | 論争 | ろんそう | p.150 |
| 445 | ライン | | |
| 446 | 測る | はか | |
| 447 | 促進(する) | そくしん | |
| 448 | 急激 | きゅうげき | |
| 449 | 見いだす | み | |
| 450 | プロセス | | |

## Lesson 16

| No. | 語 | 読み | ページ |
|---|---|---|---|
| 451 | 相当(する) | そうとう | p.156 |
| 452 | 指す | さ | |
| 453 | 指導(する) | しどう | |
| 454 | スタッフ | | |
| 455 | 強化(する) | きょうか | |
| 456 | 区別(する) | くべつ | |
| 457 | 顕著 | けんちょ | p.157 |
| 458 | 協力(する) | きょうりょく | |
| 459 | さらに | | |
| 460 | 関連(する) | かんれん | |
| 461 | 機関 | きかん | |
| 462 | 現象 | げんしょう | |
| 463 | 基 | もと | |
| 464 | ステップ | | p.158 |
| 465 | 以外 | いがい | |
| 466 | 供給(する) | きょうきゅう | |
| 467 | 型 | かた | |
| 468 | 製造(する) | せいぞう | |
| 469 | 低- | てい | |
| 470 | 省略(する) | しょうりゃく | |
| 471 | 設備 | せつび | p.159 |
| 472 | 慎重 | しんちょう | |
| 473 | 要する | よう | |
| 474 | ルール | | |
| 475 | 指定(する) | してい | |
| 476 | 回収(する) | かいしゅう | |
| 477 | 新規 | しんき | p.160 |
| 478 | 係る | かか | |
| 479 | 法／-法 | ほう／ほう | |
| 480 | 法的 | ほうてき | |

## Lesson 17

| No. | 語 | 読み | ページ |
|---|---|---|---|
| 481 | 過程 | かてい | p.166 |
| 482 | 節 | せつ | |
| 483 | 指示(する) | しじ | |
| 484 | 論じる | ろん | |
| 485 | 途上 | とじょう | p.167 |
| 486 | 支援(する) | しえん | |
| 487 | 実際 | じっさい | |
| 488 | 向上(する) | こうじょう | |
| 489 | 基礎 | きそ | |
| 490 | 最適 | さいてき | |
| 491 | しばしば | | |
| 492 | 支える | ささ | |
| 493 | 増加(する) | ぞうか | p.168 |
| 494 | 傾向 | けいこう | |
| 495 | 側面 | そくめん | |
| 496 | 際する | さい | |
| 497 | 公平 | こうへい | |
| 498 | なお | | |
| 499 | 権利 | けんり | p.169 |
| 500 | 変動(する) | へんどう | |
| 501 | 需要 | じゅよう | |
| 502 | 中心 | ちゅうしん | |
| 503 | 積極 | せっきょく | |
| 504 | 逆 | ぎゃく | |
| 505 | 目指す | めざ | |
| 506 | 侵入(する) | しんにゅう | p.170 |
| 507 | 付属(する) | ふぞく | |
| 508 | モード | | |
| 509 | 操作(する) | そうさ | |
| 510 | 費用 | ひよう | |

## Lesson 18

| No. | 語 | 読み | ページ |
|---|---|---|---|
| 511 | 遂げる | と | p.176 |
| 512 | 成長(する) | せいちょう | |
| 513 | 社／-社 | しゃ／しゃ | |
| 514 | それぞれ | | |
| 515 | 一定 | いってい | |
| 516 | 能力 | のうりょく | p.177 |
| 517 | 個人 | こじん | |
| 518 | 差 | さ | |
| 519 | 正常 | せいじょう | |
| 520 | 発生(する) | はっせい | |
| 521 | 機器 | きき | |
| 522 | 専門 | せんもん | |
| 523 | 購入(する) | こうにゅう | |
| 524 | 移行(する) | いこう | |
| 525 | 定義(する) | ていぎ | p.178 |
| 526 | 沿う | そ | |
| 527 | 転換(する) | てんかん | |
| 528 | 意義 | いぎ | |
| 529 | 理論 | りろん | |
| 530 | 手法 | しゅほう | |
| 531 | 果たす | は | |
| 532 | 課題 | かだい | p.179 |
| 533 | 両者 | りょうしゃ | |
| 534 | 共通(する) | きょうつう | |
| 535 | 固有 | こゆう | |
| 536 | 挙げる | あ | |
| 537 | 認識(する) | にんしき | p.180 |
| 538 | 確立(する) | かくりつ | |
| 539 | 前提 | ぜんてい | |
| 540 | 少数 | しょうすう | |

## Lesson 19

| No. | 語 | 読み | ページ |
|---|---|---|---|
| 541 | 詳細 | しょうさい | p.188 |
| 542 | あたかも | | |
| 543 | 仮説 | かせつ | |
| 544 | 考察(する) | こうさつ | |
| 545 | 部分 | ぶぶん | |
| 546 | 手がかり | て | p.189 |
| 547 | 結合(する) | けつごう | |
| 548 | 効率 | こうりつ | |
| 549 | 一連 | いちれん | |
| 550 | 当初 | とうしょ | |
| 551 | 占める | し | |
| 552 | 大幅 | おおはば | |
| 553 | 展開(する) | てんかい | p.190 |
| 554 | 特性 | とくせい | |
| 555 | 発揮(する) | はっき | |
| 556 | 取り入れる | と い | |
| 557 | 案 | あん | |
| 558 | 導入(する) | どうにゅう | p.191 |
| 559 | 利用(する) | りよう | |
| 560 | 意図(する) | いと | |
| 561 | 要因 | よういん | |
| 562 | 連続(する) | れんぞく | |
| 563 | 拡張(する) | かくちょう | |
| 564 | 設定(する) | せってい | |
| 565 | 概念 | がいねん | p.192 |
| 566 | 活用(する) | かつよう | |
| 567 | 思考(する) | しこう | |
| 568 | 面 | めん | |
| 569 | 原理 | げんり | |
| 570 | 本質 | ほんしつ | |

## Lesson 20

| No. | 語 | 読み | ページ |
|---|---|---|---|
| 571 | 分布(する) | ぶんぷ | p.198 |
| 572 | 衝突(する) | しょうとつ | |
| 573 | きわめて | | |
| 574 | 要求(する) | ようきゅう | |
| 575 | 確認(する) | かくにん | |
| 576 | 観点 | かんてん | p.199 |
| 577 | 見直し | みなお | |
| 578 | -視 | し | |
| 579 | 外部 | がいぶ | |
| 580 | 困難 | こんなん | |
| 581 | 事例 | じれい | |
| 582 | 著しい | いちじる | |
| 583 | 現状 | げんじょう | p.200 |
| 584 | 高まる | たか | |
| 585 | 決定(する) | けってい | |
| 586 | 成立(する) | せいりつ | |
| 587 | 伴う | ともな | |
| 588 | 類似(する) | るいじ | |
| 589 | 各種 | かくしゅ | p.201 |
| 590 | 規定(する) | きてい | |
| 591 | 満たす | み | |
| 592 | 近代 | きんだい | |
| 593 | 古典 | こてん | |
| 594 | 解明(する) | かいめい | |
| 595 | 著作 | ちょさく | |
| 596 | 妥当 | だとう | p.202 |
| 597 | 生成(する) | せいせい | |
| 598 | 提示(する) | ていじ | |
| 599 | 複合(する) | ふくごう | |
| 600 | 相対 | そうたい | |

# もくじ CONTENTS



ちょっと一言 ドン!

# LESSON 1

## チェックでドン!

①ことばを見て、意味がわかるかチェックしましょう。

②漢字の読み方を書きましょう。

③音声を聞きましょう。

🎧1-1

| | | 意味がわかる | 読み方 |
|---|---|---|---|
| 1 | レベル | | |
| 2 | 説明(する) | | |
| 3 | 力/-力 | | |
| 4 | 考える | | |
| 5 | 例えば | | |
| 6 | 比べる | | |
| 7 | 点 | | |
| 8 | 関係(する) | | |
| 9 | 現実 | | |
| 10 | -的(な) | | |
| 11 | 他 | | |
| 12 | -付け | | |
| 13 | 生活(する) | | |
| 14 | 社会 | | |
| 15 | 電子 | | |

| | | 意味がわかる | 読み方 |
|---|---|---|---|
| 16 | -化(する) | | |
| 17 | 初め/始め | | |
| 18 | 位置(する) | | |
| 19 | ほとんど | | |
| 20 | コンピューター | | |
| 21 | 時点 | | |
| 22 | 行う | | |
| 23 | 検討(する) | | |
| 24 | 特定(する) | | |
| 25 | 筆者 | | |
| 26 | ため | | |
| 27 | 行為 | | |
| 28 | 特に | | |
| 29 | 目的 | | |
| 30 | 運動(する) | | |

## 例文・意味でドン!

例文を読んで／聞いて意味をイメージしましょう。
右のことばを見ないようにして、＿＿に何が入るか考えましょう。

**1** 1-2

日本語のレベルが上がると、説明できることも増える。だが、本当に日本語の力がある人というのは、日本語で考える力がある人のことではないだろうか。例えば、二つのものを比べて、いい点とよくない点をわかりやすく言うことは、よく考えることができなければ難しい。考える力があれば、説明力も伸びていくはずだ。皆さんには、このテキストで学びながら、ぜひ日本語を使って考えるようにしてもらいたい。

| | | |
|---|---|---|
| 1 | 【名詞】 意 [level] 高さ。どのぐらいよいか、または、どのぐらいあるかを言うもの。<br>例 日本語を勉強して、日本の大学に入れる＿＿＿＿になりたい。 | レベル |
| 2 | 【名詞】 意 人がわかるように、その意味や様子を話すこと。<br>例 パソコンを初めて買った母にその使い方を＿＿＿＿する。 | 説明(する) |
| 3 | 【名詞】 意1 体や物を動かす時に使うもの。体の中にあるもの。人によって強さが違う。<br>例 ＿＿＿＿が弱いので、大きな荷物をひとりで運ぶのはいつも大変だ。<br>意2 何かができるようになること。<br>例 毎日、日本語を使っていると、きっと日本語の＿＿＿＿がつくだろう。<br>意3 こころの元気。がんばること。<br>例 好きな歌を聞いていると、だんだん＿＿＿＿が出てくる。 | 力 |
| | 【接尾辞】 意 ～できる力。<br>例 日本語を使うようになって、会話＿＿＿＿が上がった。 | -力 |
| 4 | 【動詞】 意 答えを出すために頭の中ですること。<br>例 どうしたらいいか、よく＿＿＿＿てください。 | 考える |
| 5 | 【副詞】 意 例を出す前に入れることば。何かを言うときにわかりやすくなるように使う。<br>例 夏の野菜は体を冷やすそうだ。＿＿＿＿トマトがその一つだ。 | 例えば |

| | | | |
|---|---|---|---|
| 6 | 【動詞】 | 意 二つを並べて違うところや同じところを見たり考えたりすること。<br>例 バスとタクシーを＿＿＿＿と、バスのほうが安い。 | 比べる |
| 7 | 【名詞】 | 意1 「、」や「・」「.」のようなとても小さくて丸いもの。<br>例 この字は小さすぎて、黒い＿＿＿＿にしか見えない。<br>意2 (「〜点」で)テストなどのスコア(score)。<br>例 次のテストでは100＿＿＿＿を取りたい。<br>意3 いろいろある中の一つ。<br>例 わかりにくい＿＿＿＿があれば、質問してほしい。 | 点 |

**2** 1-3

新しい仕事を探そうと考えている。だが、会社の人たちとの関係は悪くないため、やめたくない気持ちもある。それに、今の仕事をすぐにやめるということは、現実的ではない。もし他の仕事をするとしても、早くても来年の3月31日付けでやめることになるだろう。

| | | | |
|---|---|---|---|
| 8 | 【名詞】 | 意 人やものなど、何かと何かが関わり合うこと。<br>例 野菜のおいしさは、その年の天気と＿＿＿＿している。 | 関係(する) |
| 9 | 【名詞】 | 意 今、目の前にある本当のことや様子。<br>例 できることなら、3か月くらい旅行したいが、＿＿＿＿には難しい。 | 現実 |
| 10 | 【接尾辞】 | 意 (ものごとや人など、いろいろなことばのあとにつけて)「〜らしい」「〜のような」などを意味する。<br>例 この寺の庭はとても日本＿＿＿＿で、外国人にも人気がある。 | -的(な) |
| 11 | 【名詞】 | 意1 別のもの、別のところ、別の人。<br>例 この店にないなら、＿＿＿＿の店に行ってみよう。 | 他 |
| 12 | 【接尾辞】 | 意 (日にちの意味のことばの後で)その日に。その日で。<br>例 3月31日＿＿＿＿で、10年間働いた会社をやめた。 | -付け |

**3** 1-4

1995年にWindows95が出たことで、人々の生活や社会は大きく変わった。この年は、私たちの社会が大きく電子化していく初めの年という位置づけだ。それから20年、今では、ほとんどの人がコンピューターを使っている。

| | | | |
|---|---|---|---|
| 13 | 【名詞】 | 意 人や動物などが生きるために、いろいろなことをすること。<br>例 アルバイトをやめてしまったので、＿＿＿が苦しくなった。 | 生活(する) |
| 14 | 【名詞】 | 意 町や学校など、たくさんの人が集まってできているもの。またはその集まり。<br>例 わたしは＿＿＿の役に立つ人になりたい。 | 社会 |
| 15 | 【名詞】 | 意 エレクトロン[electron]の「e」で書かれることもある。これを使って作った機械の名前に使う。<br>例 お弁当を＿＿＿レンジで温めた。 | 電子 |
| 16 | 【接尾辞】 | 意 かわること。そうなること。<br>例 子どもが少なくなる「少子＿＿＿」が問題となっている。 | -化(する) |
| 17 | 【名詞】 | 意1 始まってから、すぐのとき。最初。<br>例 授業の＿＿＿の5分に漢字テストをします。<br>意2 いくつかの同じようなものの中で一番先に出すもの。<br>例 この会社は、社長を＿＿＿とする社員全員が女性だ。 | 初め／始め |
| 18 | 【名詞】 | 意 ものがあるところ。人がいるところ。<br>例 日本はアジアの中で一番東に＿＿＿している国だ。 | 位置(する) |
| 19 | 【名詞】【副詞】 | 意 だいたい。80～90%ぐらい。<br>例 アルバイトをして4万円あったが、たくさん買い物をして＿＿＿なくなった。 | ほとんど |
| 20 | 【名詞】 | 意 [computer]「コンピュータ」とも言う。<br>例 この仕事は＿＿＿を使えば、たった5分で終わる。 | コンピューター |

**4** 1-5

今年一番売れた本が映画化されることが決まった。今の時点では誰が主人公をするのか決まっていないが、これから何回も会議を行い、検討していくのだろう。もしかしたら、もうすでに特定の人に決まっているかもしれない。

| | | | |
|---|---|---|---|
| 21 | 【名詞】 | 意 時間の流れの中の一つの時のこと。<br>例 入学した＿＿＿では、日本語を上手に話すことができなかった。 | 時点 |
| 22 | 【動詞】 | 意 何かをすること。「する」のかたい言い方。<br>例 明日10時から試験を＿＿＿ので、おくれないでください。 | 行う |
| 23 | 【名詞】 | 意 いろいろ調べて、よく考えたりすること。<br>例 高い買いものなので、もう少し＿＿＿する時間がほしい。 | 検討(する) |
| 24 | 【名詞】 | 意 一つのものに決めること、決まっていること。他のものではなくこれだと言うこと。<br>例 ＿＿＿の人ではなく、いろいろな人と話した方がいい。 | 特定(する) |

**5** 1-6

いろいろな人が「どうやってやせたか」について書いた雑誌の中で、ひとりの筆者が「やせるためには早く寝ることが大切だ」と言っていた。やせるためには夜遅くに食べるという行為が特によくないので、生活を変えるべきだということらしい。しかし、目的がないと夜早く寝るのは難しい。そのため、朝早く起きて体を動かすことにしようと思う。そう考えると、やはり大事なのは運動ということになるのだろうか。

| | | | |
|---|---|---|---|
| 25 | 【名詞】 | 意 その文や本を書いた人。<br>例 この文章は＿＿＿が17才の時に書いたものだ。 | 筆者 |
| 26 | 【名詞】 | 意1 ～にいいことがある。～の役に立つ。<br>例 子どもの＿＿＿のパソコン教室がある。<br>意2 ～だから。～ので。<br>例 雨の＿＿＿、試合がなくなった。<br>意3 これからしたいこと。～したいこと。<br>例 夏休みに旅行に行く＿＿＿に、毎日アルバイトをしている。 | ため |

| | | | |
|---|---|---|---|
| 27 | 【名詞】 | 意 何かをする、そのこと。<br>例 人がいやな気持ちになる＿＿＿＿はしないほうがいい。 | 行為(こうい) |
| 28 | 【副詞】 | 意 普通(ふつう)と違(ちが)って。他(ほか)と違って、それだけ。<br>例 毎年夏になるとよく雨が降(ふ)るが、今年の夏は＿＿＿＿雨が多かった。 | 特(とく)に |
| 29 | 【名詞】 | 意 どうしてそれをするか。<br>例 私が日本に来た＿＿＿＿は、大学で日本の歴史(れきし)を勉強することだ。 | 目的(もくてき) |
| 30 | 【名詞】 | 意1 体を動かすこと。<br>例 毎日30分は＿＿＿＿するようにしている。<br>意2 ものが動くこと。<br>例 動いている物の＿＿＿＿を急に止めようとしても、すぐには止まらない。<br>意3 たくさんの人に自分の考えをわかってもらいたくて何かをしたり話をしたりすること。<br>例 町の人は川をきれいにする＿＿＿＿を始めた。 | 運動(うんどう)(する) |

## ゲームでドン!

**アクティビティー①** 左と右の漢字を線でつないで、一つのことばにしましょう。できたことばを1.～7.の＿＿＿に入れて文を完成(かんせい)させましょう。

| |  | |  | |
|---|---|---|---|---|
| a | 目 | ・　・ | 点 | ＿＿＿＿ |
| b | 電 | ・　・ | 動 | ＿＿＿＿ |
| c | 運 | ・　・ | 者 | ＿＿＿＿ |
| d | 位 | ・　・ | 定 | ＿＿＿＿ |
| e | 筆 | ・　・ | 子 | ＿＿＿＿ |
| f | 時 | ・　・ | 的 | ＿＿＿＿ |
| g | 特 | ・　・ | 置 | ＿＿＿＿ |

1. 若者(わかもの)にしか聞こえない＿＿＿＿の音があるらしい。
2. くわしいことがわかった＿＿＿＿で連絡(れんらく)をください。
3. 毎日、軽(かる)い＿＿＿＿を続(つづ)けることは健康(けんこう)によい。
4. もし時間とお金があったら、＿＿＿＿を決(き)めずにゆっくり旅行してみたい。
5. この小説(しょうせつ)の＿＿＿＿の言いたいことは「家族の愛(あい)」である。
6. ＿＿＿＿辞書(じしょ)を持っていないので、インターネットの辞書を使った。
7. 猫(ねこ)の目とウサギの目は、＿＿＿＿が違(ちが)う。猫の目は前についているが、ウサギの目は横(よこ)にある。

**アクティビティー❷** ＿＿＿に入ることばをボックスから探して、文を完成させましょう。動詞は文に合う形にして入れてください。

| お | く | ら | べ | る | て | ん |
|---|---|---|---|---|---|---|
| こ | ん | ぴ | ゅ | ー | た | ー |
| な | ち | せ | い | か | つ | た |
| う | て | か | ん | け | い | と |
| ほ | か | き | ら | か | は | え |
| し | ゃ | か | い | た | じ | ば |
| れ | べ | る | せ | つ | め | い |

□ ＿＿＿＿＿＿＿＿

□ ＿＿＿＿＿＿＿＿

□ ＿＿＿＿＿＿＿＿

□ ＿＿＿＿＿＿＿＿

□ ＿＿＿＿＿＿＿＿

□ ＿＿＿＿＿＿＿＿

□ ＿＿＿＿＿＿＿＿

□ ＿＿＿＿＿＿＿＿

□ ＿＿＿＿＿＿＿＿

□ ＿＿＿＿＿＿＿＿

□ ＿＿＿＿＿＿＿＿

□ ＿＿＿＿＿＿＿＿

□ ＿＿＿＿＿＿＿＿

□ ＿＿＿＿＿＿＿＿

□ ＿＿＿＿＿＿＿＿

□ ＿＿＿＿＿＿＿＿

1. 4月5日10時から大学会館で入学式が＿＿＿＿れます。
2. 「すみません」には、「I'm sorry」や「excuse me」の＿＿＿＿に「Thank you」の意味もある。
3. これからは、今よりもっと高齢者が多い＿＿＿＿になるだろう。
4. 20年前に＿＿＿＿と、今のほうが大雨や大雪が多い気がする。
5. 人間が運転せずに、＿＿＿＿で動く車が作られている。
6. この学校では、日本語の＿＿＿＿によってクラスがわけられている。
7. 日本語の勉強の仕方、＿＿＿＿単語の覚え方について話してください。
8. 「に」と「で」の違いがよくわからないので、もう少しくわしく＿＿＿＿してほしい。
9. 彼は海外＿＿＿＿が長いため、最近の日本のことをよく知らない。
10. 何か、ご不明な＿＿＿＿がありましたら、ご質問ください。
11. 彼は＿＿＿＿持ちなので、重い物を運ぶのを手伝ってもらった。
12. 外来語は、英語を＿＿＿＿、ドイツ語やオランダ語など、いろいろな国のことばがもとになっている。
13. A国とB国の＿＿＿＿は最近よくなってきた。
14. 明日は全国＿＿＿＿に、いい天気になるそうだ。
15. 私は家族の＿＿＿＿に一生懸命働いている。
16. 来年、私の好きなマンガが映画＿＿＿＿されることになった。

**アクティビティー③** ＿＿＿に入ることばを使って、クロスワードを完成させましょう。動詞は辞書形にして入れてください。

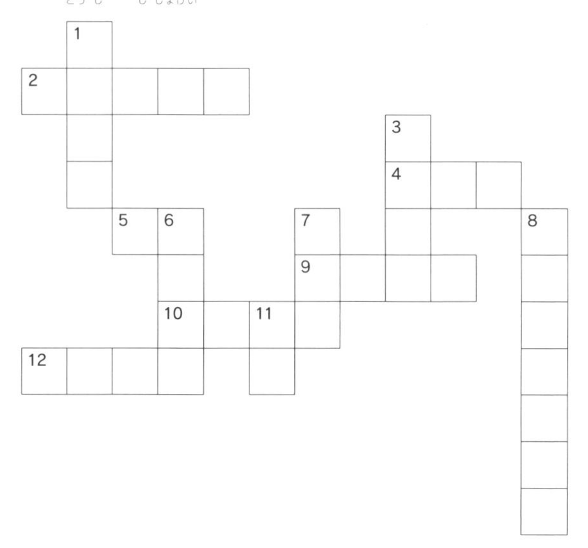


→(左から右へ)

| | |
|---|---|
| 2 | 体のことを＿＿＿＿て、タバコをやめた。 |
| 4 | 私の学科には外国人が多く、その中でも＿＿＿＿アジア出身の人が多い。 |
| 5 | 6月30日＿＿＿＿で、今働いている会社を辞めることにした。 |
| 9 | 今日から、春の全国交通安全＿＿＿＿が始まりました。 |
| 10 | ＿＿＿＿の物だけを食べるのではなく、いろいろな物を食べたほうがいい。 |
| 12 | なぜ、このようなことが起こったのか、来月調査を＿＿＿＿ことにした。 |

→(上から下へ)

| | |
|---|---|
| 1 | 小さいころからの夢が＿＿＿＿になろうとしていた。 |
| 3 | 彼は横で見ているだけで、＿＿＿＿手伝ってくれなかった。 |
| 6 | このままでよいか、もう一度＿＿＿＿しなおすことにした。 |
| 7 | スマートフォンを見ながら歩く＿＿＿＿は危ないので、やめたほうがいい。 |
| 8 | スマートフォンが便利なので、＿＿＿＿を持たない人が増えているらしい。 |
| 11 | 母は日本＿＿＿＿な物が好きなので母の日にプレゼントしたら、とても喜んでくれた。 |

## 読んでドン!　次の文章を読んで、問題に答えましょう。

「ネット選挙」と初めて聞いたときに、「インターネットを使った投票」を思い浮かべた人は多いはずだ。マスメディアが使う「ネット選挙解禁」という言葉に、「いよいよスマートフォンやパソコンから投票できる時代になるのか」と考えてしまうのも、無理はない。しかし、実はそうではない。電子投票は、今のところ現実的なものではなく、あくまでこれからしばらく検討する事という位置づけである。

2013年時点において、新聞の記事やテレビのニュース番組にもよく登場する「ネット選挙」という言葉が意味しているのは、「インターネットを使った選挙運動」のことなのだ(筆者は少し違和感があるが、これに倣うことにする)。では、その「選挙運動」とは何なのかというと、「特定の選挙において、特定の候補者への投票等をお願いすることを目的とした行為」のことである。

西田亮介（2013）『ネット選挙ー解禁がもたらす日本社会の変容ー』（東洋経済新報社）
※学習者に配慮し、本書著者により本文を一部改編し、ルビを付加した。

**ことば**

選挙…多くの中から選ぶこと
投票…自分が選んだことを書いて出すこと
解禁…今までしてはいけなかったことがしてもよくなること
登場…そこに出てくること
違和感…「違う」という感じ
倣う…他のものと同じようにする
候補…選ばれるかもしれない人

**【ことば問題】**

問題1.「ネット」と同じ意味のことばを文章の中から一つあげてください。

問題2.「選挙」に関係があることばを文章の中から二つあげてください。

問題3.「インターネットを使った投票」と同じ意味のことばを文の中からあげてください。

問題4.「マスメディア」に入るものを文の中から全部あげてください。

➡ウェブサイトに【内容理解問題】があります。

LESSON 2

## STEP 1 チェックでドン!

①ことばを見て、意味がわかるかチェックしましょう。
②漢字の読み方を書きましょう。
③音声を聞きましょう。

2-1

| | | 意味がわかる | 読み方 |
|---|---|---|---|
| 31 | 講義(する) | | |
| 32 | 非常 | | |
| 33 | 特別 | | |
| 34 | 注目(する) | | |
| 35 | 言い換える | | |
| 36 | 十分 | | |
| 37 | 分ける | | |
| 38 | 活動(する) | | |
| 39 | 取り組み | | |
| 40 | 貢献(する) | | |
| 41 | 今後 | | |
| 42 | 団体 | | |
| 43 | 表す | | |
| 44 | 以下 | | |
| 45 | 一方 | | |

| | | 意味がわかる | 読み方 |
|---|---|---|---|
| 46 | 以上 | | |
| 47 | 明らか | | |
| 48 | 構築(する) | | |
| 49 | 必要 | | |
| 50 | チェック(する) | | |
| 51 | 膨大 | | |
| 52 | あるいは | | |
| 53 | 方法 | | |
| 54 | システム | | |
| 55 | 量 | | |
| 56 | ある | | |
| 57 | 用いる | | |
| 58 | 多く | | |
| 59 | 大量 | | |
| 60 | 消費(する) | | |

**例文・意味でドン!** 例文を読んで／聞いて意味をイメージしましょう。
右のことばを見ないようにして、＿＿に何が入るか考えましょう。

**1** 2-2

この先生の講義は非常にわかりやすい。特別なプリントがあるわけでもないのに、どうしてこんなにわかりやすいのかと思い、先生の話し方に注目してみた。すると、難しいことばを他のことばで言い換えてくれていた。それに、メモを取る時間を十分に取ってくれていることにも気づいた。

|  |  |  |  |
|---|---|---|---|
| 31 | 【名詞】 | 意 大学などの授業。先生などが詳しく知っていることを学生などに話して教えること。<br>例 大学に入ったら、有名な先生の＿＿＿＿を受けたい。 | 講義(する) |
| 32 | 【ナ形】 | 意 大変なこと。「とても」の書きことば。<br>例 今年の夏は＿＿＿＿に暑い。 | 非常 |
| | 【名詞】 | 意 いつもと違うこと。いつも通りではないこと。<br>例 ＿＿＿＿の時は、このボタンを押して下さい。 | |
| 33 | 【ナ形】 | 意 他とははっきりした違いがあること。<br>例 今日は＿＿＿＿な日なので、いいレストランで食事しよう。 | 特別 |
| 34 | 【名詞】 | 意 気にすること。気をつけること。よく見ること。<br>例 やり方を見せますのでこちらに＿＿＿＿してください。 | 注目(する) |
| 35 | 【動詞】 | 意 他の言い方にする。<br>例 このことばは難しいので、やさしいことばに＿＿＿＿＿＿。 | 言い換える |
| 36 | 【ナ形】 | 意 ほしいものが全部あること。足りないものがないこと。<br>例 テストの前に＿＿＿＿な勉強をした。 | 十分 |

**2** 2-3

私の大学では長いあいだ、町のごみを拾(ひろ)って分ける活動を行ってきた。その取り組みが社会に大きく貢献しているとして、新聞に出ることになった。今後、同じような活動をする団体が多くなればいいと思う。

| | | | | |
|---|---|---|---|---|
| 37 | 【動詞】 | 意 | 二つか、二つよりもっと細(こま)かいものにする。 | 分(わ)ける |
| | | 例 | 燃(も)えるごみと燃(も)えないごみに______てください。 | |
| 38 | 【名詞】 | 意1 | 元気に動くこと。 | 活動(かつどう)(する) |
| | | 例 | 暗(くら)くなってから______を始める動物は多い。 | |
| | | 意2 | 人が目的(もくてき)を持って、さまざまなことを行うこと。 | |
| | | 例 | 月に1回、公園(こうえん)のごみを拾(ひろ)うボランティア______を始めた。 | |
| 39 | 【名詞】 | 意 | そのことを熱心(ねっしん)にすること。 | 取(と)り組(く)み |
| | | 例 | 留学生(りゅうがくせい)が子どもと英語で遊(あそ)ぶ______がニュースになった。 | |
| 40 | 【名詞】 | 意 | 多(おお)くの人や社会の役(やく)に立つこと。 | 貢献(こうけん)(する) |
| | | 例 | チームが勝(か)つためには、みんなが力を出して______しなければならない。 | |
| 41 | 【名詞】 | 意 | 今から。これから。 | 今後(こんご) |
| | | 例 | 毎日運動してやせられたので、______も続(つづ)けるつもりだ。 | |
| 42 | 【名詞】 | 意 | 同じ目的(もくてき)で集まった人たち。 | 団体(だんたい) |
| | | 例 | 大学のボランティア______のメンバーになった。 | |

**3** 2-4

このグラフは、大学生がいつも誰と食事をしているかを表したものである。グラフからは、「ご飯は必ず家族や友だちなどのグループで食べる」と答えた学生が10％以下だったことがわかる。一方、「ご飯はほとんどひとりで食べる」と答えた学生は20％以上いたことが明らかになった。「人間関係の構築は大切だが、難しい」と考える学生が増えているようだが、誰かと食事をすることから始めることが必要ではないだろうか。

|  |  |  |  |
|---|---|---|---|
| 43 | 【動詞】 | 意 考えたことや気持ちなどを、ことばや絵などで伝える。<br>例 「？」は、「わからない」ということを＿＿＿ている。 | 表す |
| 44 | 【名詞】 | 意 多さ・大きさ・高さなどが同じか、それより下であること。⇔以上<br>例 50点＿＿＿の人は、もう一度テストをします。 | 以下 |
| 45 | 【名詞】 | 意 二つのどちらか。<br>例 この二つのボールのうち、＿＿＿は白で、もう＿＿＿は赤だ。 | 一方 |
| | 【接続詞】 | 意 話が変わって。もう一つの方は。<br>例 兄はとても明るい。＿＿＿、姉はとても静かだ。 | |
| 46 | 【名詞】 | 意1 多さ・大きさ・高さなどが同じか、それより上であること。⇔以下<br>例 この店ではパンを5個＿＿＿買うと100円安くなるが、4個では安くならない。<br>意2 そこまで書いたこと、話したこと。その時までしてきたこと。<br>例 AならB。BならC。＿＿＿のことから、AならCであるといえる。 | 以上 |
| 47 | 【ナ形】 | 意 誰が見てもわかるくらい、はっきりしている様子。<br>例 ＿＿＿に彼女は苦しそうだ。 | 明らか |
| 48 | 【名詞】 | 意 いろいろなものや考えを作ること。<br>例 これからの若い人たちには、今よりもいい社会を＿＿＿してほしい。 | 構築(する) |

| | | | |
|---|---|---|---|
| 49 | 【名詞】【ナ形】 | 意 なくてはならないこと。必ず使うこと。<br>例 外国に行くときにはパスポートが＿＿＿＿だ。 | 必要 |

**4** 2-5

この銀行では、一日に預けられたお金のチェックには、今まで膨大な時間、あるいは特別な方法を必要としていた。しかし、新しいシステムが構築されたことで、人の目でチェックする量が減り、簡単になった。

| | | | |
|---|---|---|---|
| 50 | 【名詞】 | 意 [check] 問題がないかよく調べること。<br>例 週末出かけられるかどうか、スケジュールを＿＿＿＿した。 | チェック(する) |
| 51 | 【ナ形】 | 意 とても大きいこと。とても多いこと。<br>例 新しいコンピューターには＿＿＿＿な量の写真データを入れることができる。 | 膨大 |
| 52 | 【接続詞】 | 意 二つのどちらか。または。<br>例 明日は雨、＿＿＿＿雪が降るでしょう。 | あるいは |
| 53 | 【名詞】 | 意 やり方。仕方。<br>例 漢字を調べる簡単な＿＿＿＿を教えてください。 | 方法 |
| 54 | 【名詞】 | 意 [system] いろいろなことが一つの形を作ること。<br>例 この店は料理を食べる前にお金を払う＿＿＿＿だ。 | システム |
| 55 | 【名詞】 | 意 どれぐらい多いか、どれぐらい大きいかということ。<br>例 運動＿＿＿＿が増えると、食べる＿＿＿も増える。 | 量 |

**5** 2-6

このレストランのオムライスは、ある特別な方法で育(そだ)てられた鶏(とり)の卵(たまご)を用いて作ることで有名だ。そのため、客(きゃく)の多くがオムライスをたのむので、毎日大量の卵(たまご)が消費されている。

| | | | | |
|---|---|---|---|---|
| 56 | 【連体詞】 | 意 | 誰(だれ)か、何か、どこかなど、名前をはっきり言わないときに使う。 | ある |
| | | 例 | ＿＿＿人に聞いたんですが、結婚(けっこん)するそうですね。 | |
| 57 | 【動詞】 | 意 | 「使う」のかたい言い方。 | 用(もち)いる |
| | | 例 | レポートを書くときはパソコンを＿＿＿て書いてください。 | |
| 58 | 【名詞】 | 意1 | たくさん。よく。 | 多(おお)く |
| | | 例 | あの人はいつも＿＿＿の本をかばんに入れている。 | |
| | | 意2 | ほとんど。だいたい。 | |
| | | 例 | パーティーに来た人の＿＿＿は大学生だった。 | |
| 59 | 【名詞】 | 意 | とても多いこと。たくさんあること。 | 大量(たいりょう) |
| | | 例 | わたしの部屋には＿＿＿のマンガの本がある。 | |
| 60 | 【名詞】 | 意 | 物や時間などを使って減(へ)らすこと。 | 消費(しょうひ)(する) |
| | | 例 | 夏はエアコンを使うので、電気の＿＿＿量(りょう)が多くなる。 | |

## ゲームでドン!

**アクティビティー①** 左と右の漢字を線でつないで、一つのことばにしましょう。
できたことばを1.～10.の＿＿＿に入れて文を完成させましょう。

| | | | | |
|---|---|---|---|---|
| a | 膨 | ・ | ・ | 体 | ＿＿＿＿ |
| b | 貢 | ・ | ・ | 築 | ＿＿＿＿ |
| c | 大 | ・ | ・ | 大 | ＿＿＿＿ |
| d | 構 | ・ | ・ | 献 | ＿＿＿＿ |
| e | 今 | ・ | ・ | 費 | ＿＿＿＿ |
| f | 団 | ・ | ・ | 動 | ＿＿＿＿ |
| g | 活 | ・ | ・ | 後 | ＿＿＿＿ |
| h | 消 | ・ | ・ | 義 | ＿＿＿＿ |
| i | 一 | ・ | ・ | 方 | ＿＿＿＿ |
| j | 講 | ・ | ・ | 量 | ＿＿＿＿ |

1. 公園をきれいにする＿＿＿＿をこれからも友だちと続けていくつもりだ。
2. ＿＿＿＿旅行にもひとりでの旅行にも、よい点と悪い点がある。
3. 来週までに＿＿＿＿な量の資料を読んで、レポートを書かなければならない。
4. これからどうしたらよいか、＿＿＿＿のことは家族と相談して決めたい。
5. 社会に＿＿＿＿できる仕事とは、困っている人の役に立つ仕事だといえる。
6. エネルギー＿＿＿＿のなかで電力が一番多く使われている。
7. 最近、人間関係の＿＿＿＿がにがてな人が多いらしい。
8. 毎年多くの外国人が来日する＿＿＿＿で、多くの日本人も海外へ行っている。
9. 近くの山に＿＿＿＿のゴミが捨てられている。
10. あの先生の＿＿＿＿は、話すスピードが速いので聞くのは大変だ。

**アクティビティー❷** ＿＿＿に入ることばをボックスから探して、文を完成させましょう。動詞は文に合う形にして入れてください。

| | | | | | | | |
|---|---|---|---|---|---|---|---|
| わ | い | い | か | え | る | こ | し |
| あ | け | お | ひ | じ | ょ | う | す |
| ら | き | る | お | い | か | ぎ | て |
| わ | | ら | と | く | べ | つ | む |
| す | あ | る | か | あ | る | い | は |
| も | ち | い | る | ち | ぇ | っ | く |

□ ＿＿＿＿＿＿＿＿　□ ＿＿＿＿＿＿＿＿
□ ＿＿＿＿＿＿＿＿　□ ＿＿＿＿＿＿＿＿
□ ＿＿＿＿＿＿＿＿　□ ＿＿＿＿＿＿＿＿
□ ＿＿＿＿＿＿＿＿　□ ＿＿＿＿＿＿＿＿
□ ＿＿＿＿＿＿＿＿　□ ＿＿＿＿＿＿＿＿
□ ＿＿＿＿＿＿＿＿　□ ＿＿＿＿＿＿＿＿
□ ＿＿＿＿＿＿＿＿　□ ＿＿＿＿＿＿＿＿

1. コンピューターの＿＿＿＿が壊れてしまい、仕事ができなくなってしまった。
2. 自分で書いたレポートの日本語を日本人の友人に＿＿＿＿してもらった。
3. 説明文を書くときは「れる・られる」を＿＿＿＿ことが多い。
4. 私の考えを絵で＿＿＿＿と、このようになります。
5. テーブルの上に置いておいたケーキを誰が食べたかは、＿＿＿＿だった。
6. この街では、燃えるゴミと燃えないゴミを＿＿＿＿て捨てなければならない。
7. 「1,000円しかない」は「1,000円では少ない」と＿＿＿＿ことができる。
8. 一生懸命がんばったので、合格できなくて＿＿＿＿に残念です。
9. この大学の留学生の＿＿＿＿は、アジアから来た学生だ。
10. ファックス、＿＿＿＿電子メールで送ってください。
11. その日は、私にとって忘れられない＿＿＿＿な一日になった。
12. お昼ご飯を食べた後に、難しい専門の＿＿＿＿を聞くのは、眠くてつらい。
13. 今日のテストで59点＿＿＿＿の人は来週もう一度テストがあります。
14. 毎日、日本語を聞いていたら、＿＿＿＿日、周りの日本人の話が急にわかるようになった。

アクティビティー③ ＿＿＿に入ることばを使って、クロスワードを完成させましょう。動詞は辞書形にして入れてください。

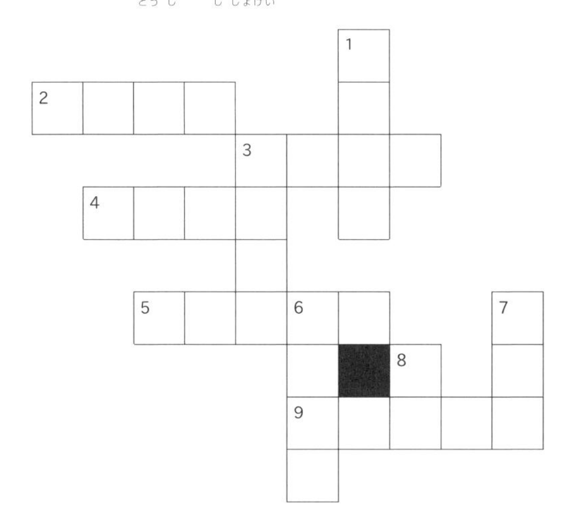

→（左から右へ）

| | |
|---|---|
| 2 | 眠くなったら寝てもいいという新しい＿＿＿を始めた会社があるそうだ。 |
| 3 | 今年の試験問題は＿＿＿に難しかったそうだ。 |
| 4 | 来週は祝日で授業がないので、今回だけ＿＿＿に、いつもの倍、宿題があります。 |
| 5 | 彼の研究は最近＿＿＿され始めている。 |
| 9 | 将来の姿、＿＿＿れば、どんな人になりたいか、考えたことがありますか。 |

↓（上から下へ）

| | |
|---|---|
| 1 | この店は、夫婦どちらかが50歳＿＿＿だったら少し安くなるらしい。 |
| 3 | みんなもう知っていることなので、わざわざ連絡する＿＿＿はない。 |
| 6 | 例を＿＿＿て話すと、わかりやすい。 |
| 7 | 日本語テストの成績で、クラスを二つに＿＿＿ことになった。 |
| 8 | ＿＿＿の文を読んで質問に答えなさい。 |

## 読んでドン!

次の文章を読んで、問題に答えましょう。

フードバンク。

日本ではなじみが薄いことばだが、最近、少しずつ見聞きするようになってきた。

直訳すれば「食料銀行」。でも、食べ物に利息がついたり、貸したり借りたりするわけではない。預かるのは、まだ十分食べられるのに「売り物にならないから」と捨てられていた食品。大量消費社会の日本ではこれが日々、膨大な量に上る。それを食品会社などから寄付してもらい、食べ物に困っている人たちに無料で届ける。こうした人たちもまた、日本には大勢いる。

受け取る側には食費の節約に、企業にとっては廃棄コストの削減になる。この活動を行っている団体、またはシステムのことをフードバンクと呼ぶ。

発祥の地、アメリカでは40年以上の歴史があるが、日本ではようやく本格的な活動が始まったばかりだ。社会にあふれる「もったいない」を「ありがとう」に変える取り組みとして、あるいは新しい社会システムの構築、企業の社会貢献の方法としても注目され始めている。格差が広がる日本では、今後ますます必要とされる活動になるかもしれない。

大原悦子(2008)『フードバンクという挑戦 ―貧困と飽食のあいだで―』(岩波書店)

※ルビの付加は、本書著者による。

**ことば**

なじみが薄い…よく知らない
見聞きする…見たり聞いたりする
直訳…一語一語そのまま訳すこと
利息…預けたり貸したりしたお金に払われるお金
寄付…タダであげること
節約…なるべく使わないようにすること
企業…会社
廃棄…いらなくなったものを捨てること
コスト…何かをするために必要なお金
削減…減らすこと
発祥…はじまり
本格(的)…しっかりした
格差…生活のレベルや持っているお金のレベルの違い

**【ことば問題】**

問題1.「大」を使ったことばを文章の中から全部あげてください。

問題2.「食」を使ったことばを文章の中から全部あげてください。

問題3. お金に関係があることばを文章の中から全部あげてください。

問題4.「活動」の後に続いて使われる動詞を文章の中から全部あげてください。

➡ウェブサイトに【内容理解問題】があります。

# LESSON 3

## STEP 1 チェックでドン!

①ことばを見て、意味がわかるかチェックしましょう。

②漢字の読み方を書きましょう。

③音声を聞きましょう。

3-1

| | | 意味がわかる | 読み方 |
|---|---|---|---|
| 61 | 紹介(する) | | |
| 62 | 監視(する) | | |
| 63 | センター | | |
| 64 | 役割 | | |
| 65 | 主に | | |
| 66 | 様々 | | |
| 67 | まとめる | | |
| 68 | 会 | | |
| 69 | 向ける | | |
| 70 | 提案(する) | | |
| 71 | 状況 | | |
| 72 | 疑問 | | |
| 73 | 会員 | | |
| 74 | 準備(する) | | |
| 75 | 発展(する) | | |

| | | 意味がわかる | 読み方 |
|---|---|---|---|
| 76 | コミュニケーション(する) | | |
| 77 | つながる | | |
| 78 | 地理 | | |
| 79 | 自由 | | |
| 80 | 認める | | |
| 81 | 計画(する) | | |
| 82 | 進める | | |
| 83 | 全て | | |
| 84 | 経験(する) | | |
| 85 | 急速 | | |
| 86 | 有効 | | |
| 87 | 政府 | | |
| 88 | 補う | | |
| 89 | 同様 | | |
| 90 | -性 | | |

## 例文・意味でドン！

例文を読んで／聞いて意味をイメージしましょう。
右のことばを見ないようにして、＿＿に何が入るか考えましょう。

**1** 3-2

友人の紹介で火山活動監視センターの仕事を手伝っている。私の役割は、主に、世界の火山や地震についての様々なニュースを集め、まとめることだ。

| | | | |
|---|---|---|---|
| 61 | 【名詞】 | 意 新しいことや人を他の人に教えること。人と人を知り合いにするために会わせること。<br>例 昨日、両親にはじめて恋人を＿＿＿＿した。 | 紹介(する) |
| 62 | 【名詞】 | 意 悪いことが起きないように、気をつけて見ること。<br>例 プールで遊んでいる子どもがけがをしないように＿＿＿＿するアルバイトをした。 | 監視(する) |
| 63 | 【名詞】 | 意 [center] 真ん中。人が集まるための場所や建物の名前。<br>例 私は家の近くにある文化＿＿＿＿でギターを習うことにした。 | センター |
| 64 | 【名詞】 | 意 自分が人や社会のためにしなければならないと決められていること。<br>例 親の＿＿＿＿は、子どもを大切にすることだ。 | 役割 |
| 65 | 【副詞】 | 意 たいてい。ほとんど。他よりも多く。<br>例 この店では＿＿＿＿子どもの服が売られている。 | 主に |
| 66 | 【ナ形】 | 意 たくさんあるが、ぜんぶ違うこと。いろいろ。<br>例 ＿＿＿＿な国から日本に来るようになった。 | 様々 |
| 67 | 【動詞】 | 意 ものや人の考えなどを集めて一つにすること。わかりやすくきれいにすること。<br>例 スピーチをするために考えを＿＿＿＿た。 | まとめる |

**2** 3-3

来月行われる子どもの運動会に向けて、妻(つま)からの提案で夫婦一緒(ふうふいっしょ)に走ることにした。しかし、いつも全然(ぜんぜん)運動していないので、すぐに疲(つか)れてしまう。こんな状況では、来月動けるのか疑問だ。もっと早くからスポーツクラブの会員になって、準備しておくべきだった。

| | | | |
|---|---|---|---|
| 68 | 【名詞】 | 意 したいことや目的(もくてき)などが同じ人たちが集まって、一緒(いっしょ)に何かをすること。そのグループ。<br>例 来週の日曜日に、子どもの誕生(たんじょう)＿＿＿＿を開くつもりだ。 | 会(かい) |
| 69 | 【動詞】 | 意1 よく見えるように、体や物の置(お)き方を変(か)える。<br>例 みなさん、顔(かお)をこちらに＿＿＿＿てください。<br>意2 ゴールとなるところへ行こうとすること。<br>例 友だちとの旅行に＿＿＿＿て、アルバイトをしている。 | 向(む)ける |
| 70 | 【名詞】 | 意 会議(かいぎ)などで、自分の考えや意見を出すこと。その考え。<br>例 先生は学生に毎日テストをしたらどうか、という＿＿＿＿をした。 | 提案(ていあん)(する) |
| 71 | 【名詞】 | 意 変(か)わっていく中で、その時にどうなっているかということ。そのときの様子(ようす)。<br>例 20年前と今とでは、学生の置(お)かれている＿＿＿＿はずいぶん違(ちが)う。 | 状況(じょうきょう) |
| 72 | 【名詞】 | 意 正しいかどうか、本当(ほんとう)かどうか、わからないこと。<br>例 私はそのニュースに＿＿＿＿を持ったので、自分で調(しら)べてみることにした。 | 疑問(ぎもん) |
| 73 | 【名詞】 | 意 何かのグループやクラブに入っている人のこと。<br>例 スポーツクラブの＿＿＿＿になったので、プールがいつでも使えるようになった。 | 会員(かいいん) |
| 74 | 【名詞】 | 意 後(あと)ですぐに使ったり始めたりできるように、用意しておくこと。<br>例 パーティーの前に飲み物を＿＿＿＿しておこう。 | 準備(じゅんび)(する) |

**3** 3-4

インターネットの発展は、コミュニケーション、つまり、人と人とのつながり方も変えてきた。地理的に離れた人と顔を見ながら話すことができるなんて、30年前には考えられなかった。

| | | | |
|---|---|---|---|
| 75 | 【名詞】 | 意 国や町がにぎやかになったり、ものごとがよい方へ進んだりすること。<br>例 A国の経済は、ここ10年で大きく＿＿＿＿した。 | 発展(する) |
| 76 | 【名詞】 | 意 考えや気持ちなどをお互いに伝え合うこと。<br>例 あいさつは一番簡単な＿＿＿＿の方法だ。 | コミュニケーション(する) |
| 77 | 【動詞】 | 意1 離れているものが一つになる。<br>例 橋ができて、二つの島が＿＿＿＿と、簡単に行き来ができるようになった。<br>意2 何かをして、それが次のことに関係する。<br>例 今日のがんばりが、明日の成功に＿＿＿＿だろう。 | つながる |
| 78 | 【名詞】 | 意 世界や、国、町などの土地の様子。<br>例 父はこの町の＿＿＿＿にくわしいので、調べなくても町のどこに何があるか知っている。 | 地理 |

**4** 3-5

私の会社では「自由な考え方を認めることは会社の発展につながる」と、毎月、計画提案会が開かれている。入社したばかりの私が、自分から新しい提案を出すことはまだ難しいが、準備の進め方も含めて、全てとてもいい経験になる。

| | | | |
|---|---|---|---|
| 79 | 【ナ形】 | 意 人に決められたりせずに、自分が好きなようにすること。<br>例 子どもたちは庭で＿＿＿＿に遊んだ。 | 自由 |
| 80 | 【動詞】 | 意 「そのとおりだ」「それでよい」と考える。<br>例 この映画のすばらしさは世界が＿＿＿＿ている。 | 認める |
| 81 | 【名詞】 | 意 何かをする前に、どうやってするか、いつするかなどを先に考えておくこと。<br>例 友だちと旅行の＿＿＿＿を立てた。 | 計画(する) |

| | | | |
|---|---|---|---|
| 82 | 【動詞】 | 意 ものやことを前へ動かす。良くする。<br>例 この町では、ゴミを少なくする取り組みを＿＿＿ている。 | 進める |
| 83 | 【名詞】 | 意 全部。100%。<br>例 彼のコンサートのチケットは1時間で＿＿＿売れてしまった。 | 全て |
| 84 | 【名詞】 | 意 本当に見たり、聞いたり、そこに行ったりすること。それによってわかったり、できるようになったりすること。<br>例 彼は、子どものころ、外国で暮らした＿＿＿がある。 | 経験(する) |

**5** 3-6

急速に広がる病気に有効な薬が足りなくなってしまった。そこで、政府は足りない薬を補うために、新しい薬を売り始めると決めた。しかも、その薬は今までの薬と同様に安く買えるそうだ。ただし、必要性が高い人から売るため、医者に診てもらった人しか買うことができないようだ。

| | | | |
|---|---|---|---|
| 85 | 【ナ形】 | 意 とても短い時間に、とても速くすること。<br>例 ＿＿＿に少子化が進んでいる。 | 急速 |
| 86 | 【ナ形】 | 意1 何かのために役に立つ力があること。<br>例 このチケットは「今月30日まで＿＿＿」と書いてあるので早く使ったほうがいい。<br>意2 持っているものを上手に使うことができること。<br>例 休みは2日しかない。時間を＿＿＿に使って、楽しい休みにしたい。 | 有効 |
| 87 | 【名詞】 | 意 国の政治をするところ。<br>例 ＿＿＿は国民のためにホームページでいろいろなイベントの案内をしている。 | 政府 |
| 88 | 【動詞】 | 意 足りないものを足して、十分にする。<br>例 今日の食事は野菜が少ないので、野菜を＿＿＿ために、トマトジュースを飲んだ。 | 補う |

| | | | |
|---|---|---|---|
| 89 | 【ナ形】 | 意 他のものと同じこと。ほとんど同じようなこと。<br>例 昨年と＿＿＿＿、今年の夏もひどい暑さだった。 | 同様 |
| 90 | 【接尾辞】 | 意 （名詞のあとにつけて、）「そのようなものだ」「そういうタイプだ」ということを意味する。<br>例 料理に使う油は、バターなどの動物＿＿＿＿のものより、オリーブオイルなどの植物＿＿＿＿のもののほうが体にいい。 | -性 |

## STEP 3 ゲームでドン!

**アクティビティー①**

左と右の漢字を線でつないで、一つのことばにしましょう。
できたことばを1.～9.の＿＿＿に入れて文を完成(かんせい)させましょう。

| | | | | |
|---|---|---|---|---|
| a | 有 | ・ ・ | 況 | ＿＿＿＿ |
| b | 状 | ・ ・ | 問 | ＿＿＿＿ |
| c | 提 | ・ ・ | 視 | ＿＿＿＿ |
| d | 発 | ・ ・ | 案 | ＿＿＿＿ |
| e | 政 | ・ ・ | 展 | ＿＿＿＿ |
| f | 疑 | ・ ・ | 効 | ＿＿＿＿ |
| g | 監 | ・ ・ | 府 | ＿＿＿＿ |
| h | 地 | ・ ・ | 速 | ＿＿＿＿ |
| i | 急 | ・ ・ | 理 | ＿＿＿＿ |

1. 夏休みに、アルバイトでプールの＿＿＿＿＿を行った。
2. スマートフォンを持つ人が＿＿＿＿＿に増(ふ)えている。
3. 新しく決(き)まった法律(ほうりつ)に＿＿＿＿＿がある。
4. この国の＿＿＿＿＿は、大雨(おおあめ)で被害(ひがい)にあった人に何もしてくれない。
5. 先月、引(ひ)っ越(こ)したばかりなので、このあたりの＿＿＿＿＿はよくわからない。
6. 今、会社のみんながとても忙(いそが)しいので、休みたいと言えない＿＿＿＿＿だ。
7. 友だちが、次(つぎ)の休みに遊(あそ)びにいく場所(ばしょ)を＿＿＿＿＿してくれた。
8. 少ない時間を＿＿＿＿＿に使いたいので、細(こま)かい予定(よてい)を立てた。
9. この街(まち)の経済(けいざい)の＿＿＿＿＿のため、会議(かいぎ)でいろいろなことを話し合(あ)った。

**アクティビティー❷**

＿＿＿に入ることばをボックスから探して、文を完成させましょう。
動詞は文に合う形にして入れてください。

| | | | | |
|---|---|---|---|---|
| し | ょ | う | か | い |
| せ | む | じ | い | み |
| い | け | ゆ | い | と |
| ふ | る | う | ん | め |
| さ | ま | ざ | ま | る |

□ ＿＿＿＿＿＿＿＿

□ ＿＿＿＿＿＿＿＿

□ ＿＿＿＿＿＿＿＿

□ ＿＿＿＿＿＿＿＿

□ ＿＿＿＿＿＿＿＿

□ ＿＿＿＿＿＿＿＿

□ ＿＿＿＿＿＿＿＿

1. 1年間の留学生活で＿＿＿＿なことを勉強することができた。

2. 家族は私が外国人と結婚することを＿＿＿＿てくれた。

3. 初めて出席する人に自己＿＿＿＿をしてもらいましょう。

4. ＿＿＿＿が言っているからといって、全部正しいわけではない。

5. ひとりで住むと、家族と一緒に住むより＿＿＿＿に生活できる。

6. 話している人のほうに顔を＿＿＿＿て聞くことが大切だ。

7. この学会は、世界100ヶ国、20万人以上の＿＿＿＿がいる。

**アクティビティー⑤** ______に入ることばを使って、クロスワードを完成させましょう。動詞は辞書形にして入れてください。

→（左から右へ）

| | |
|---|---|
| 1 | 今やっている毎日の小さなことが、きっと未来の自分に______ている。 |
| 2 | ______の人がやさしくなれば、この世界は平和になるだろうか。 |
| 5 | おいしい料理のためには、しっかりした______が大切だ。 |
| 6 | みんなの意見を______と、次のようになる。 |
| 8 | 自分に足りないものを______ために、本をたくさん読んでみることにした。 |
| 10 | どんな大学4年間にするか、入学した時に______を立てておくといい。 |
| 11 | ______は人間関係をよくするために大切だ。 |
| 13 | アルカリ______の物を食べると体にいいらしいが、本当だろうか。 |

↓（上から下へ）

| | |
|---|---|
| 2 | 何も問題ないので、このまま話を______ていきましょう。 |
| 3 | 何か困ったことがあったら、留学生______の先生に聞いてみるとよい。 |
| 4 | 私も彼の意見と______に、この建物を壊すことに反対だ。 |
| 7 | この仕事は簡単なので、______がない人でもすぐにできるようになる。 |
| 8 | この病気の原因は______食生活の乱れにあるらしい。 |
| 9 | 話し合いをする前にリーダーや書記などの______を決めた。 |
| 12 | 友だちの話によると、毎年、秋になると母校で同窓______が開かれているらしい。 |

## 読んでドン!　次の文章を読んで、問題に答えましょう。

いまでは世界的にも有名な「アムネスティ・インターナショナル」というNGOがあります。世界150カ国に180万人もの会員がいて、世界中の人権侵害を監視して声をあげ、世界の人権状況を変えた実績から、ノーベル平和賞も受賞しました。でもこの団体も、1961年、ベネンソンさんというイギリス人の弁護士の小さな発案から始まったのです。

彼は、当時軍事政権下にあったポルトガルで、2人の学生がカフェで「自由のために」と乾杯しただけで逮捕されて7年の刑を宣告された、という新聞記事を読んで胸を痛め、イギリス、フランスの新聞にこの話を紹介しました。そして、こうした「良心の囚人」たちが釈放されるよう、世界中の人たちに、人権侵害をしている国の政府にむけて手紙を書こうと提唱したのです。最初は、「手紙を書く」という素朴な運動が有効なのか、と疑問視されましたが、1人ひとりが簡単にできる草の根の運動が認められて、運動は急速に発展し、無視できない力となりました。そして、さまざまな囚人の釈放につながったのです。

いまでは大きなNGOとなったアムスティですが、最初はたった1人のささやかな提案から始まったのです。

ヒューマンライツ・ナウ（編）(2009)『人権で世界を変える30の方法』（合同出版）

※学習者に配慮し、本書著者により本文を一部改編し、ルビを付加した。

**ことば**

- 人権…命や自由など、人間の権利(a right)
- 侵害…他の人の権利やものを取ること
- 実績…そのことについて、今までにしてきたこと
- ノーベル平和賞…Nobel Peace Prize
- 受賞…賞をもらうこと
- 弁護士…lawyer
- 当時…そのとき
- 軍事政権… military dictatorship
- 乾杯する…to toast
- 逮捕…警察に捕まること
- 刑…悪いことをした人に対する罰
- 刑を宣告された…刑を決めて言われた
- 囚人…警察に捕まった人のこと
- 釈放…捕まった人を自由にすること
- 提唱…提案すること
- 素朴…大変ではなく、簡単な
- 無視…あるものをないものと考えること
- ささやか(な)…とても小さな

**【ことば問題】**

問題1.「草の根の」というのは、ここではどんな意味ですか。文章の中から同じ意味で使われていることばを四つあげてください。

問題2.「ささやかな提案」と同じ意味のことばを文章の中から一つあげてください。

問題3. 文章の中に出てくる国の名前を全てあげてください。

問題4.「人」を使ったことばを全てあげてください。

問題5.「運動」の後に続いて使われることば(動詞など)を文章の中から全てあげてください。

➡ウェブサイトに【内容理解問題】があります。

# LESSON 4

## STEP 1 チェックでドン！

①ことばを見て、意味がわかるかチェックしましょう。

②漢字の読み方を書きましょう。

③音声を聞きましょう。

4-1

| | | 意味がわかる | 読み方 | | | 意味がわかる | 読み方 |
|---|---|---|---|---|---|---|---|
| 91 | 種類 | | | 106 | 富む | | |
| 92 | 生物 | | | 107 | 含める | | |
| 93 | 異なる | | | 108 | イメージ(する) | | |
| 94 | 発達(する) | | | 109 | 結果 | | |
| 95 | 有利 | | | 110 | 技術 | | |
| 96 | 述べる | | | 111 | 形／-形 | | |
| 97 | 基づく | | | 112 | 限る | | |
| 98 | 物理 | | | 113 | 容易 | | |
| 99 | -学 | | | 114 | 代表(する) | | |
| 100 | データ | | | 115 | チーム | | |
| 101 | 日常 | | | 116 | 極端 | | |
| 102 | 体系 | | | 117 | 全体 | | |
| 103 | 科学(する) | | | 118 | 前後(する) | | |
| 104 | 競争(する) | | | 119 | 移動(する) | | |
| 105 | 特徴 | | | 120 | -数／数- | | |

## 例文・意味でドン！

例文を読んで／聞いて意味をイメージしましょう。
右のことばを見ないようにして、____に何が入るか考えましょう。

**1** 4-2

この本によると、ガラパゴスという島にはさまざまな種類の生物がいる。それらの生物は他の島と異なる発達をしているそうだ。それは、この島で生きるのに有利になるためだったと述べられている。この本は、筆者の経験に基づいて書かれているが、本当にそんな生物がいるのか、ぜひ見てみたい。

| | | | | |
|---|---|---|---|---|
| 91 | 【名詞】 | 意 | 似ているところや、関係があるものでまとめられるグループのこと。 | 種類 |
| | | 例 | 日本にはいろいろな＿＿＿のりんごがある。 | |
| 92 | 【名詞】 | 意 | 生き物。人や犬などの動物。木、花などの植物。 | 生物 |
| | | 例 | この地球には多くの＿＿＿が生きている。 | |
| 93 | 【動詞】 | 意 | 違う。同じではない。 | 異なる |
| | | 例 | 同じ国でも場所によって、文化は＿＿＿ているものだ。 | |
| 94 | 【名詞】 | 意1 | 大きくなること。 | 発達(する) |
| | | 例 | 台風が＿＿＿しながら日本に近づいている。 | |
| | | 意2 | 今よりもよくなっていくこと。 | |
| | | 例 | 子どもは、ことばが話せるようになると＿＿＿が進む。 | |
| 95 | 【ナ形】 | 意 | 他よりもよいこと。よいことがあること。⇔不利 | 有利 |
| | | 例 | 背が高いほうが＿＿＿になるスポーツが多い。 | |
| 96 | 【動詞】 | 意 | 考えていることを声に出して言ったり、文章に書いたりする。 | 述べる |
| | | 例 | この文章では、筆者は言いたいことを最初に＿＿＿ていた。 | |
| 97 | 【動詞】 | 意 | 新しく何かをするときに、すでに起きたことや考えたこと、経験したことを使うこと。 | 基づく |
| | | 例 | この本は本当にあったことに＿＿＿て書かれている。 | |

**2** 4-3

物理学のクラスが楽しい。毎週新しいデータを見ながら、日常生活で起きていることについて考え、体系的に学ぶことができるからだ。物理だけでなく、生物のクラスもおもしろいと思う。私は科学が好きだということがわかった。

| | | | |
|---|---|---|---|
| 98 | 【名詞】 | 意 物理学（physics）のこと。重さや速さなど、ものの運動などについての決まり。<br>例 こんなに大きな石をひとりの力で動かすのは、＿＿＿的に難しい。 | 物理 |
| 99 | 【接尾辞】 | 意 ～についての勉強。<br>例 私の父は大学で社会＿＿＿を教えている。 | -学 |
| 100 | 【名詞】 | 意 [data] 調べてわかったことや数など。<br>例 同じ時に違うところで取った二つの＿＿＿を比べてみることにした。 | データ |
| 101 | 【名詞】 | 意 変わったことがなく、いつもと同じ様子。<br>例 ＿＿＿を離れようとひとりで旅に出ることにした。 | 日常 |
| 102 | 【名詞】 | 意 ある決まりで、わかりやすくまとめたもの。<br>例 日本語学校の授業で文法を＿＿＿的に学んだ。 | 体系 |
| 103 | 【名詞】 | 意 サイエンス（science）のこと。いろいろなことのつながりや関係をくわしく調べ、なぜそうなるかを明らかにする活動。<br>例 「どうして？」と疑問を持つことが＿＿＿の始まりだ。 | 科学 |

**3** 4-4

この通りにはレストランがたくさん並んでいる。激しい競争に勝つためには何か特徴がなければならない。例えば、料理の種類に富んでいたり、周りの店にない珍しい食べ物が食べられたりするなどだ。

| | | | |
|---|---|---|---|
| 104 | 【名詞】 | 意 勝ち負けを決めること。<br>例 クラスメートとではなく、昨日の自分と＿＿＿するべきだ。 | 競争(する) |
| 105 | 【名詞】 | 意 他のものや人と大きく違って目につくところ。<br>例 彼は話し方に＿＿＿がある。 | 特徴 |

| 106 | 【動詞】 | 意 たくさんある。たくさん持っている。<br>例 世界での経験に＿＿＿でいる人の話は、新しいことばかりでおもしろい。 | 富む |
|---|---|---|---|

**4** 4-5

日本語では主に三つの文字が用いられる。ふつう、漢字、ひらがな、カタカナの三つだが、ローマ字を含めると、四つの文字を混ぜて書くことができる。また、「私」「わたし」「ワタシ」「WATASHI」と、同じことばでも、文字が異なるとイメージが変わってくる。これも日本語の特徴の一つだろう。

| 107 | 【動詞】 | 意 あるグループの中にいれて一緒にする。<br>例 今日も＿＿＿て、今週はずっと忙しい。 | 含める |
|---|---|---|---|
| 108 | 【名詞】 | 意 [image] どんな様子か頭の中で考えたこと。<br>例 あの人は話す前は怖い＿＿＿があったが、話してみるとやさしかった。 | イメージ（する） |

**5** 4-6

何を学ぶとしても、結果が出るまで時間がかかるのは普通だ。特に、技術のように形がないものを限られた時間で身につけることは容易ではない。今、昔からの技術はだんだんなくなってきている。これまで守られてきた技術をどのように伝えていくか、考えなければいけないだろう。

| 109 | 【名詞】 | 意 どうなったかということ。⇔原因<br>例 将来のことを考えた＿＿＿、留学することにした。 | 結果 |
|---|---|---|---|
| 110 | 【名詞】 | 意 機械や道具などを使って、何かを上手に行うやり方。<br>例 この会社は小さな会社だが、ロケットを作るための高い＿＿＿を持っている。 | 技術 |

| | | | | |
|---|---|---|---|---|
| 111 | 【名詞】 | 意 | □や△や○のように、目に見える姿。 | 形 |
| | | 例 | 星の＿＿＿のクッキーを作った。 | |
| | 【接尾辞】 | 意 | ～の形。 | -形 |
| | | 例 | 「食べる」の「て＿＿＿」は「食べて」だ。 | |
| 112 | 【動詞】 | 意1 | 数や量、時間や場所などを「これだけ」と決める。 | 限る |
| | | 例 | このパンが買えるのは1日10人に＿＿＿られている。 | |
| | | 意2 | 一番いい。 | |
| | | 例 | 夏はビールに＿＿＿。 | |
| 113 | 【ナ形】 | 意 | 「簡単」のかたい言い方。 | 容易 |
| | | 例 | インターネットを使うと海外の人とも＿＿＿に会話できる。 | |

**6** 私の国の代表チームのイメージカラーは青だ。だが、昔は赤だったそうだ。青と赤ではイメージが極端に違っているように思う。

4-7

| | | | | |
|---|---|---|---|---|
| 114 | 【名詞】 | 意1 | その団体やグループの中から選ばれて、皆のために何かをする人。 | 代表(する) |
| | | 例 | 卒業生＿＿＿として、卒業式でスピーチすることになった。 | |
| | | 意2 | そのグループがどんなものか伝えるための一番の例となるもの。 | |
| | | 例 | 日本の春を＿＿＿する花は桜だ。 | |
| 115 | 【名詞】 | 意 | [team] 同じ目的で集まっている人たち。 | チーム |
| | | 例 | ひとりでするスポーツより＿＿＿でするスポーツの方が好きだ。 | |
| 116 | 【ナ形】 | 意 | 普通とは大きく違うこと。特に反対になるくらいのこと。 | 極端 |
| | | 例 | やせたいからと言って、毎日おにぎり一つしか食べないなんて＿＿＿すぎて体によくない。 | |

**7** 4-8

「あとで全体で話してもらいますが、はじめは前後の席(せき)の人と話してください。近くに誰(だれ)もいない人は移動して二人になって下さい」と先生がおっしゃった。そこで数人でグループを作って話すことにした。

| | | | | |
|---|---|---|---|---|
| 117 | 【名詞】 | 意 | 一つにまとまったものの全(すべ)て。⇔部分(ぶぶん) | 全体(ぜんたい) |
| | | 例 | あの山に登(のぼ)ると、この街(まち)の＿＿＿＿を見ることができる。 | |
| 118 | 【名詞】 | 意1 | (位置(いち)や時間の)前と後(うし)ろ。 | 前後(ぜんご)(する) |
| | | 例 | ずっとパソコンで仕事をしていると首(くび)が疲(つか)れるので、ときどき＿＿＿＿や左右(さゆう)に首を動(うご)かして運動(うんどう)をするとよい。 | |
| | | 意2 | それに近い数(かず)や量(りょう)。〜ぐらい。 | |
| | | 例 | 明日のパーティーに来られるのは30人＿＿＿＿になるらしい。 | |
| | | 意3 | 二つの順番(じゅんばん)が反対(はんたい)になること。 | |
| | | 例 | 話が＿＿＿＿したので、いつ何があったかわかりにくかった。 | |
| 119 | 【名詞】 | 意 | 今の場所(ばしょ)から動(うご)かすこと。場所を変(か)えること。 | 移動(いどう)(する) |
| | | 例 | テーブルを隣(となり)の部屋(へや)に＿＿＿＿する。 | |
| 120 | 【接尾辞】 | 意 | かず。 | -数(すう) |
| | | 例 | この大学の学生＿＿＿＿は日本で一番(いちばん)多い。 | |
| | 【接頭辞】 | 意 | いくつかの。少しの。 | 数(すう)- |
| | | 例 | その時(とき)、店には＿＿＿＿人の客(きゃく)がいたそうだ。 | |

## ゲームでドン!

**アクティビティー❶** 左と右の漢字を線でつないで、一つのことばにしましょう。
できたことばを1.～8.の＿＿＿に入れて文を完成(かんせい)させましょう。

| | | | |
|---|---|---|---|
| a | 発 | 物 | ＿＿＿ |
| b | 種 | 利 | ＿＿＿ |
| c | 極 | 類 | ＿＿＿ |
| d | 有 | 達 | ＿＿＿ |
| e | 生 | 徴 | ＿＿＿ |
| f | 代 | 端 | ＿＿＿ |
| g | 日 | 表 | ＿＿＿ |
| h | 特 | 常 | ＿＿＿ |

1. 私は小説(しょうせつ)や雑誌(ざっし)など、いろいろな＿＿＿の本を読む。
2. オリンピックなど、国際大会(こくさいたいかい)に出る人は、その国の＿＿＿選手(せんしゅ)だ。
3. このテキストの＿＿＿は、勉強した単語(たんご)を使って何度(なんど)も練習(れんしゅう)することだ。
4. 海の深(ふか)いところには、私たちがまだ知らない＿＿＿が多くいる。
5. 彼(かれ)はいつも＿＿＿な意見ばかり言うので、みんな困(こま)っている。
6. 前に提案された条件(じょうけん)より、＿＿＿な条件で手に入れることができた。
7. 技術の＿＿＿により、人間(にんげん)は宇宙(うちゅう)へ行けるようになった。
8. 旅行が楽しければ楽しいほど、＿＿＿生活に戻(もど)るのがいやになる。

**アクティビティー❷** ＿＿＿に入ることばをボックスから探して、文を完成させましょう。動詞は文に合う形にして入れてください。

| | | | | | |
|---|---|---|---|---|---|
| き | ょ | う | そ | う | ゆ |
| ぜ | ん | た | い | ど | う |
| ん | か | た | ち | け | り |
| ご | と | む | ■ | っ | す |
| た | い | け | い | か | う |

□＿＿＿＿＿＿＿＿　□＿＿＿＿＿＿＿＿
□＿＿＿＿＿＿＿＿　□＿＿＿＿＿＿＿＿
□＿＿＿＿＿＿＿＿　□＿＿＿＿＿＿＿＿
□＿＿＿＿＿＿＿＿　□＿＿＿＿＿＿＿＿
□＿＿＿＿＿＿＿＿　□＿＿＿＿＿＿＿＿

1. この学校は、人の心を考えられる、社会性に＿＿＿＿だ人間に育てる教育をしている。
2. 今回の旅行は楽しかったが、バスでの＿＿＿＿が多くて疲れてしまった。
3. バスケットボールでは、背が高い選手のほうが＿＿＿＿だ。
4. このレストランで働いている人は20歳＿＿＿＿の女性が多い。
5. これからは、いろいろな家族の＿＿＿＿を受け入れる社会になっていくだろう。
6. 次の試合で＿＿＿＿相手に勝つために、しっかり計画を立てておこう。
7. この大学の留学生＿＿＿＿は年々増えていて、今年は5年前の1.5倍だった。
8. 上の階から見ると、ロビーに書かれた絵の＿＿＿＿を見ることができる。
9. 大学の入学試験の＿＿＿＿はインターネットで見ることができる。
10. 私はアニメを見て日本語を覚えたので、学校で＿＿＿＿的に学んだことがない。

**アクティビティー❸** ＿＿＿に入ることばを使って、クロスワードを完成させましょう。動詞は辞書形にして入れてください。

→（左から右へ）

| | |
|---|---|
| 1 | 考えていることが合っているかどうか、＿＿＿を取って調べてみる。 |
| 5 | 私は、人間の心に興味があるので、大学では心理＿＿＿を学ぼうと思っている。 |
| 6 | この仕事は私ひとりで進めているのではなく、10人の＿＿＿で進めている。 |
| 8 | 会ってみると、聞いていた＿＿＿と違って、明るくてやさしい人だった。 |
| 9 | 日本語には、読み方が同じでも意味が＿＿＿＿ことばが、たくさんある。 |
| 10 | SFの世界を見ると、＿＿＿のおもしろさがわかる。 |
| 11 | この機械を使えば、誰でも＿＿＿においしいパンを作ることができる。 |
| 13 | 石澤（2017）では、語彙を増やすことは大切だと＿＿＿られている。 |
| 14 | ＿＿＿とは、物がどのようにできているかを考える学問のことである。 |

↓（上から下へ）

| | |
|---|---|
| 2 | この会社では近年、中高年の労働者が増えてきたので、労働＿＿＿を見直すことになった。 |
| 3 | 送料を＿＿＿て、全部で9,800円です。 |
| 4 | 授業で使う日本語は少し難しいが、買い物など＿＿＿生活の日本語は大丈夫だ。 |
| 7 | レポートは、授業で先生が話したことに＿＿＿て書いてください。 |
| 10 | この講義を受講できるのは、全部の講義に出席できる学生に＿＿＿。 |
| 12 | 大学生のうちに、わかりやすく話す＿＿＿をみがいておきたい。 |

## 読んでドン!　次の文章を読んで、問題に答えましょう。

深海には、個性的で変わった形の深海魚がたくさんいます。

とても大きなオタマジャクシといったらいいのでしょうか、頭だけが大きくて背中から尾に向かって極端に細くなる魚がいます。「バケダラ」などです。尾が蛇のように動いて移動していく様は、まるで深海の幽霊です。

怖い顔の魚が多いのも深海魚の特徴です。

怖い顔の代表ともいえそうなのが「オニキンメ」。牙が大きく発達して、顔全体がワナのようになっています。体の長さが15センチメートル前後。世界各地の深さ数百～100メートルの水の中に住んでいます。

「ホウライエソ」もなかなかのもの。大きくて細い牙を持ち、なんと、大きな魚を食べるたびに、あごがはずれます。胃袋は弾力性に富み、自分の体より大きな魚でも食べられるようになっています。体の長さが35センチメートルくらいで、深さ1000メートルより深いところに住んでいます。

深海は競争の世界。食べ物になる生物が少ないので、もし 食べ物になる生物をみつけたら絶対に取らなければ、生きていくことができません。そのため、あごや牙を発達させるほど有利となります。その結果、生きるための競争に勝った種類は怖い顔なのだと考えられます。

瀧澤美奈子(2008)『深海の不思議』(日本実業出版社)

※学習者に配慮し、本書著者により本文を一部改編し、ルビを付加した。

**ことば**

個性…他にはなく、それにしかないもの
オタマジャクシ…カエルの子ども
尾…(tail)しっぽ。動物のおしりのところにある
バケダラ…魚の名前
蛇…snake
様…様子、すがた
幽霊…(ghost)死んだはずの人や動物が動いて現れること
オニキンメ…魚の名前
牙…大きい前歯
ワナ…(trap) 人などをだまして落とす穴
ホウライエソ…魚の名前
あご…口の下のところ
胃袋…食べたものが入るところ
弾力性に富む…形が変わっても前の形にもどる。大きくなったり小さくなったりする。

**【ことば問題】**

問題1. 生き物に関することばを文章の中から全てあげてください。

問題2. 身体に関することばを文章の中から全てあげてください。

問題3. 「性」を使ったことばを文章の中から全てあげてください。

問題4. 「有利」の反対の意味のことばは何ですか。(文章の中にはありません)

問題5. 文章の中から「ため」ということばを二つあげてください。それぞれの意味の違いも考えましょう。

➡ウェブサイトに【内容理解問題】があります。

# LESSON 5

## チェックでドン!

①ことばを見て、意味がわかるかチェックしましょう。

②漢字の読み方を書きましょう。

③音声を聞きましょう。

5-1

|  |  | 意味がわかる | 読み方 |
|---|---|---|---|
| 121 | 背景 |  |  |
| 122 | 光／-光 |  |  |
| 123 | 反射(する) |  |  |
| 124 | 面積 |  |  |
| 125 | 等しい |  |  |
| 126 | 手段 |  |  |
| 127 | 障害 |  |  |
| 128 | 取り上げる |  |  |
| 129 | まず |  |  |
| 130 | 透明 |  |  |
| 131 | 分類(する) |  |  |
| 132 | 以降 |  |  |
| 133 | 割合 |  |  |
| 134 | カテゴリー |  |  |
| 135 | 当てはまる |  |  |

|  |  | 意味がわかる | 読み方 |
|---|---|---|---|
| 136 | 前者 |  |  |
| 137 | 吸収(する) |  |  |
| 138 | 後者 |  |  |
| 139 | 完全 |  |  |
| 140 | 図 |  |  |
| 141 | 表 |  |  |
| 142 | 適する |  |  |
| 143 | ライフ |  |  |
| 144 | 式 |  |  |
| 145 | 中止(する) |  |  |
| 146 | アイデア |  |  |
| 147 | 数学 |  |  |
| 148 | 試験(する) |  |  |
| 149 | 単位 |  |  |
| 150 | 値／-値 |  |  |

## STEP 2 例文・意味でドン!

例文を読んで／聞いて意味をイメージしましょう。
右のことばを見ないようにして、＿＿に何が入るか考えましょう。

**1** 5-2

私は山を背景にして、池の写真を撮るのが好きだ。朝、太陽の光が池にキラキラと反射しているのがとても美しい。特に、池の面積と山の面積が等しく見えるように撮れたときが、一番きれいだと思う。

| | | | |
|---|---|---|---|
| 121 | 【名詞】 | 意 絵や写真などの中の、後ろの景色。<br>例 このカメラは近くの人や物だけでなく、＿＿＿＿もきれいに撮ることができる。 | 背景 |
| 122 | 【名詞】 | 意1 目で明るいと感じるもの。太陽や星、電球などから出ているもの。<br>例 暗い部屋に太陽の＿＿＿＿が入ってきて、明るくなった。<br>意2 人の心を明るくさせることやもの。希望。<br>例 子どもはこの世の中の希望の＿＿＿＿だ。 | 光 |
| | 【接尾辞】 | 意 ～の光。<br>例 太陽＿＿＿で電気を作って走る車を、「ソーラーカー」と言う。 | -光 |
| 123 | 【名詞】 | 意1 音や光などの向きが、何かに当たって変わること。<br>例 太陽が鏡に＿＿＿＿して、明るすぎて目を開けていられない。<br>意2 考えずに、すぐに体が動くこと。<br>例 「危ない！」という声を聞いて＿＿＿＿的に体を低くした。 | 反射(する) |
| 124 | 【名詞】 | 意 広さ。<br>例 日本の＿＿＿＿は38万km²(平方キロメートル)ぐらいだ。 | 面積 |
| 125 | 【イ形】 | 意1 二つ以上のものが同じであること。<br>例 「2×3」と「2＋2＋2」の答えは＿＿＿＿。<br>意2 二つ以上のものがよく似ていること。<br>例 こんな少ないお金なら、ないに＿＿＿＿。 | 等しい |

**2** 5-3

田舎（いなか）では、移動手段が車しかないこともある。しかし、大きな地震（じしん）や雨、雪（ゆき）などによる障害物で道が通れなくなると、どうすることもできなくなる。このような村（むら）や町は、この国において実（じつ）は少なくない。だが、ニュースで取り上げられるまで気づかないことも多い。まずは、このような場所（ばしょ）がいろいろな所（ところ）にあることを知ってもらうことが必要だ。

| | | |
|---|---|---|
| 126 | 【名詞】 意 何かをするためのやり方。何を使って、どうすればできるかがはっきりわかるやり方。<br>例 ここから空港（くうこう）へ行く＿＿＿＿はタクシーしかない。 | 手段（しゅだん） |
| 127 | 【名詞】 意1 何かの邪魔（じゃま）になること。邪魔になるもの。<br>例 お金がなかったことが＿＿＿＿となって留学（りゅうがく）できなかった。<br>意2 身体（からだ）などの一部（いちぶ）が働（はたら）きにくく、社会的（てき）に難（むずか）しいことがあること。「障がい」とも書く。<br>例 大きな事故（じこ）のせいで、足に＿＿＿＿が残（のこ）ってしまった。 | 障害（しょうがい） |
| 128 | 【動詞】 意1 話題（わだい）にする。問題にする。<br>例 次（つぎ）の会議（かいぎ）では客（きゃく）から出た意見を＿＿＿＿。<br>意2 人から物などを無理（むり）に取ること。<br>例 勉強せずにゲームばかりしていたら、親にゲームを＿＿＿＿られてしまった。 | 取（と）り上（あ）げる |
| 129 | 【副詞】 意1 最初（さいしょ）に。<br>例 ＿＿＿＿、1のボタンを押（お）してください。次（つぎ）に、2のボタンを押してください。<br>意2 100%ではないが、だいたい。多分。<br>例 この雨だと明日の山登（やまのぼ）りは＿＿＿＿無理（むり）だろう。 | まず |

**3** 5-4

A市では、ごみの種類によって捨て方が異なっている。例えば、いらない服は透明な袋に入れて捨てることになっている。ただし、ゴミの分類の仕方は市によって違うので、引っ越したらまずチェックするとよい。

| | | | |
|---|---|---|---|
| 130 | 【ナ形】 | 意 水やガラスのように、それがあっても向こうがよく見える様子。<br>例 この川は水がきれいで＿＿＿＿なので、泳いでいる魚がよく見える。 | 透明 |
| 131 | 【名詞】 | 意 同じ種類、同じ特徴のものをまとめて、いくつかの集まりに分けること。<br>例 漢字はたくさんあるが、似ているものに＿＿＿＿していくと覚えやすい。 | 分類(する) |

**4** 5-5

「ミレニアル」ということばを初めて聞いた。主にアメリカで1980年代以降に生まれた若い人たちのことだそうだ。この人たちのうち、割合としては97%の人が自分のパソコンを持っているらしい。日本でも生まれた年でカテゴリーを作り、「バブル」「ゆとり」「さとり」などと呼んでいるが、特徴に当てはまる人の割合は、実ははっきりしていないのではないだろうか。

| | | | |
|---|---|---|---|
| 132 | 【名詞】 | 意 その時か、その時より後のこと。<br>例 午前中は用事がありますので、午後1時＿＿＿＿に来てください。 | 以降 |
| 133 | 【名詞】 | 意 全部を10と考えて、そのなかにどのぐらいあるかを表すときに使うことば。<br>例 この学校では日本語を勉強する男子学生の＿＿＿＿は、女子より少ない。 | 割合 |
| 134 | 【名詞】 | 意 [category] 種類。まとめられたもの。<br>例 日本でトマトは野菜の＿＿＿＿に入れられることが多い。 | カテゴリー |
| 135 | 【動詞】 | 意 ちょうどよい。ぴったり合うこと。<br>例 この問題の答えとして＿＿＿＿ものをA～Dから選んでください。 | 当てはまる |

**5** 5-6

私は黒と白が好(す)きだ。前者は色の中で一番(いちばん)光を吸収する色で、後者は一番光を反射する色だ。ただし、全(すべ)てを100%反射することはできないそうだ。つまり、完全な白は世界にはないということになる。

| | | | |
|---|---|---|---|
| 136 | 【名詞】 | 意 二つのうち、前のもの。⇔後者(こうしゃ)<br>例 自動詞(じどうし)と他動詞(たどうし)はまちがえやすい。だが、______は「〜を」と一緒(いっしょ)に使わないところにヒントがある。 | 前者(ぜんしゃ) |
| 137 | 【名詞】 | 意1 水やにおいなどを吸(す)うこと。<br>例 このタオルは水をよく______する。<br>意2 外のものを自分の中にいれること。<br>例 子どもは______が早いので、何でもすぐに覚(おぼ)えることができる。 | 吸収(きゅうしゅう)(する) |
| 138 | 【名詞】 | 意 二つのうち、後(あと)のもの。⇔前者(ぜんしゃ)<br>例 手紙とEメールのうち、今は______の方がよく使われている。 | 後者(こうしゃ) |
| 139 | 【ナ形】 | 意 100%であること。<br>例 好(す)きな歌を何度(なんど)も練習(れんしゅう)していたら、何も見なくても______に歌えるようになった。 | 完全(かんぜん) |

**6** 5-7

レポートの中に図や表を入れるときは、図1、図2、表1、表2のように、レポートの最初(さいしょ)から順番(じゅんばん)に数字(すうじ)をつけて、それぞれ何の図か、何の表か説明を書く。この時、図と表でどこに説明を書くかが異なっている。

| | | | |
|---|---|---|---|
| 140 | 【名詞】 | 意 わかりやすいように、どんな形(かたち)なのか、どうなっているのかを線(せん)や絵(え)などで表(あらわ)したもの。<br>例 この本は、文章(ぶんしょう)だけでなく絵(え)や______もたくさんあるので、子どもにもわかりやすい。 | 図(ず) |
| 141 | 【名詞】 | 意 よくわかるように、データをまとめたもの。縦(たて)と横(よこ)の線(せん)で作った小さな四角(しかく)にデータを入れたもの。<br>例 今この本屋(ほんや)で人気(にんき)のある本と、今月売れた数(かず)を調(しら)べて、______にまとめた。 | 表(ひょう) |

**7** 5-8

最近、仕事や生活において、どんどん進むことだけがいいという考えではなく、自分や家族に適した形で、立ち止まって考えたりすることが大切だという考え方に注目が集まっている。この考え方は「スローライフ」と呼ばれるが、「スロー」と言っても「ゆっくり」という意味ではなく、「ゆったり」「ゆたかに」生活するということが大事だという意味である。

|  |  |  |  |
|---|---|---|---|
| 142 | 【動詞】 | 意 ちょうどよく合う。<br>例 この山のきれいな水は、おいしいお酒作りに____ている。 | 適する |
| 143 | 【名詞】 | 意1 [life]命。他のことばと一緒に使うと「命を助ける～」という意味にもなる。<br>例 飛行機では席の下に____ジャケットがおいてある。<br>意2 生活。暮らし。<br>例 大学生の____スタイルを調べる。 | ライフ |

**8** 5-9

10月に日本に来た留学生のための入学式をするはずだったが、台風で中止になってしまった。今までの式とは違うものにしようと、みんなでアイデアを出していたので、とても残念だ。

|  |  |  |  |
|---|---|---|---|
| 144 | 【名詞】 | 意1 答えを出すために「+」「−」「÷」「×」などを使って作るもの。<br>例 正しい答えを出すためには、正しい____を選ばなければならない。<br>意2 何かのはじまりや終わりにするイベント(event)。<br>例 卒業____で留学生の友だちが日本語でしたスピーチは、本当によかった。 | 式 |
| 145 | 【名詞】 | 意 計画していたことをやめること。<br>例 雨でサッカーの練習が____になった。 | 中止(する) |
| 146 | 【名詞】 | 意 [idea] 新しく思ったこと。考えたこと。<br>例 学生からいい____が出された。 | アイデア |

**9** 5-10

数学の試験では、できる限り答えを確かめられるように時間の使い方に気をつけるとよい。特に、メートルとキロメートルなどの単位が間違っていないかについてチェックが必要だ。また、答えとなった値を式に入れて、最後までできるかどうかチェックすることも大切だ。

| | | | | |
|---|---|---|---|---|
| 147 | 【名詞】 | 意 | 数についてわからないことをはっきりさせて、その答えを出す学問。 | 数学 |
| | | 例 | 私は子どものころから数の話が好きだったので、大学でも＿＿＿を勉強したい。 | |
| 148 | 【名詞】 | 意1 | テスト。 | 試験(する) |
| | | 例 | 大学院に入学するためには難しい＿＿＿に受からなければならない。 | |
| | | 意2 | 新しくできたものを使ってみて、どうなるかを調べること。 | |
| | | 例 | 新しく作った機械は問題がないかどうか＿＿＿してから売る。 | |
| 149 | 【名詞】 | 意1 | 何かがどのくらいかを表すもの。「円（¥）」「メートル（m）」「グラム(g)」「秒」など。 | 単位 |
| | | 例 | 長さの＿＿＿は、日本はメートルを使うが、アメリカはヤードを使う。 | |
| | | 意2 | 高校や大学の科目で、勉強する量の数え方。 | |
| | | 例 | 卒業するためにはこの授業の＿＿＿がどうしても必要だ。 | |
| 150 | 【名詞】 | 意 | 1や2などの数のこと。また、その意味。答え。 | 値 |
| | | 例 | 「x＋2＝3」のとき、「x」の＿＿＿は1になる。 | |
| | 【接尾辞】 | 意 | ～の値。 | -値 |
| | | 例 | 0から9までの数のうち最大＿＿＿は9です。 | |

## STEP 3 ゲームでドン！

**アクティビティー①** 左と右の漢字を線でつないで、一つのことばにしましょう。
できたことばを1. ～7.の＿＿＿に入れて文を完成させましょう。

| |  | |  | |
|---|---|---|---|---|
| a | 吸 | ・　・ | 段 | ＿＿＿＿ |
| b | 手 | ・　・ | 害 | ＿＿＿＿ |
| c | 数 | ・　・ | 収 | ＿＿＿＿ |
| d | 透 | ・　・ | 明 | ＿＿＿＿ |
| e | 分 | ・　・ | 全 | ＿＿＿＿ |
| f | 障 | ・　・ | 学 | ＿＿＿＿ |
| g | 完 | ・　・ | 類 | ＿＿＿＿ |

1. あの村に行く交通＿＿＿＿はバスしかなく、しかも一日に一本しかない。
2. 肉の中まで＿＿＿＿に火が通るまで、よく焼く。
3. ゴミを捨てるときは、袋の中が見えるように＿＿＿＿な袋にいれなければならない。
4. ＿＿＿＿物を避けて、掃除をするロボットがよく売れている。
5. 子どもは新しいことを＿＿＿＿するスピードが速く、数年でいろいろできるようになる。
6. 日本の子どもたちは中学生になると、＿＿＿＿の授業で「－３」のように0より小さい数も勉強する。
7. 日本語は、和語、漢語、外来語、混種語の四つに＿＿＿＿できる。

**アクティビティー❷** ＿＿＿に入ることばをボックスから探して、文を完成させましょう。動詞は文に合う形にして入れてください。

| | | | | | |
|---|---|---|---|---|---|
| | は | ん | し | ゃ | こ |
| あ | い | ら | ひ | ょ | う |
| い | け | い | と | ひ | し |
| で | い | ふ | し | か | ゃ |
| あ | ま | ず | い | り | |
| | て | き | す | る | ず |

☐ ＿＿＿＿＿＿＿＿
☐ ＿＿＿＿＿＿＿＿
☐ ＿＿＿＿＿＿＿＿
☐ ＿＿＿＿＿＿＿＿
☐ ＿＿＿＿＿＿＿＿
☐ ＿＿＿＿＿＿＿＿
☐ ＿＿＿＿＿＿＿＿
☐ ＿＿＿＿＿＿＿＿
☐ ＿＿＿＿＿＿＿＿
☐ ＿＿＿＿＿＿＿＿
☐ ＿＿＿＿＿＿＿＿

1. この絵に＿＿＿＿を当てると、絵の中の人が笑っているように見える。
2. 頭の上で大きな音がしたので、＿＿＿＿的にその場に座り込んだ。
3. 来月のパーティーで何をするか＿＿＿＿を出してもらった。
4. 関係をわかりやすくするため、＿＿＿＿に書いてみた。
5. この日本語学校には進学希望の学生とそうではない学生がいて、＿＿＿＿の多くはすでに仕事をしている。
6. その事件の＿＿＿＿には、社会のいろいろな問題が関係している。
7. 三つの辺の長さが＿＿＿＿三角形を正三角形という。
8. いくら考えてもどうしたらいいかわからないので、＿＿＿＿やってみることにした。
9. 父は今年70歳だが、毎日いろんなことをしてシニア＿＿＿＿を楽しんでいる。
10. Excelを使うと、＿＿＿＿をきれいに作ることができる。
11. ここは土もよく、日当たりもよいので、野菜を作るのに＿＿＿＿ている。

**アクティビティー③** ＿＿＿に入ることばを使って、クロスワードを完成させましょう。動詞は辞書形にして入れてください。

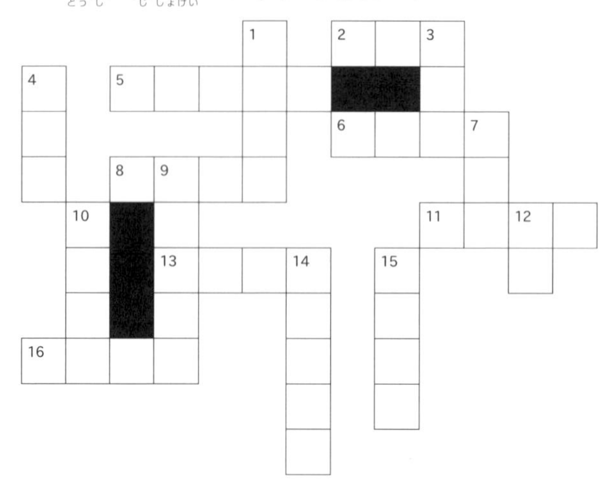

→(左から右へ)

| | |
|---|---|
| 2 | このカラオケ店は1時間150円で、そのあとは30分＿＿＿で料金が上がっていく。 |
| 5 | 学生、会社員、自営業、その他のうち、どの＿＿＿に入りますか。 |
| 6 | 今週末のスポーツ大会は雨が降ったら＿＿＿だ。 |
| 8 | 「A＝B」は、AとBは＿＿＿という意味である。 |
| 11 | 茶道のお茶には濃茶と薄茶があり、＿＿＿のほうが抹茶が多く入っている。 |
| 13 | よい＿＿＿が浮かんだら、紙に書いておくようにしている。 |
| 16 | 自分に＿＿＿た仕事は何か、じっくり考えてみた。 |

↓(上から下へ)

| | |
|---|---|
| 1 | 「父のようになりたい」と考えている人の＿＿＿は、男性のほうが女性より高かった。 |
| 3 | 3月20日＿＿＿、バスの料金が150円から170円に値上がりします。 |
| 4 | xとyの＿＿＿を求めなさい。 |
| 7 | 日本語能力＿＿＿(JLPT)は1年に2回ある。 |
| 9 | 私が作った文がよい例文として、文法の授業で＿＿＿られた。 |
| 10 | 日本で一番＿＿＿が広い都道府県は北海道だ。 |
| 12 | 答えが30になる＿＿＿を5つ書いてください。 |
| 14 | 次の1～3の全部に＿＿＿人は前に出てきてください。 |
| 15 | ＿＿＿の問題は答えが一つだが、答えの出し方は一つではないこともある。 |

## 読んでドン！　次の文章を読んで下の問題に答えましょう。

カムフラージュとは敵の目をだます手段。他のものに見せたり、周りの景色と同じ色になって見えなくしたりという方法がありますが、深海生物でよく知られているのは後者です。といっても、完全に光がない深海ではなく、少し暗いところにそういう生物がいます。

「カウンターイルミネーション」は、光を使って姿を消す代表的な方法です。何も障害物のない深海で身を隠すために光を使うのです。お腹についている光を出すもので自分の体を光らせて、より深い海から見たときに、背景となる海の少し明るい色に合わせることで、体を見えなくします。昼間深海に隠れている（夜には食事をするために上の方に移動）「ホタルイカ」などがこの方法を使って、より深い海から自分を食べようとする敵から隠れていることが知られています。

目立たない色で隠れるというのは、陸上生物もよくやる手段で、深海生物でもいくつか種類があります。

まず、体を水の色、透明にしてしまう生物。イカのような透明な体は絶対に敵から見つかりにくいでしょう。

より深いところでは、体の色を赤くしている生物もいます。赤という光は水に吸収されやすいため、遠くまで届きません。ですから、たとえ光があたっても赤で反射すれば目立たないというわけです。

瀧澤美奈子(2008)『深海の不思議』（日本実業出版社）
※学習者に配慮し、本書著者により本文を一部改編し、ルビを付加した。

**ことば**
- 敵…自分にとって困る相手
- だます…うそをつく
- ホタルイカ…魚の名前
- 目立つ…他の人が見て、すぐわかる

**【ことば問題】**

問題1. 色に関することばを文章の中から全てあげてください。

問題2. 光に関することばを文章の中から全てあげてください。

問題3. 「生物」を使った漢字のことばを文章の中から二つあげてください。

問題4. 「方法」と同じ意味を持つことばを文章の中から一つあげてください。

問題5. 「後者」の反対の意味のことばは何ですか。（文章の中にはありません）

問題6. 「代表的」を使って短い文を作ってください。

➡ウェブサイトに【内容理解問題】があります。

## ことばの勉強のしかた

**次の三つは全てできますか。勉強したことばで本当にできるか、確かめてみましょう。**

➡ 目で見て、意味や使い方がわかる
➡ 音で聞いて、どんなことばかわかるし、意味や使い方がわかる
➡ 言いたいことを表すことばが話せる、書ける

**【ことばを勉強するとき、次のような方法が役に立ちます。】**

＊ 1日にいくつ、1週間でいくつ、1か月でいくつ、とゴールを決める。そして、どれくらい覚えられたか、数えてみる。

＊ フラッシュカードを作る。並び方も変えて、何回も使う。

＊ 自分に関係があることばを使って、自分で例文を作る。

＊ 忘れないうちにもう一度勉強する。短いあいだに何回も見る。

＊ 似た形や似た意味のことば・文字は、初めは一緒に勉強しない。一つのことばの使い方がよくわかるようになってから似ていることばの勉強をする。

＊いろいろなことばでよく使われている漢字に気をつける。その漢字を使うとどんなことばができるか、考えながら勉強する。

**【勉強しても「できるようになった」と思えないとき…】**

ことばの力は、いつも同じように上がっていくわけではありません。上のレベルに進むためには十分な力がなければなりません。今はその時まで準備をしているというわけです。単語や漢字の力が上がると、読む力や聞く力も上がり、大きくジャンプできるはずです。そのレベルに行けるまで続けましょう。

# LESSON 6

## STEP 1 チェックでドン！

①ことばを見て、意味がわかるかチェックしましょう。

②漢字の読み方を書きましょう。

③音声を聞きましょう。

6-1

| | | 意味がわかる | 読み方 |
|---|---|---|---|
| 151 | 人口 | | |
| 152 | 統計 | | |
| 153 | 発表(する) | | |
| 154 | 最も | | |
| 155 | 約 | | |
| 156 | -倍 | | |
| 157 | 報告(する) | | |
| 158 | 関わる | | |
| 159 | 危険 | | |
| 160 | 作業(する) | | |
| 161 | 就く | | |
| 162 | 半数 | | |
| 163 | 関する | | |
| 164 | 計算(する) | | |
| 165 | サービス(する) | | |

| | | 意味がわかる | 読み方 |
|---|---|---|---|
| 166 | -業 | | |
| 167 | メディア | | |
| 168 | 地域 | | |
| 169 | 得る | | |
| 170 | デジタル | | |
| 171 | 処理(する) | | |
| 172 | 法律 | | |
| 173 | 工業 | | |
| 174 | 産業 | | |
| 175 | 長期 | | |
| 176 | 形態 | | |
| 177 | 推定(する) | | |
| 178 | -代 | | |
| 179 | 順 | | |
| 180 | -当たり | | |

**例文・意味でドン！** 例文を読んで／聞いて意味をイメージしましょう。
右のことばを見ないようにして、____に何が入るか考えましょう。

**1** 6-2

新聞で昨年の世界の人口統計が発表された。最も人口が多い国は中国で、日本の約11倍であると報告している。

|  |  | | |  |
|---|---|---|---|---|
| 151 | 【名詞】 | 意 | ある国や地域に住む人の数。 | 人口 |
| | | 例 | この街の____は減っている。 | |
| 152 | 【名詞】 | 意 | あるグループやものがどういうものかを数字を使って表すこと。 | 統計 |
| | | 例 | 「うどん」と「そば」のどちらを食べる人が多いか____をとって調べることにした。 | |
| 153 | 【名詞】 | 意 | いろいろなことを多くの人に広く知らせること。 | 発表(する) |
| | | 例 | A社は新商品を____した。 | |
| 154 | 【副詞】 | 意 | 一番。他の何よりも。 | 最も |
| | | 例 | 富士山は日本で____高い山だ。 | |
| 155 | 【接頭辞】 | 意 | だいたい。およそ。 | 約 |
| | | 例 | 食事会には____30人の学生が集まった。 | |
| 156 | 【接尾辞】 | 意 | ある数量が、いくつ分あるか、ということ。例えば「3倍」は、ある数量がその三つ分ある、という意味。 | -倍 |
| | | 例 | 今年の祭りには、去年の3____の人が集まった。 | |
| 157 | 【名詞】 | 意 | 起きたことや、調べた結果をまとめて知らせること。または、その内容。 | 報告(する) |
| | | 例 | 仕事の状況について部長に____した。 | |

**2** 6-3

この仕事は命に関わる危険な作業も少なくないが、給料が高い。そのため、この仕事に就きたいという人は多い。しかし、半数の人は1か月ぐらいでやめてしまう。

| | | | |
|---|---|---|---|
| 158 | 【動詞】 | 意 関係する、関係を持つ。<br>例 私は、将来政治に＿＿＿仕事がしたい。 | 関わる |
| 159 | 【名詞】【ナ形】 | 意 危ない。<br>例 雪の日に車を運転するのは＿＿＿だ。 | 危険 |
| 160 | 【名詞】 | 意 体を動かしたり、頭を使ったりしてする仕事。<br>例 アルバイトで荷物を運ぶ＿＿＿をした。 | 作業(する) |
| 161 | 【動詞】 | 意 新しい仕事を得て働く。<br>例 子どものころから夢だった仕事に＿＿＿ことができた。 | 就く |
| 162 | 【名詞】 | 意 全体の半分の数。50%。<br>例 参加者の約＿＿＿が女性だ。 | 半数 |

**3** 6-4

私は人と関わるのが大好きなので、洋服屋でアルバイトをしている。お客さんと話すのはとても楽しいが、数字に関することは苦手なので、一日の売り上げを計算する作業だけはまだ好きになれない。

| | | | |
|---|---|---|---|
| 163 | 【動詞】 | 意 関係がある。<br>例 日本のアニメに＿＿＿研究がしたい。 | 関する |
| 164 | 【名詞】 | 意1 「+」「−」「×」「÷」などの式を使って答えを出すこと。<br>例 「(8＋2)×4−7」を＿＿＿すると33になる。<br>意2 これからどうなるか、最後はどうなるか、考えること。<br>例 旅行の計画を立てるときは、電車やバスを待つ時間も＿＿＿に入れた方がいい。 | 計算(する) |

**4** 6-5

私はサービス業かメディアの仕事に就きたいと思っている。どちらの仕事であっても、自分が育った地域に関わっていきたい。私にとって仕事とは、お金を得ることだけが目的ではなく、人とつながることができる社会活動だと考えているからだ。

| | | | |
|---|---|---|---|
| 165 | 【名詞】 | 意1 [service] 喜んでもらうためにすること。値段を安くするなど、特別に何かをすること。<br>例 食堂でカレーを頼んだら、______で飲み物をつけてくれた。<br>意2 仕事の種類の一つ。ものを作るのではなく、誰かに何かをする仕事。<br>例 教師も医者も目に見えない______を売る仕事だと言える。 | サービス(する) |
| 166 | 【接尾辞】 | 意 仕事。<br>例 「家______」とは、ずっとその家が続けてきた仕事のことだ。 | -業 |
| 167 | 【名詞】 | 意 [media] ニュースを伝える手段・方法・人・会社。<br>例 新聞・雑誌・テレビ・ラジオなどの______から情報を得る。 | メディア |
| 168 | 【名詞】 | 意 ある土地の区切られたところ。<br>例 方言は______によって異なる。 | 地域 |
| 169 | 【動詞】 | 意1 自分のものにする。⇔失う<br>例 市民の理解を______ために、話し合いの場を作った。<br>意2 可能性がある。<br>例 彼が死んだなんて、そんなことはあり______ない。 | 得る |

**5** 🎧6-6

私の町の図書館では、昔の本をすべてデジタル処理し、図書館だけでなく、家のパソコンからも読むことができるサービスを始めた。しかし、今売られている本はデジタル処理がされていない。なぜなら、法律で許されていないからだ。

| | | | |
|---|---|---|---|
| 170 | 【名詞】 | 意 [digital] データを表す方法。電子的にコンピューターで使えるようにした形。⇔アナログ<br>例 仕事も＿＿＿化が進み、紙の書類はずいぶん減った。 | デジタル |
| 171 | 【名詞】 | 意 何かをきちんとまとめたり、片づけたりすること。<br>例 ごみは正しく分けて＿＿＿しなければならない。 | 処理(する) |
| 172 | 【名詞】 | 意 その国で守るべきだと決められていること。<br>例 お酒を飲んで車を運転してはいけないと＿＿＿で決められている。 | 法律 |

**6** 🎧6-7

工業は、日本の産業の中心だ。特に、車産業は、長期にわたって日本を支えてきた。今、その工場は昔と違い、コンピューターが多くの作業をするように変わってきている。一方、働き方の形態はさまざまになり、朝早く来て夕方早く帰る人、夕方から来る人など、いろいろになった。これからは、何をどれだけ作るかは、今働いている人の数と作るもののデータをもとに、システムで計算して決める工場が増えるだろう。

| | | | |
|---|---|---|---|
| 173 | 【名詞】 | 意 いろいろな材料を使って、新しい製品をつくる仕事の種類。<br>例 ものを作るのが好きなので、将来は＿＿＿関係の仕事がしたい。 | 工業 |
| 174 | 【名詞】 | 意 人間が生活するのに必要なものを作ったり、サービスを行ったりする経済活動。<br>例 「第一次＿＿＿」とは、野菜を作ったり魚をとったり、牛や豚などを育てたりする仕事のことだ。 | 産業 |
| 175 | 【名詞】 | 意 期間が長いこと。⇔短期<br>例 ＿＿＿の休みを使って海外旅行に行く。 | 長期 |
| 176 | 【名詞】 | 意 ものなどの形や様子。<br>例 家族の＿＿＿が小さくなってきている。 | 形態 |

**7** 6-8

大学生が留学しなくなったと言われている。たしかに、留学する日本人学生の数は、最も多かった年に比べ、約3万人減ったと推定されている。しかし、1990年代と今とでは、全体の学生数が異なっている。そのため、学生全体の中での割合を比べなければ、「大学生が留学しなくなった」とは言えないだろう。

| | | | | |
|---|---|---|---|---|
| 177 | 【名詞】 | 意 | はっきりわからないことを、いろいろな事実をもとに考えて、判断すること。 | 推定(する) |
| | | 例 | この寺ができたのは、700年前と＿＿＿＿されている。 | |
| 178 | 【接尾辞】 | 意1 | 何かのために使われるお金。 | -代 |
| | | 例 | 夏よりも冬のほうが電気＿＿＿＿は高い。 | |
| | | 意2 | ある時代や年齢を説明することば。 | |
| | | 例 | 20＿＿の経験は、30＿＿で役に立つ。 | |

**8** 6-9

冬になると、インフルエンザという病気になる人が多くなる。昨年、私の家では、私、父、母の順にインフルエンザになってしまった。この病気は人にすぐうつってしまうので、病気になると治るまで学校や会社に行ってはいけない。高い熱が出て心配になったら、必ず病院に行くべきだ。また、インフルエンザにならないように元気なうちに注射をすることもできる。1回当たり3000円くらいだが、しておくほうがいいと思う。

| | | | | |
|---|---|---|---|---|
| 179 | 【名詞】 | 意 | 数や大きさなどによって並んでいるもの。並び方。 | 順 |
| | | 例 | テストのときは、学籍番号＿＿＿＿に座ってください。 | |
| 180 | 【接尾辞】 | 意 | 一つずつ、ひとりずつ。〜ごと。 | -当たり |
| | | 例 | パーティーをするのに30,000円必要なので、1人＿＿＿＿3,000円集める。 | |

## STEP 3 ゲームでドン!

**アクティビティー①** 左と右の漢字を線でつないで、一つのことばにしましょう。
できたことばを1.～9.の＿＿＿＿に入れて文を完成(かんせい)させましょう。

| | | | | |
|---|---|---|---|---|
| a | 発 | ・ | ・ | 数 | ＿＿＿＿ |
| b | 推 | ・ | ・ | 告 | ＿＿＿＿ |
| c | 統 | ・ | ・ | 算 | ＿＿＿＿ |
| d | 形 | ・ | ・ | 計 | ＿＿＿＿ |
| e | 地 | ・ | ・ | 定 | ＿＿＿＿ |
| f | 計 | ・ | ・ | 表 | ＿＿＿＿ |
| g | 報 | ・ | ・ | 業 | ＿＿＿＿ |
| h | 半 | ・ | ・ | 態 | ＿＿＿＿ |
| i | 作 | ・ | ・ | 域 | ＿＿＿＿ |

1. 祝日(しゅくじつ)なので、社員(しゃいん)の＿＿＿＿は休みで、会社に来ている社員はいつもより少なかった。
2. 道具(どうぐ)を使うことで、＿＿＿＿が簡単(かんたん)になり、いつもの半分の時間で終わった。
3. 新入社員(しんにゅうしゃいん)は、毎日17時にその日にしたことを上司(じょうし)に＿＿＿＿することになっている。
4. その学会(がっかい)には私のゼミから3人の大学院生(だいがくいんせい)が参加(さんか)し、研究＿＿＿＿をした。
5. この町のことをたくさんの人に知ってもらうために＿＿＿＿の人と一緒(いっしょ)に祭(まつ)りをした。
6. 去年の人口＿＿＿＿を見ると、10年前に比べて小学生(しょうがくせい)の数(かず)が半分に減(へ)っていた。
7. 同じ仕事でも働(はたら)き方の＿＿＿＿が違うと、給料(きゅうりょう)や時間が違(ちが)ってくる。
8. 論文(ろんぶん)で＿＿＿＿したことを述べるときは、「～ように思う」「～と思われる」という表現(ひょうげん)を使う。
9. ＿＿＿＿は合(あ)っているが、式が違(ちが)っていた。

**アクティビティー❷**　＿＿＿に入ることばをボックスから探して、文を完成させましょう。動詞は文に合う形にして入れてください。

| さ | じ | ば | あ | こ | も |
|---|---|---|---|---|---|
| ー | ん | い | た | う | っ |
| び | こ | ぎ | り | ぎ | と |
| す | う | ■ | ょ | ょ | も |
| や | え | ぎ | ょ | う | ■ |
| つ | く | る | き | け | ん |

| | |
|---|---|
| □ ＿＿＿＿＿＿ | □ ＿＿＿＿＿＿ |
| □ ＿＿＿＿＿＿ | □ ＿＿＿＿＿＿ |
| □ ＿＿＿＿＿＿ | □ ＿＿＿＿＿＿ |
| □ ＿＿＿＿＿＿ | □ ＿＿＿＿＿＿ |
| □ ＿＿＿＿＿＿ | □ ＿＿＿＿＿＿ |
| □ ＿＿＿＿＿＿ | □ ＿＿＿＿＿＿ |

1. この国の＿＿＿＿は、田舎では減っているが、都市では増えている。
2. もっと日本語が上手になったら、翻訳＿＿＿＿の仕事をしてみたい。
3. 台風の時は＿＿＿＿なので、外に出ないほうがいい。
4. このホテルには、自分の好きな枕を選べる＿＿＿＿がある。
5. 卒業後は、祖父と同じ仕事に＿＿＿＿つもりだ。
6. 日本では小学校5年生で日本の農業や産業、＿＿＿＿について勉強する。
7. このレストランで使う肉は100g＿＿＿＿5000円もするそうだ。
8. ここに来てから、彼は水を＿＿＿＿た魚のように生き生きとしている。
9. 夏、1日のうちで＿＿＿＿暑くなるのは、2時だ。
10. 野菜が値上がりして、前に見たときの＿＿＿＿の値段になっていた。
11. 世界には、＿＿＿＿190の国があるそうだ。
12. 沖縄は観光＿＿＿＿に力を入れている。

**アクティビティー❸** ＿＿＿に入ることばを使って、クロスワードを完成させましょう。動詞は辞書形にして入れてください。

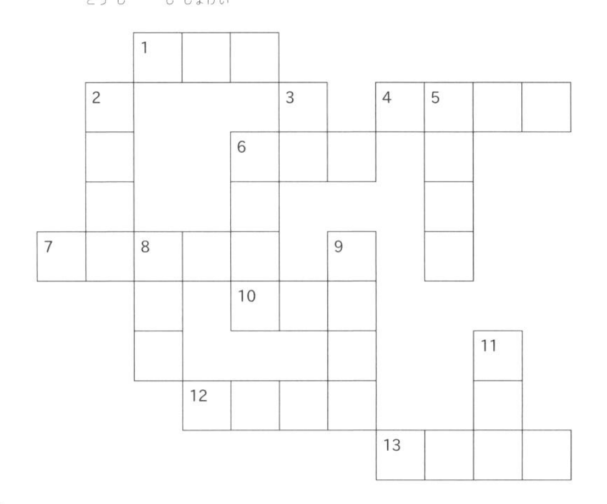

➡(左から右へ)

| | |
|---|---|
| 1 | 図1を見ると、漢語が一番多く、和語、外来語、混種語の＿＿＿になっている。 |
| 4 | 私のゼミの先生は、いろいろな＿＿＿に出ている有名な先生だ。 |
| 6 | 老人が多い＿＿＿では、公共バスが大事な交通手段である。 |
| 7 | 私の兄は子どもの頃から機械が好きなので、＿＿＿高校に進んだ。 |
| 10 | 身の＿＿＿を感じたら、すぐにその場から離れてください。 |
| 12 | 大学を卒業したら、日本語に＿＿＿仕事に就きたいと考えている。 |
| 13 | 国民の生活は＿＿＿によって守られている。 |

⬇(上から下へ)

| | |
|---|---|
| 2 | この料理は、このレストランに来る客の＿＿＿が注文する人気メニューだ。 |
| 3 | 2000年＿＿＿とは、2000年から2009年までの10年間のことを言う。 |
| 5 | 以前は＿＿＿カメラを使う人が多かったが、最近はスマートフォンのカメラを使う人が多い。 |
| 6 | 今すぐに答えを出すのではなく、＿＿＿的に考えたほうがよいだろう。 |
| 8 | 先月リストラで失＿＿＿してしまったので、今は新しい仕事を探している。 |
| 9 | スポーツに＿＿＿ことばはカタカナのものが多い。 |
| 11 | 仕事を早く＿＿＿できる人とできない人は何が違うのだろう。 |

## 読んでドン!　次の文章を読んで下の問題に答えましょう。

2006年5月にILOが児童労働に関する新しい統計を発表しました。それによると、児童労働に就いている子どもは、世界中に約2億1800万人もいるといわれています。これは日本の人口の約2倍にあたり、世界中の5歳から17歳までの子どものうち7人に1人が働いている計算になります。「最悪の形態の児童労働」などとくに危険な労働に就いている子どもはそのうちの半数、約1億2600万人と推定されています。

子どもたちがしている仕事は、国や地域によってさまざまですが、2006年のILOの報告によると、児童労働者全体の70%は農業や漁業にかかわっています。コーヒーやチョコレートの原料のカカオなどをお金を得るために作る作業にも、子どもたちが使われています。そのほか、レストランやお店、道で物を売ったり、お金持ちの家の掃除や洗濯をしたり、他人から物をもらったり、性産業で働いたりするサービス業が全体の約20%、レンガづくりなどの物つくり業や工業が約10%とみられています。

岩附由香・白木朋子・水寄僚子（2007）
『わたし8歳、カカオ畑で働きつづけて。一児童労働者とよばれる2億1800万人の子どもたちー』（合同出版）
※学習者に配慮し、本書著者により本文を一部改編し、ルビを付加した。

**ことば**
- ILO…国際労働機関（International Labor Organization）
- 児童…小学生の子ども
- 労働…働くこと
- 労働者…働いている人
- 農業…野菜やくだものを作る仕事
- 漁業…魚を取る仕事
- カカオ…cacao
- 性産業…男女の性に関係する仕事
- レンガ…家を作るときなどに使う、四角い長方形に作った石

**【ことば問題】**

問題1.「業」がつくことばを文章の中から全てあげてください。

問題2. 割合を表すことばを文章の中から全てあげてください。

問題3.「にあたり」と同じ意味を持つのは次のうちどれですか。

A：より多く　　B：より少なく　　C：と同じで

問題4.「推定されています」と同じように使われる文の終わりの表現を文章の中から一つあげてください。

➡ウェブサイトに【内容理解問題】があります。

# LESSON 7

## STEP 1 チェックでドン!

①ことばを見て、意味がわかるかチェックしましょう。
②漢字の読み方を書きましょう。
③音声を聞きましょう。

7-1

| | | 意味がわかる | 読み方 |
|---|---|---|---|
| 181 | 自然 | | |
| 182 | 合併(する) | | |
| 183 | 自体 | | |
| 184 | 価値 | | |
| 185 | 安全 | | |
| 186 | 伝統 | | |
| 187 | 刺激(する) | | |
| 188 | モデル | | |
| 189 | 動作 | | |
| 190 | 作成(する) | | |
| 191 | 働き | | |
| 192 | 密接 | | |
| 193 | 状態 | | |
| 194 | 影響(する) | | |
| 195 | 安定(する) | | |

| | | 意味がわかる | 読み方 |
|---|---|---|---|
| 196 | 保障(する) | | |
| 197 | 職 | | |
| 198 | 現代 | | |
| 199 | 求める | | |
| 200 | 情報 | | |
| 201 | 動向 | | |
| 202 | 最新 | | |
| 203 | 都市 | | |
| 204 | 生産(する) | | |
| 205 | 言わば | | |
| 206 | 独自 | | |
| 207 | 美術 | | |
| 208 | 集団 | | |
| 209 | スクリーン | | |
| 210 | 開放(する) | | |

**例文・意味でドン!** 例文を読んで／聞いて意味をイメージしましょう。
右のことばを見ないようにして、＿＿に何が入るか考えましょう。

**1** 7-2

この地域は昔から自然を守ってきたので、簡単になくすことだけはしてほしくない。しかし、A市とB市が合併したことで、この地域に新しく駅を作るそうだ。町が大きくなること自体はいいことだが、今まで大切にしてきたものがなくならないか心配だ。そういったことに価値があることを忘れないでいたい。

| | | | |
|---|---|---|---|
| 181 | 【名詞】 | 意 山や川など、人が作ったものでないもの。⇔人工<br>例 休みの日には海や山などの＿＿＿＿の中で過ごしたい。 | 自然 |
| 182 | 【名詞】 | 意 二つ以上の会社や団体などを合わせて一つにすること。<br>例 A会社とB会社が＿＿＿＿した。 | 合併(する) |
| 183 | 【名詞】 | 意 そのもの。それ。名詞のあとについて、その意味を強くする。<br>例 アイデア＿＿＿＿は悪くないが、それをするには、お金がたくさんかかる。 | 自体 |
| 184 | 【名詞】 | 意 人々にどのくらい「必要だ」「よいものだ」と思われているかということ。そのレベルを表すもの。<br>例 この映画はとてもいい映画なので、見る＿＿＿＿がある。 | 価値 |

**2** 7-3

この商品は、自然にある安全なものを使った伝統的な方法で作られており、肌自体を強くする。また、刺激が少ないので、赤ちゃんでも使うことができる。

| | | | |
|---|---|---|---|
| 185 | 【ナ形】 | 意 心配なことや危ないことがない。⇔危険<br>例 この町は夜でも＿＿＿＿なので、住みやすい。 | 安全 |
| 186 | 【名詞】 | 意 昔から残されてきたことで、現在も大事にされていること。<br>例 この町の祭りは100年前から続いている＿＿＿＿なので、子どもたちに伝えていきたい。 | 伝統 |

| | | | |
|---|---|---|---|
| 187 | 【名詞】 | 意1 目・耳・口など、体に強く感じるようなもの。<br>例 お寿司に入っていたワサビの＿＿＿＿が強すぎて涙が出た。<br>意2 心に強く伝わることやもの。<br>例 この国には初めて見るものが多くあって、毎日＿＿＿＿があっておもしろい。 | 刺激(する) |

**3** 一番新しいモデルのものを買ったのに、コンピューターの動作がおかしい。作成したデータが消えていないか心配だ。

7-4

| | | | |
|---|---|---|---|
| 188 | 【名詞】 | 意1 [model] たくさんある中で、いいものやいいこととして考えられるもの。<br>例 彼の作文はとても上手だったので、いい作文の＿＿＿＿として紹介された。<br>意2 コンピューターなどの機械のタイプ(type)。<br>例 このコンピューターは、今年出た新しい＿＿＿＿の中では高いほうだ。 | モデル |
| 189 | 【名詞】 | 意1 体を動かすこと。体の動き。<br>例 おばあさんはゆっくりとした＿＿＿で、いすに座った。<br>意2 機械などの動き。<br>例 新しいパソコンは＿＿＿が速くて使いやすい。 | 動作 |
| 190 | 【名詞】 | 意 作ること。<br>例 明日までに書類を＿＿＿しなければならない。 | 作成(する) |

**4** 7-5

この本を読んで、心の働きや心と体の関係がよくわかった。心と体は密接につながっていて、心の状態が体に影響するそうだ。

| | | | | |
|---|---|---|---|---|
| 191 | 【名詞】 | 意1 | できるはずのこと。役割。 | 働き |
| | | 例 | 食べすぎて、胃の＿＿＿＿が悪くなっている。 | |
| | | 意2 | 仕事など、何かをして得た結果。 | |
| | | 例 | これまでの＿＿＿＿が認められ、リーダーになることができた。 | |
| 192 | 【ナ形】 | 意 | ぴったりくっついていること。関係がとても深いこと。 | 密接 |
| | | 例 | 生活と文化は＿＿＿＿に関係している。 | |
| 193 | 【名詞】 | 意 | 人やものなどの、ある時点での様子。 | 状態 |
| | | 例 | 病院では体の＿＿＿＿をよく調べて薬を決める。 | |
| 194 | 【名詞】 | 意 | あることが、他のことにも関係して、他のものを変えること。 | 影響(する) |
| | | 例 | 大雨の＿＿＿＿で電車が止まってしまった。 | |

**5** 7-6

これから先、国が安定した生活を保障してくれるかはわからない。将来のために今から自分で準備しておこうと思う。

| | | | | |
|---|---|---|---|---|
| 195 | 【名詞】 | 意 | ずっと変わらないこと。落ちそうになったり、倒れそうになったりしない様子。⇔不安定 | 安定(する) |
| | | 例 | 卵の値段はいつも＿＿＿していする。 | |
| 196 | 【名詞】 | 意 | それが悪くなったり、なくなったりしないように守ること。 | 保障(する) |
| | | 例 | お金持ちでもそうじゃなくても、病院に行けるような社会＿＿＿のシステムが重要だ。 | |

**6** 7-7

自分が就きたい職を得るために現代社会で求められているのは、情報競争に勝つ力である。ただし、その仕事のことを知っているだけでは十分ではない。関係する世界の動向は全て、最新の情報をチェックしておくことが大切だ。

| | | | |
|---|---|---|---|
| 197 | 【名詞】 | 意1 仕事。<br>例 ロボットが便利になると、＿＿＿＿を失う人が増えるかもしれない。<br>意2 仕事をするための技術。<br>例 どこでも働けるように手に＿＿＿をつけておくといい。 | 職 |
| 198 | 【名詞】 | 意 今の時代のこと。<br>例 インターネットのおかげで、＿＿＿＿社会は大きく変わった。 | 現代 |
| 199 | 【動詞】 | 意 何かを欲しいと思う。欲しがる。また、何かを手に入れようとして探すこと。<br>例 自分に合う靴を＿＿＿＿て、いろいろな靴屋に行った。 | 求める |
| 200 | 【名詞】 | 意 何かについて知ることができるもの。それを説明するデータ、様子、お知らせなど。<br>例 レストランの＿＿＿＿はインターネットですぐに調べることができる。 | 情報 |
| 201 | 【名詞】 | 意 人や社会などがどのようになっていくか、これからどのようにしていくかということ。<br>例 最近の＿＿＿＿として、ベトナムから来る学生が多くなっている。 | 動向 |
| 202 | 【名詞】 | 意 一番新しい。<br>例 大きな台風が近づいているので、＿＿＿＿のニュースを見ておくべきだ。 | 最新 |

**7** 7-8

今、多くの都市でゴミの問題が大きなものとなっている。これは、今までずっと、大量生産・大量消費をしてきたことへの、言わば当然の結果だ。ごみを減らすために、それぞれの地域に合わせた独自のアイデアが求められている。

|  |  |  |  |
|---|---|---|---|
| 203 | 【名詞】 | 意 人口が多く、その地域の政治や経済、文化などが発展している大きな町。<br>例 東京は、世界の＿＿＿の中で一番人口が多いそうだ。 | 都市 |
| 204 | 【名詞】 | 意 （人の）生活に必要なものを作ること。<br>例 ここはりんごの＿＿＿が日本一多い。 | 生産（する） |
| 205 | 【副詞】 | 意 （わかりやすく）言ってみれば。例えば～のようだ。<br>例 毎日一緒にいるルームメイトは、＿＿＿日本での私の家族だ。 | 言わば |
| 206 | 【名詞】 | 意 他のものと違って、それだけが特別に持っている特徴。他にはない、それだけの。<br>例 ひらがなやカタカナは日本＿＿＿の文字である。 | 独自 |

**8** 7-9

この美術館では、集団で絵や字をかくパフォーマンスが行われたり、夜になると、建物をスクリーンの代わりにして、絵を映したりしている。また、夏休みのあいだ、特別に一部の部屋を開放し、自由に見られるようにしている。小さいころからいい絵を見ておくことは、大きな刺激になるはずだ。

|  |  |  |  |
|---|---|---|---|
| 207 | 【名詞】 | 意 絵やデザインなどの、目で見て感じたり楽しんだりするための芸術。<br>例 私は日本の古い絵が好きなので、大学で＿＿＿を勉強したい。 | 美術 |
| 208 | 【名詞】 | 意 おおぜいの人やたくさんの物のまとまり。グループ。<br>例 ひとりが好きなので、＿＿＿で旅行に行きたくない。 | 集団 |
| 209 | 【名詞】 | 意 [screen] 映画などを大きく映し出すときに使われる道具。大きな白い布。<br>例 この映画館の＿＿＿はとても大きいので、後ろの席からでもよく見える。 | スクリーン |
| 210 | 【名詞】 | 意 窓やドアなどを開けておくこと。その場所に、いつでも誰でも入れるようにしておくこと。<br>例 大学の図書館は、土曜日だけ学生ではない人たちにも＿＿＿している。 | 開放（する） |

## ゲームでドン!

**アクティビティー①** 左と右の漢字を線でつないで、一つのことばにしましょう。
できたことばを1.～8.の＿＿に入れて文を完成(かんせい)させましょう。

| | | | | |
|---|---|---|---|---|
| a | 影 | ・ | ・ | 新 | ＿＿＿＿ |
| b | 自 | ・ | ・ | 体 | ＿＿＿＿ |
| c | 動 | ・ | ・ | 自 | ＿＿＿＿ |
| d | 最 | ・ | ・ | 障 | ＿＿＿＿ |
| e | 合 | ・ | ・ | 併 | ＿＿＿＿ |
| f | 保 | ・ | ・ | 向 | ＿＿＿＿ |
| g | 独 | ・ | ・ | 響 | ＿＿＿＿ |
| h | 刺 | ・ | ・ | 激 | ＿＿＿＿ |

1. 日本とアメリカは、安全＿＿＿＿の関係を結(むす)んでいる。
2. A銀行とB銀行が＿＿＿＿して、この街(まち)で一番(いちばん)大きな銀行になった。
3. 私のスマートフォンは毎日7時、12時、18時に＿＿＿＿のニュースが入るようにしてある。
4. 留学(りゅうがく)した友だちの話を聞いて、とても＿＿＿＿を受(う)けた。
5. 10年前に行ったレストランに行ってみたら、その店だけでなく、その店があった建物＿＿＿＿がなくなっていた。
6. 夜食(やしょく)を食べると、身体(からだ)に悪い＿＿＿＿があるようだ。
7. 世界の＿＿＿＿を知るために、インターネットをチェックしたり英字(えいじ)新聞を読んだりしている。
8. この森(もり)に住む民族(みんぞく)は、今でも＿＿＿＿の文化(ぶんか)を持ち続(つづ)けている。

**アクティビティー❷** ＿＿＿に入ることばをボックスから探して、文を完成させましょう。動詞は文に合う形にして入れてください。

| げ | あ | み | っ | せ | つ |
|---|---|---|---|---|---|
| し | ん | ん | し | げ | き |
| は | ぜ | だ | て | か | ち |
| た | ん | ん | い | い | も |
| ら | せ | い | さ | ん | と |
| き | い | わ | ば | ■ | め |
| び | じ | ゅ | つ | ■ | る |

□ ＿＿＿＿＿＿

□ ＿＿＿＿＿＿

□ ＿＿＿＿＿＿

□ ＿＿＿＿＿＿

□ ＿＿＿＿＿＿

□ ＿＿＿＿＿＿

□ ＿＿＿＿＿＿

□ ＿＿＿＿＿＿

□ ＿＿＿＿＿＿

□ ＿＿＿＿＿＿

□ ＿＿＿＿＿＿

□ ＿＿＿＿＿＿

1. 両親は一人っ子の私に一流大学でトップになり、一流の会社で働くことを＿＿＿＿ている。
2. ここは、人の手が入っていなくて、昔からの美しい＿＿＿＿が残されている。
3. 日本では、毎年、春と秋の２回「全国交通＿＿＿＿運動」が行われる。
4. ＿＿＿＿者の顔がわかる野菜やくだものは安心して買える。
5. アパートの大家さんは、＿＿＿＿私の日本のお母さんだ。
6. 将来の夢のために頑張る友人を見て、＿＿＿＿を受けた。
7. 暗い場所での猫の目の＿＿＿＿について調べることにした。
8. ＿＿＿＿社会はコンピューターによって発展したと言えるだろう。
9. 今はフリーターなので、早く＿＿＿＿した仕事を見つけなければならない。
10. 毎日の食生活と健康は＿＿＿＿に関係している。
11. 人は皆、それぞれ異なる＿＿＿＿感を持っている。
12. 友人は将来、マンガ家になりたいので、＿＿＿＿大学に行くことにしたらしい。

**アクティビティー③** ＿＿＿に入ることばを使って、クロスワードを完成させましょう。動詞は辞書形にして入れてください。

→（左から右へ）

| | |
|---|---|
| 2 | この会社は、＿＿＿の方法で他社よりも安く速く動く機械を作ることに成功した。 |
| 7 | ここにいると危険なので、＿＿＿なところへ行きましょう。 |
| 8 | どんな大学か知るために、留学先の＿＿＿をできるだけたくさん集めた。 |
| 9 | 社会＿＿＿の考えは16世紀にヨーロッパで始まったと言われている。 |
| 10 | 長く一緒にいる夫婦は、同じタイミングで同じような＿＿＿をするようになるらしい。 |
| 12 | 100年前と比べて、＿＿＿の食生活は大きく変わった。 |
| 13 | 「漫画」ということば＿＿＿は、江戸時代から使われていた。 |
| 14 | 政府は、2003年から2005年までのあいだに、多くの市町村を＿＿＿した。 |

↓（上から下へ）

| | |
|---|---|
| 1 | PPTを使って説明しますので、前方の＿＿＿をご覧下さい。 |
| 3 | 医者である両親の＿＿＿を受けて、私も医者になった。 |
| 4 | 旅館で＿＿＿食中毒が起こり、たくさんの客が入院した。 |
| 5 | この店は100年前から変わらない作り方で＿＿＿の味を守り続けている。 |
| 6 | この遊園地は、毎年「こどもの日」に無料＿＿＿される。 |
| 7 | このシャツは洗濯しても形が＿＿＿しているので、アイロンをかけなくてもよい。 |
| 8 | みんなの前でスピーチをするとき、緊張で頭が真っ白な＿＿＿になってしまった。 |
| 11 | 表やグラフを＿＿＿するときは、いつもExcelを使っている。 |

**読んでドン!** 次の文章を読んで、問題に答えましょう。

美術は独自の価値をもつと思われている。それはそうだが、社会の動向と密接に関わっているし、時代の価値観、好みに影響される。では今、この日本に生きている人間はどんな状態にいるのだろうか。最新の情報に大量にすぐ繋がることが世の価値観であろうか。受験勉強と就職活動で頑張っても、会社自体は世界的な経済の中で、いつ買収、合併、倒産するかわからない不安定な状況だ。地域が捨てられ、自然と関わる第一次産業が衰退し、食料の安全保障も危ない。お年寄りたちは、先の見えない不安のなかで、先祖代々受け継いできた集落や共同体、お墓を守る方法もなく、仕事も奪われた。都市もかつての<u>希望</u>がなく、少しの時間の興奮、刺激、終わりのない競争と大量の消費はあるが、身体の解放、<u>五感</u>の安らぎがない。

こうした状況に直面し、人々は自分の身体、五感に合う場所、共同体を探し始めている。現代の都市生活者が、自然の中で生活できるような里山を求めだし、移動しだしたのだ。この時、美術は地域と人をつなぐいわば赤ちゃんのような働きをしている、と私には思われる。赤ちゃんは生産力がない、言うことを聞かない、手間がかかる、けれども楽しい。そのなかで悪戦苦闘する母親を周りの人が手伝う。そのようにして、人々がつながるのだ。

岩波書店編集部(2013)『これからどうする ―未来のつくり方―』(岩波書店)

※学習者に配慮し、本書著者により本文を一部改編し、ルビを付加した。

**ことば**

- 好み…好きなもの、好きなこと
- 就職…仕事につくこと
- 倒産… 会社にお金がなくなって、会社が続けられなくなること
- 衰退…力が弱くなること
- 集落…家が集まっているところ
- 共同体…(community) 家や村など、同じ場所で生活したり、同じ習慣を持って生活したりする人たち
- お墓…死んだ人や骨を置いておくところ
- 解放…自由にすること
- 安らぎ…安心して、ほっとすること
- 直面する… 直接、何かに出会ったり、向き合ったりする
- 手間がかかる…それをするのに時間がかかる
- 悪戦苦闘…とても苦しくて大変な戦いや努力

**【ことば問題】**

問題1. 「安」を使ったことばを文章の中から全てあげてください。

問題2. 「生」を使ったことばを文章の中から全てあげてください。

問題3. 人に関することばを文章の中から全てあげてください。

問題4. 筆者は、文章の中で「美術」「地域」「人」をそれぞれ何にたとえていますか。

問題5. 「<u>希望</u>」の反対の意味で使われていることばを文章の中からあげてください。

➡ウェブサイトに【内容理解問題】があります。

LESSON 8

## チェックでドン!

①ことばを見て、意味がわかるかチェックしましょう。

②漢字の読み方を書きましょう。

③音声を聞きましょう。

8-1

| | | 意味がわかる | 読み方 |
|---|---|---|---|
| 211 | 対象 | | |
| 212 | 意識(する) | | |
| 213 | 及ぶ | | |
| 214 | 要素 | | |
| 215 | 追求(する) | | |
| 216 | 提供(する) | | |
| 217 | 投入(する) | | |
| 218 | 生み出す | | |
| 219 | 矛盾(する) | | |
| 220 | 条件 | | |
| 221 | 維持(する) | | |
| 222 | 同時 | | |
| 223 | 徹底(する) | | |
| 224 | 両方 | | |
| 225 | 全般 | | |
| 226 | 流れ | | |
| 227 | 順序 | | |
| 228 | 描く | | |
| 229 | 備える | | |
| 230 | 分野 | | |
| 231 | 読み取る | | |
| 232 | 共有(する) | | |
| 233 | チャンネル | | |
| 234 | ステージ | | |
| 235 | 共感(する) | | |
| 236 | 主流 | | |
| 237 | 特色 | | |
| 238 | 加える | | |
| 239 | 方向 | | |
| 240 | 存在(する) | | |

## 例文・意味でドン!

例文を読んで／聞いて意味をイメージしましょう。
右のことばを見ないようにして、____に何が入るか考えましょう。

**1** 8-2

20歳以上の人を対象に、食の安全性についての意識を調べてみた。すると、「月に約1回ファストフードを食べる」と答えた人が50%以上に及んだ。

| | | | |
|---|---|---|---|
| 211 | 【名詞】 | 意 何かをされる人、こと、もの。何かをする目的、相手。<br>例 主に文学を研究の________にしています。 | 対象 |
| 212 | 【名詞】 | 意1 感じていること、思っていること。<br>例 あの人の美________はユニークだ。<br>意2 自分やまわりの状況などに注意すること。<br>例 子どもであることを________して、簡単なことばで話してください。 | 意識(する) |
| 213 | 【動詞】 | 意 時間や量などがあるところまで進む。<br>例 今日の会議は3時間にも________だ。 | 及ぶ |

**2** 8-3

スーパーで消費者にたくさん買ってもらうには、さまざまな要素が必要である。よいサービスや安さを追求するだけでなく、インターネットなどで商品のくわしい情報を提供することも考える必要がある。

| | | | |
|---|---|---|---|
| 214 | 【名詞】 | 意 作られたものや考えたことの中にある、とても大切なこと。<br>例 この運動には、ダンスとボクシングの________が入っている。 | 要素 |
| 215 | 【名詞】 | 意 目的のためにどこまでも求めていくこと。<br>例 この会社は商品のデザインの美しさを________している。 | 追求(する) |
| 216 | 【名詞】 | 意 自分のものを人に使わせること。<br>例 私の学校では日曜日に市民が自由に活動できる場所を________している。 | 提供(する) |

**3** 8-4

新しい薬(くすり)を作るとき、少ない量でしっかり治(なお)す薬を作る必要があるが、一方で、薬を大量に投入しても体への負担(ふたん)が少ない薬を生み出すことも求められている。この矛盾ともいえる条件をクリアしなければ、新しい薬としては認められないだろう。

| | | | |
|---|---|---|---|
| **217** | 【名詞】 | 意 仕事にお金(かね)、時間などを多く使うこと。<br>例 新しい店を開くのに、貯金(ちょきん)を全(すべ)て＿＿＿＿した。 | **投入(とうにゅう)(する)** |
| **218** | 【動詞】 | 意 新しいものを作る。新しい考えを出す。<br>例 異(こと)なる文化が出会(であ)えば、新しい価値(かち)が＿＿＿＿れるかもしれない。 | **生(う)み出(だ)す** |
| **219** | 【名詞】 | 意 一緒(いっしょ)に起こるはずのない二つの異(こと)なる考えや説明があること。<br>例 健康(けんこう)になりたいと言った後(あと)で体に悪いものを食べるのは＿＿＿＿している。 | **矛盾(むじゅん)(する)** |
| **220** | 【名詞】 | 意 何かをする時になければならないこと。<br>例 A国が戦争(せんそう)をやめる＿＿＿＿は、B国がC地方(ちほう)から出て行くことである。 | **条件(じょうけん)** |

**4** 8-5

健康(けんこう)を維持するためには、運動をするだけでなく、それと同時に食べる物や時間を徹底しなければならない。つまり、運動と食事の両方に気をつけることが必要である。

| | | | |
|---|---|---|---|
| **221** | 【名詞】 | 意 今の形を変(か)えないようにすること。<br>例 今の生活(せいかつ)を＿＿＿＿すれば100歳(さい)まで元気だろう。 | **維持(いじ)(する)** |
| **222** | 【名詞】 | 意 完全(かんぜん)に同じ時。<br>例 私が彼女(かのじょ)を見たのと彼女が私を見たのは＿＿＿＿だった。 | **同時(どうじ)** |
| **223** | 【名詞】 | 意1 決(き)まりや何らかのやり方などを強く守(まも)らせること。<br>例 この町では、ゴミの出し方を＿＿＿＿している。<br>意2 終わりまで、完全(かんぜん)に。<br>例 彼(かれ)の考え方はみんなに＿＿＿＿的(てき)に批判(ひはん)された。 | **徹底(てってい)(する)** |

|  |  |  |  |
|---|---|---|---|
| 224 | 【名詞】 | 意 二つのどちらも。<br>例 このテレビとゲームは＿＿＿＿とも日本で買ったものだ。 | 両方（りょうほう） |

**5** 8-6

4月から銀行で働き始めた。業務全般についてしっかり説明をしてもらったので、お金の流れがよくわかった。お客様に説明するときも、順序よくわかりやすく説明できるように、家でも練習しようと思う。例えば、流れを絵に描いておくのもいいかもしれない。

|  |  |  |  |
|---|---|---|---|
| 225 | 【名詞】 | 意 全部。全体。<br>例 わたしは料理やせんたくなどの家事＿＿＿＿が苦手だ。 | 全般（ぜんぱん） |
| 226 | 【名詞】 | 意 水が同じほうへ動いていくこと。人や車などが行ったり来たりすること。<br>例 雨が降った後は、川の＿＿＿＿が速いので気をつけてください。 | 流れ（ながれ） |
| 227 | 【名詞】 | 意 1番、2番、3番と決まっていること。<br>例 たくさんのことを一度に話されてもわからない。一つ一つ、わかりやすい＿＿＿＿で話してほしい。 | 順序（じゅんじょ） |
| 228 | 【動詞】 | 意 絵にしたり、ことばや音楽や映像などで様子を表す。<br>例 この絵は、私が小さかった頃の町の様子が＿＿＿＿れている。 | 描く（えがく） |

**6** 8-7

大学の試験に備えて、さまざまな分野の本を読み、内容をすぐに読み取る練習をした。また、難しかったところについては、友人と情報を共有して、お互いに説明できるように練習することにした。

|  |  |  |  |
|---|---|---|---|
| 229 | 【動詞】 | 意 使いたいときに使えるようにしておく。<br>例 地震に＿＿＿＿て、1週間分の水と食べ物は置いてある。 | 備える（そなえる） |
| 230 | 【名詞】 | 意 専門などを細かく分けたもの。<br>例 この本屋には教育＿＿＿＿の本が多い。 | 分野（ぶんや） |

|  |  |  |  |
|---|---|---|---|
| 231 | 【動詞】 | 意 はっきり書かれていない意味を考える。<br>例 このデータから経済の変化を＿＿＿＿のは難しい。 | 読み取る |
| 232 | 【名詞】 | 意 他の人と一つのものを持つこと。みんなと同じことを知ること。<br>例 この話は大切なので、みんなで＿＿＿＿しておこう。 | 共有(する) |

**7** 8-8

テレビのチャンネルを変えると、好きな歌手が出ていた。彼の声は話している時とステージで歌っている時でずいぶん違っている。

|  |  |  |  |
|---|---|---|---|
| 233 | 【名詞】 | 意 [channel] テレビやラジオの、一つ一つ違う放送が見られる、聞けるところ。<br>例 私の国のテレビの＿＿＿＿は日本より多い。 | チャンネル |
| 234 | 【名詞】 | 意1 [stage] おおぜいの人からよく見えるように、高くしたところ。または、そこで見せる音楽や話。<br>例 あの歌手の＿＿＿＿をいつか見たい。<br>意2 一つ一つ上がっていくところ。<br>例 このゲームは最後の＿＿＿＿で急に難しくなった。 | ステージ |

**8** 8-9

昔と違って、今では「共感消費」と呼ばれる消費活動が主流となった。これは、友だちや好きな人が「これはいいものだ」と言っていたものを、買ったり使ったりしたいと考えて行う消費活動のことだ。だから、商品を売る側、作る側も、お客さんが商品やお店をどうすれば好きになってくれるか考えることが大きな意味を持っている。

|  |  |  |  |
|---|---|---|---|
| 235 | 【名詞】 | 意 その人の気持ちと同じように思うこと。<br>例 筆者の考えに＿＿＿＿した。 | 共感(する) |
| 236 | 【名詞】 | 意 社会や集団の中で、一番多い考え方やものや人。<br>例 今ではニュースを見るのはインターネットが＿＿＿＿だ。 | 主流 |

**9** 8-10

服を作る仕事は、デザインのアイデアが大切だ。ある女性デザイナーも、はじめは自分らしさをどのように出せばいいか悩んでいたそうだが、特色ある線を加えたデザインを作ることで、彼女だけのデザインとなった。方向性が決まったら、あとはあっという間に世界中の人から注目されることになった。彼女はその線のおかげで世界に自分の存在を知らせることができたということだ。

|  |  | | |  |
|---|---|---|---|---|
| 237 | 【名詞】 | 意 | 他よりも特別に良くて目立つところ。 | 特色 |
| | | 例 | この学校の＿＿＿＿はスポーツに力を入れていることだ。 | |
| 238 | 【動詞】 | 意 | 新しく別の人、もの、ことを中に入れること。 | 加える |
| | | 例 | テレビや新聞に＿＿＿＿て、インターネットにも情報がたくさんあって、正しい情報を選ぶのが難しくなった。 | |
| 239 | 【名詞】 | 意 | 進む向き。 | 方向 |
| | | 例 | 散歩から帰ろうとしたら、犬が急に家とは違う＿＿＿＿へ走り出した。 | |
| 240 | 【名詞】 | 意 | 人がいること。ものがあること。 | 存在(する) |
| | | 例 | この世界には、昔も今も、いろいろな問題が＿＿＿＿する。 | |

## ゲームでドン！

**アクティビティー❶**

左と右の漢字を線でつないで、一つのことばにしましょう。
できたことばを1. ～ 8.の＿＿＿に入れて文を完成(かんせい)させましょう。

| | | | | |
|---|---|---|---|---|
| a | 投 | ・ | ・ | 般 | ＿＿＿＿ |
| b | 要 | ・ | ・ | 素 | ＿＿＿＿ |
| c | 全 | ・ | ・ | 入 | ＿＿＿＿ |
| d | 主 | ・ | ・ | 序 | ＿＿＿＿ |
| e | 方 | ・ | ・ | 求 | ＿＿＿＿ |
| f | 特 | ・ | ・ | 向 | ＿＿＿＿ |
| g | 順 | ・ | ・ | 色 | ＿＿＿＿ |
| h | 追 | ・ | ・ | 流 | ＿＿＿＿ |

1. 太陽光発電(たいようこうはつでん)が、今後の発電(はつでん)の＿＿＿＿になるのだろうか。
2. 都道府県(とどうふけん)によって、それぞれ地域の＿＿＿＿を持っていることがわかった。
3. 授業(じゅぎょう)に楽しさや笑(わら)いの＿＿＿＿を入れると、学生達(たち)はもっと勉強するかもしれない。
4. 市(し)は、大金(たいきん)を＿＿＿＿して誰(だれ)も使わないような橋(はし)を作ってしまった。
5.「正しさ」だけを＿＿＿＿しすぎると生きるのが辛(つら)くなるので、「楽しさ」も大切だ。
6. 衣(い)・食(しょく)・住(じゅう)＿＿＿＿には、その土地(とち)の風土(ふうど)や気候(きこう)が大きく影響している。
7. 何でもポジティブに考えていると、どんなこともよい＿＿＿＿に進(すす)んでいく。
8. 仕事の＿＿＿＿を変(か)えてみたら、前よりもっと早くなり、仕事もやりやすくなった。

**アクティビティー②** ______に入ることばをボックスから探して、文を完成させましょう。動詞は文に合う形にして入れてください。

| | | | | | | |
|---|---|---|---|---|---|---|
| ■ | な | え | そ | な | え | る |
| ■ | ど | が | い | し | き | り |
| ぶ | う | く | れ | ■ | う | ょ |
| ん | じ | お | よ | ぶ | み | う |
| や | よ | み | と | る | だ | ほ |
| た | い | し | ょ | う | す | う |

□ ______　　□ ______
□ ______　　□ ______
□ ______　　□ ______
□ ______　　□ ______
□ ______　　□ ______
□ ______

1. 結婚する前に、初めて______の家族で一緒に食事をしたときが一番緊張した。
2. 万一の場合に______て、ここに連絡先を書いておいてください。
3. 父の手術は朝8時から夕方6時まで10時間に______だが、無事に成功した。
4. モノが売れないという時代にヒット商品を______には、日々の小さな努力が大切だ。
5. 科学の発展のおかげで、医療______も発達し、昔と比べて大きく変わった。
6. 途中から会議に参加したので、今までの話の______がわからない。
7. 彼女は遠くに座っていたので、ここから表情を______ことはできなかった。
8. この映画は、異なる国から来た人々の愛と友情を______た物語だ。
9. 問題______を持って取り組めば、どんなことでも楽しく行える。
10. 今日の会議は、英語と日本語の______通訳を使って行われた。
11. この勉強会はパソコン初心者を______にしている。

**アクティビティー③** ＿＿＿に入ることばを使って、クロスワードを完成させましょう。動詞は辞書形にして入れてください。

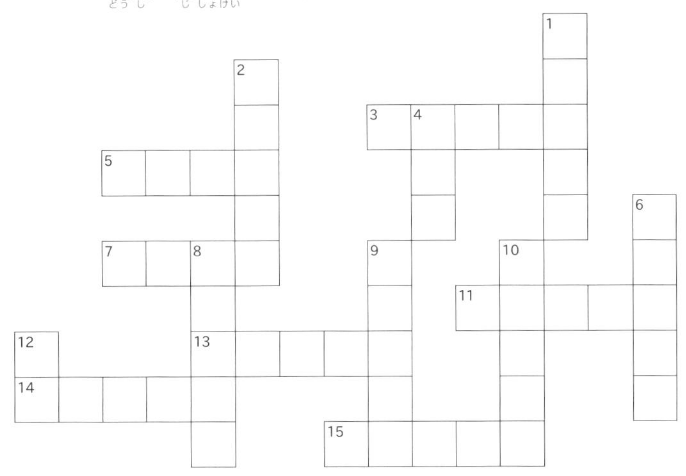

→（左から右へ）

| | |
|---|---|
| 3 | 他の子と違うところがあり、静かな子は、学校でいじめの＿＿＿になりやすい。 |
| 5 | 「100%～だろう」という言い方は＿＿＿していると思う。 |
| 7 | 読解の授業では、文の内容を正しく＿＿＿たり、短く要約したりする力をつける。 |
| 11 | 彼女は健康的な美を＿＿＿して、食事や運動、睡眠に気をつけている。 |
| 13 | 以前は携帯電話が多かったが、今はスマートフォンが＿＿＿である。 |
| 14 | アンケートの質問を考えるとき、それらの質問をする＿＿＿も一緒に考えておくとよい。 |
| 15 | 彼は自分を成長させるために、多くの時間とお金を＿＿＿した。 |

↓（上から下へ）

| | |
|---|---|
| 1 | 部屋を探す前に、家賃や間取りなど、住みたい部屋の＿＿＿を紙に書いてみた。 |
| 2 | スポーツ＿＿＿では、24時間ずっと何かのスポーツが放送されている。 |
| 4 | いつも無＿＿＿にカギをテーブルの上に置くので、他のところに置くとみつからなくなる。 |
| 6 | 彼女の歌は、若者の心に響くものがあり、多くの中高生の＿＿＿を得た。 |
| 8 | その土地の＿＿＿に合った野菜や果物などを作ることを「適地適作」という。 |
| 9 | ネット会議の時、パソコンの画面を＿＿＿しておくと、みんなで同じ画面が見られる。 |
| 10 | 警察は、現場近くにいた人々に事故の情報＿＿＿を求めている。 |
| 12 | この学校では、世界の平和＿＿＿活動に力をいれている。 |

## 読んでドン！　次の文章を読んで、問題に答えましょう。

　時代をどう読み取り、描き出すか。これがファッションの出発点です。そしてデザイナーズブランドであれば、市場を意識するだけでなく、独自の感覚と世界観を持つことによって独創的なクリエーションを生み出すことが求められます。その対象は衣服だけでなく生活全般に及び、アクセサリから生活用品までさまざまな品物に広がっています。私も半世紀以上、デザイナーとして多くのものづくりをし、独自なものを追求し続けてきました。

　同じ時代を共有する人が欲しいと感じるもの、共感できるものを提供しながら、同時に他にはない独自性も維持するという、ある意味矛盾するような二つの価値観を備えるのがデザイナーズブランドなら、もう一方にはその時代の消費者が求める要素を徹底的に追求して提供する、ファストファッションと呼ばれる流れがあります。トレンドを生み出すことなく、そのときの流行だけを追いかけるファストファッションは、クリエーションとは反対にある存在といえるでしょう。しかし、流行する商品を早く、しかも安く市場に投入することは、いまやファッションの主流となりつつあります。世界のさまざまな分野での流行と同じように、ファッションアパレルもこのように二分化され、消費者の多くは両方を上手に使っています。

岩波書店編集部(2013)『これからどうする ―未来のつくり方―』（岩波書店）

※学習者に配慮し、本書著者により本文を一部改編し、ルビを付加した。

**ことば**

- ファッション…fashion
- デザイナーズブランド…designer's brand
- 感覚…感じ方
- 世界観…世界の見え方
- 独創…独自の考えで作り出すこと
- クリエーション…creation
- 生み出す…新しい物を作る
- アクセサリ…accessory; accessories
- 消費者…消費する人
- デザイナー…designer
- 追いかける…前にいる人(もの)のところに急いで行く
- しかも…さらに、また
- アパレル…(apparel)服、洋服

**【ことば問題】**

問題1.「観」を使ったことばを文章の中から全てあげてください。

問題2.「感」を使ったことばを文章の中から全てあげてください。

問題3.「ファッション」と近い意味のことばを文章の中から二つあげてください。

問題4.「流」を使ったことばを文章の中から全てあげてください。

問題5.「的」を使ったことばを文章の中から全てあげてください。

➡ウェブサイトに【内容理解問題】があります。

LESSON 9

## STEP 1 チェックでドン!

①ことばを見て、意味がわかるかチェックしましょう。

②漢字の読み方を書きましょう。

③音声を聞きましょう。

9-1

| | | 意味がわかる | 読み方 |
|---|---|---|---|
| 241 | 中央 | | |
| 242 | 行動(する) | | |
| 243 | 集合(する) | | |
| 244 | おのおの | | |
| 245 | 選択(する) | | |
| 246 | 従う | | |
| 247 | 基本 | | |
| 248 | 直接 | | |
| 249 | つまり | | |
| 250 | ワーク | | |
| 251 | 観察(する) | | |
| 252 | 正確 | | |
| 253 | 記録(する) | | |
| 254 | 作り出す | | |
| 255 | 与える | | |

| | | 意味がわかる | 読み方 |
|---|---|---|---|
| 256 | 及ぼす | | |
| 257 | 調査(する) | | |
| 258 | 単独 | | |
| 259 | 複数 | | |
| 260 | 視点 | | |
| 261 | 対照(する) | | |
| 262 | 人種 | | |
| 263 | 対する | | |
| 264 | タイム | | |
| 265 | 際 | | |
| 266 | 本来 | | |
| 267 | 明確 | | |
| 268 | 委員 | | |
| 269 | 主要 | | |
| 270 | 間接 | | |

## 例文・意味でドン！

例文を読んで／聞いて意味をイメージしましょう。
右のことばを見ないようにして、＿＿に何が入るか考えましょう。

**1** 9-2

「キャンパスの中央に図書館があります。今から2時間は自由に行動していいので、2時間後そこに集合してください。時間はおのおのでチェックするように。」と先生が話していた。

| | | | |
|---|---|---|---|
| 241 | 【名詞】 | 意1 ある場所の真ん中。<br>例 公園の＿＿＿に大きな木がある。<br>意2 国や会社など、大きなグループの中で一番大切な場所や部署。<br>例 政治のグループでは＿＿＿の命令に反対するのは簡単なことではない。 | 中央 |
| 242 | 【名詞】 | 意 体を動かして何かをすること。行い。<br>例 動物の＿＿＿はよくみると、おもしろい。 | 行動(する) |
| 243 | 【名詞】 | 意 一つの場所に集まること。集まったもの。<br>例 明日は7時に駅前に＿＿＿してください。 | 集合(する) |
| 244 | 【名詞】 | 意 一人一人。一つ一つ。<br>例 友だち4人と旅行に来たが、＿＿＿見たいものが違うので、別れて見て回ることにした。 | おのおの |

**2** 9-3

人生は選択が続く。日本に来るかどうかという大きな選択もあれば、明日何を食べるかという小さい選択もある。大きな選択では、いろいろな人の意見を聞いたほうがいい。もちろん人の意見に従うということではなく、自分で決めるのが基本だが、さまざまな経験をした人の意見は、はっきりしたイメージにつながりやすいと思う。

| | | | |
|---|---|---|---|
| 245 | 【名詞】 | 意 どれがいいか、選ぶこと。いいものや欲しいものを選ぶこと。<br>例 大学では＿＿＿できる科目がたくさんある。 | 選択(する) |
| 246 | 【動詞】 | 意 誰かに言われたことや書いてあるやり方の通りにする。<br>例 大学を決める時は親の考えに＿＿＿より、自分で考えて決めたい。 | 従う |

| 247 | 【名詞】 | 意 何かをする時に一番大切になること。<br>例 どんなスポーツでも、初めに＿＿＿＿の練習をしたほうがいい。 | 基本 |
|---|---|---|---|

**3** 9-4

毎朝道路に立ってあいさつをしている。地域の安全のために始めたことだったが、子どもたちと直接コミュニケーションを取れることが楽しく、これからも続けていきたい。つまり、朝のあいさつ運動は、私にとってのライフワークになったのだと思う。

| 248 | 【副詞】 | 意 二つのもののあいだに他のものを使ったり置いたりしないこと。そのまま。⇔間接<br>例 何か言いたいことがあったら、私に＿＿＿＿言ってください。 | 直接 |
|---|---|---|---|
| 249 | 【副詞】 | 意 別のことばでわかりやすく言うと。もう少し短く言うと。まとめると。<br>例 私の母の妹、＿＿＿＿おばが今度結婚することになった。 | つまり |
| 250 | 【名詞】 | 意 [work] 働くこと。仕事、勉強。<br>例 私たち４人は小学校からずっと一緒なので、チーム＿＿＿＿がいい。 | ワーク |

**4** 9-5

病気のマウスを観察し、どんな様子か正確に記録している。このデータが新しい薬を作り出すのに役に立つ。もう少ししたら、薬を与えて、様子が変わるかどうか調べる予定だ。

| 251 | 【名詞】 | 意 くわしく知るために、外からよく見ること。どう動くのか、どう変わるのかなどを見て調べること。<br>例 どんな花が咲くのか、春まで＿＿＿＿してみよう。 | 観察（する） |
|---|---|---|---|
| 252 | 【ナ形】 | 意 正しいこと。間違いがないこと。その様子。<br>例 日本では117に電話すると＿＿＿＿な時間がわかる。 | 正確 |

| | | | |
|---|---|---|---|
| 253 | 【名詞】 | 意1 後で見るために残すこと。残したもの。<br>例 昨日ここに来たかどうかは、＿＿＿＿を見ればすぐにわかります。<br>意2 スポーツなどでの結果。特に最高の結果。<br>例 彼はオリンピックで、今までで一番いい＿＿＿＿を出した。 | 記録(する) |
| 254 | 【動詞】 | 意 新しいものを作ること。<br>例 その会社は今まで誰も考えなかった新しいコンピューターを＿＿＿＿た。 | 作り出す |
| 255 | 【動詞】 | 意1 誰かに何かをあげる。<br>例 小さな子どもにチョコレートを＿＿＿＿ないでください<br>意2 ある気持ちを他の人に持たせる。<br>例 彼女にストレスを＿＿＿＿ないようにする。 | 与える |

**5** 9-6

科学技術の発展が自然に及ぼす影響について調査している。私が単独で行っているのではなく、複数の分野の人たちが集まっているので、視点やアイデアがさまざまでおもしろい。その中で、仕事の進め方が対照的な二人が、同じグループに入った。どうなることかと心配したが、今ではその二人がチームを組んで、基本的に調査を動かしている。これもまたおもしろいことだ。

| | | | |
|---|---|---|---|
| 256 | 【動詞】 | 意 働きや影響などを届かせる。<br>例 お酒は飲みすぎると体に悪い影響を＿＿＿＿ので気をつけてください。 | 及ぼす |
| 257 | 【名詞】 | 意 何かを調べてはっきりさせること。<br>例 今、学生に読まれている本について、100人に聞いて＿＿＿＿した。 | 調査(する) |
| 258 | 【名詞】 | 意 ひとりだけ。一つだけ。<br>例 難しい仕事は＿＿＿＿でするよりも、2、3人で行った方がいい。 | 単独 |
| 259 | 【名詞】 | 意 二つ、二人より多い。<br>例 大きい買い物をするときは、＿＿＿＿の商品を調べて、どれを買うか決めたほうがいい。 | 複数 |

| | | | |
|---|---|---|---|
| 260 | 【名詞】 | 意1 目が向いているところ。<br>例 窓から外へ________を移す。<br>意2 見方、考え方。<br>例 いろいろな________から考えることで、新しいものが生まれるだろう。 | 視点 |
| 261 | 【名詞】 | 意1 二つを並べて細かいところまで比べること。<br>例 日本語で書いた文と英語で書いた文を________する。<br>意2 二つの反対のものを比べたときのはっきりした違い。その反対のものの組み合わせ。<br>例 この絵は、明るい色と暗い色の________がきれいだ。 | 対照(する) |

**6** 9-7

現代社会では、人種の違いなど意味がない。ただし、違うことが力になることもある。違うということに対して、その違いにどんな意味があるのかを考えることが必要だ。つまり、「人種問題」と呼ばれるものがなくなるかは、私たちの考え方ひとつであり、むしろさまざまな人種がつながることで生まれる価値を知るべきだ。

| | | | |
|---|---|---|---|
| 262 | 【名詞】 | 意 肌や髪の色など、体の特徴で人間の種類を分けたもの。<br>例 特定の________が嫌いだという考え方を「人種差別」「レイシズム」という。 | 人種 |
| 263 | 【動詞】 | 意1 (「〜に対するN」「〜に対して…する」の形で) 人やものごとに向かう。相手になる。<br>例 友だちに________話し方と、先生に________話し方は違う。<br>意2 (「〜に対して」の形で) 〜とは反対に。<br>例 妹は背が高いのに________て、私は背が低い。 | 対する |

🎧9-8

スーパーのアルバイトはいろいろな仕事をするが、夕方の主な仕事は<u>タイムサービス</u>の準備だ。タイムサービスの<u>際</u>は、新しい値段（ねだん）のシールをはって、<u>本来</u>の値段からかなり安くして売る。安くなったことが<u>明確</u>にわからないと、客はあまり買わないようだ。

| 264 | [名詞] | 意 | [time] 時間。時刻（じこく）。 | タイム |
|---|---|---|---|---|
| | | 例 | イギリス人の友（とも）だちの家でティー＿＿＿＿＿＿＿にケーキと紅茶（こうちゃ）をいただいた。 | |
| 265 | [名詞] | 意 | 何かをする時（とき）。何かをする場合（ばあい）。 | 際（さい） |
| | | 例 | 東京（とうきょう）にいらっしゃる＿＿＿＿＿＿＿には、ぜひ連絡（れんらく）してください。 | |
| 266 | [名詞][副詞] | 意 | もともと。最初（さいしょ）から。 | 本来（ほんらい） |
| | | 例 | このお金は＿＿＿＿＿＿子どもたちのために使うものだ。他（ほか）のことに使うのはよくない。 | |
| 267 | [ナ形] | 意 | はっきりしていて、全部（ぜんぶ）よくわかること。 | 明確（めいかく） |
| | | 例 | 作文では自分の考えを＿＿＿＿＿＿に書いてください。 | |

**8**
🎧9-9

卒業式（そつぎょうしき）の<u>委員</u>になった。委員はこのクラスを代表して、卒業式の計画を立てたり、式でスピーチをしたりと、<u>主要</u>な役割をするそうだ。他（ほか）のクラスの委員と一緒（いっしょ）に委員会を作って取り組むとき、私は自分の意見が直接言えるが、クラスの友人（ゆうじん）は私を<u>通（とお）</u>して<u>間接</u>的にしか意見が言えない。だからこそ、みんなの意見をしっかり伝（つた）えられるようにがんばりたい。

| 268 | [名詞] | 意 | みんなの中から選（えら）ばれて、代表（だいひょう）として決められた仕事をする人。 | 委員（いいん） |
|---|---|---|---|---|
| | | 例 | クラスの＿＿＿＿＿＿＿になって、忙（いそが）しくなった。 | |
| 269 | [ナ形] | 意 | たくさんあるものの中で特に大切なこと。 | 主要（しゅよう） |
| | | 例 | 今日授業（じゅぎょう）で聞いたことの中から＿＿＿＿＿＿な点（てん）だけをノートにまとめた。 | |
| 270 | [名詞] | 意 | 二つのもののあいだに、他（ほか）のものを置（お）くこと。⇔直接（ちょくせつ） | 間接（かんせつ） |
| | | 例 | これはAさんの話ですが、Aさんから直接聞いたのではなくて、Aさんの友だちから＿＿＿＿＿＿的（てき）に聞いた話です。 | |

## STEP 3 ゲームでドン！

**アクティビティー❶**

左と右の漢字を線でつないで、一つのことばにしましょう。
できたことばを1. ～ 8.の＿＿＿に入れて文を完成(かんせい)させましょう。

| | | | | | |
|---|---|---|---|---|---|
| a | 人 | ・ | ・ | 要 | ＿＿＿＿ |
| b | 対 | ・ | ・ | 確 | ＿＿＿＿ |
| c | 観 | ・ | ・ | 動 | ＿＿＿＿ |
| d | 行 | ・ | ・ | 種 | ＿＿＿＿ |
| e | 本 | ・ | ・ | 察 | ＿＿＿＿ |
| f | 視 | ・ | ・ | 照 | ＿＿＿＿ |
| g | 主 | ・ | ・ | 点 | ＿＿＿＿ |
| h | 正 | ・ | ・ | 来 | ＿＿＿＿ |

1. 人間(にんげん)は、＿＿＿＿、自由(じゆう)な存在だ。
2. ここで行われる講座(こうざ)のうち、＿＿＿＿なものをいくつか紹介しよう。
3. 「補色(ほしょく)」とは、赤と緑(みどり)のように、ある色に対(たい)して＿＿＿＿的な色、言いかえると、反対(はんたい)の色のことを言う。
4. 人を＿＿＿＿や国籍(こくせき)などの違(ちが)いによって分(わ)けるのは良(よ)くない。
5. 他の言語(げんご)を学(まな)ぶということは、新(あたら)しい＿＿＿＿を得ることにつながる。
6. 彼(かれ)は一度読んだ本の内容(ないよう)を＿＿＿＿に覚(おぼ)えている。
7. 父は休みの日に山や川に行って、野鳥(やちょう)を＿＿＿＿するのが趣味(しゅみ)だ。
8. 自分の子どもには、自分で考えて＿＿＿＿できる子になってほしい。

**アクティビティー❷** ＿＿＿に入ることばをボックスから探して、文を完成させましょう。動詞は文に合う形にして入れてください。

| | | | | | |
|---|---|---|---|---|---|
| さ | ■ | せ | つ | ま | り |
| い | し | て | ん | ■ | わ |
| ち | ょ | う | さ | た | ー |
| し | ゅ | よ | う | い | く |
| お | よ | ぼ | す | す | こ |
| の | あ | た | え | る | う |
| お | じ | ん | し | ゅ | ど |
| の | し | ゅ | う | ご | う |

□ ＿＿＿＿＿＿＿＿　□ ＿＿＿＿＿＿＿＿
□ ＿＿＿＿＿＿＿＿　□ ＿＿＿＿＿＿＿＿
□ ＿＿＿＿＿＿＿＿　□ ＿＿＿＿＿＿＿＿
□ ＿＿＿＿＿＿＿＿　□ ＿＿＿＿＿＿＿＿
□ ＿＿＿＿＿＿＿＿　□ ＿＿＿＿＿＿＿＿
□ ＿＿＿＿＿＿＿＿　□ ＿＿＿＿＿＿＿＿
□ ＿＿＿＿＿＿＿＿　□ ＿＿＿＿＿＿＿＿

1. 学生は先生に悪いイメージを＿＿＿＿＿ようなことを普通は言おうとしない。
2. ＿＿＿＿＿都市からこの島へのアクセス方法は船か、飛行機しかない。
3. 夏休みに子どもと一緒に子どものための＿＿＿＿＿ショップに参加してみた。
4. 今までわからなかった問題でも＿＿＿＿＿を変えると、簡単にわかることがある。
5. ストレスは心と体に悪い影響を＿＿＿＿＿ので、リフレッシュはとても大切だ。
6. 仕事に＿＿＿＿＿考え方は、20代と50代で異なる。
7. 子どもたちは、＿＿＿＿＿の壁を感じず、どんな国の子とも一緒に仲良く遊ぶ。
8. 彼は部屋が少しでも汚れていると、すぐに掃除をする。＿＿＿＿＿、きれい好きだ。
9. パソコンの画面は小さい点の＿＿＿＿＿体である。
10. お帰りの＿＿＿＿＿に、お手荷物をお忘れにならないよう、十分お気をつけください。
11. 人生の＿＿＿＿＿がこれで正しかったかどうかは、きっと死ぬまでわからないだろう。
12. みんなの考えよりも＿＿＿＿＿の意見を大切にしたほうが、このグループはうまくいく。
13. いいアイデアが出てきても、それをすぐに＿＿＿＿＿に移せる人はなかなかいない。
14. 学生生活に関するアンケート＿＿＿＿＿が行われた。

**アクティビティー③** ＿＿に入ることばを使って、クロスワードを完成させましょう。動詞は辞書形にして入れてください。

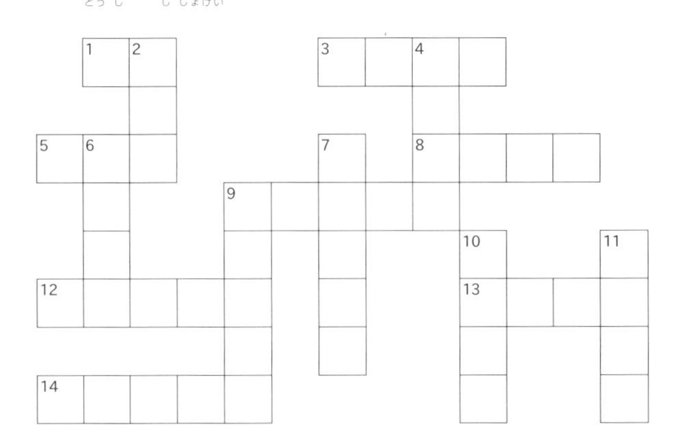


→（左から右へ）

| | |
|---|---|
| 1 | ご降車の＿＿は、お足元にご注意ください。 |
| 3 | このまま働き続けるか、辞めて新しいところで働くか、＿＿な答えは出ていない。 |
| 5 | 大学院に入ってから、やりたいことが何回も変わったが、＿＿的なところは同じだ。 |
| 8 | この国の電車は予定の時間を守って、＿＿に走る。 |
| 9 | このエレベーターは2階から29階までは停まらないので、＿＿30階に行ける。 |
| 12 | その兄弟は顔はよく似ているが、性格は＿＿的だ。 |
| 13 | 初めて登山をするのなら、＿＿で登るのはやめたほうがいい。 |
| 14 | 卒業パーティーの最後に、参加した人みんなで＿＿写真を撮った。 |

↓（上から下へ）

| | |
|---|---|
| 2 | 今月から1年間クラス＿＿をすることになった。 |
| 4 | レポートを書く時は、＿＿的な表現はあまり使わないほうがいい。 |
| 6 | ペットボトルのお茶が増え、茶葉から入れたお茶＿＿の味を知らない人が増えてきた。 |
| 7 | 家の中にあるものや生活の音を使って、新しい音楽を＿＿た。 |
| 9 | この県の＿＿には大きな川が流れている。 |
| 10 | 1から10の順序に＿＿て、この機械のボタンを押してください。 |
| 11 | CCやBCCは同じメールを＿＿の人に同時に送るときに使う。 |

## 読んでドン!

次の文章を読んで、問題に答えましょう。

仕事に対する考え方、つまり仕事観は、洋の東西で違うようです。より正確にいえば、狩猟民族と農耕民族の仕事観は対照的です。

狩猟民族の仕事観にかかわっているのは、『旧約聖書』にある、エデンの園に住むアダムとイブの逸話です。二人は知恵の実を食べた罪でエデンの園を追われますが、その際、神はアダムに「今後は働いてパンを得なければならない」と告げます。労働を罰として与えたのです。ここから、「労働は懲罰」とする仕事観が生まれました。

一方、農耕民族は、働くことを神々に仕える事だと考えます。神に仕えることはよろこびです。そう、仕事の一つひとつの所作は、命を輝かせる時間、生のよろこびだとするのが、その仕事観なのです。

日本人は農耕民族ですから、働くことは、本来、生きるよろこびそのものであるはずです。日本人の類い稀な勤勉さの根底にあるのは、消えかけてはいますが、かすかに残っているその意識かもしれません。しかし、いまはなかなかそうは感じられないのが現実でしょう。少し視点を変えてみましょう。

働くという言葉は、「傍を」「ラクにする」ことに通じています。自分が一生懸命働いて、周囲をラクにする。これは仏教の「利他」という考え方にも似ています。自分のことはひとまず措いて、他人のことを考える、他人のためになることを率先しておこなう、というのが利他です。いかがでしょう、この視点に立ったら、働くことがよろこびにつながる、という世界が少しずつ近づいてくるような気がしませんか?

枡野俊明(2013)『美しい時間をつくる「所作」の智慧』(幻冬舎)
※学習者に配慮し、本書著者により本文を一部改編し、ルビを付加した。

**ことば**

- 洋…太平洋
- より…もっと
- 狩猟民族…動物を取って生活をする民族
- 農耕民族…米や野菜を作って生活をする民族
- 旧約聖書…the Old Testament
- アダムとイブの逸話…Adam & Eva's story
- 労働…働くこと
- 罰…悪いことをした人が受けるもの
- 懲罰…罰を与えること
- 神に仕える…神のことを考えて行動する
- 所作…体の動き
- 類い稀な…ほとんどない、めずらしい
- 勤勉…仕事や勉強にまじめなこと
- 根底…その一番下にある、一番もとになる
- 仏教…Buddhism
- ひとまず…今は
- 率先する…誰かに言われなくても自分からする

**【ことば問題】**

問題1.「考え方」と同じ意味を持つ漢字を文章(ぶんしょう)の中から一つあげてください。

問題2.「洋(よう)の東西(とうざい)」がさすものを二つ書いてください。(文章の中にはありません)

問題3.「得なければならない」の「得る」と反対(はんたい)の意味のことばを文章の中から一つさがして、辞書(じしょ)形(けい)で答えてください。

問題4.「神々(かみがみ)」の「々」を使ったあなたが知っていることばをあげてください。

問題5.「本来(ほんらい)」の意味をあなたのことばで説明してください。

問題6.「かすか」に近い意味を持つことばを文章の中から一つあげてください。

問題7.「ラク」を漢字で書いてください。

問題8.「生」を使ったことばを文章の中から全てあげ、その読み方も書いてください。

➡ウェブサイトに【内容理解問題(ないようりかい)】があります。

## 接辞(Affix)(接頭辞 Prefixと接尾辞 Suffix)

「大教室」の「大-」や「電子化」の「-化」は、普通それだけでは使いませんが、他の語といっしょによく使います。このようなことばが「接辞」です。「大-」のように他の語の前につくのが「接頭辞」(Prefix)で、「-化」のように後ろにつくのが「接尾辞」(Suffix)です。

他の語につきやすい接辞を生産性(productivity)が高い接辞と言います。「〜ない」の意味(negation)を表す「非-」「不-」「無-」や、「〜のよう」という意味のある「-的」「-性」「-化」は、生産性が高く多くの語につきます。「大病院」「大会社」と言いますが、「(×)大本」「(×)大ノート」は言えないので、「大-」は「-化」よりも生産性が少し低いです。

接尾辞には、名詞(noun もの・ことを表す語)、動詞(verb 動きを表す語)、形容詞(adjective 様子を表す語)を作るものがあります。例えば「-性」は「継続性」(continuity)、「必要性」(necessity)のように英語の「-ity」に近い意味の名詞を作ります。「-的」は「文化的(な)」(cultural)、「社会的(な)」(social)のように「ナ形容詞」(Na-adjective or adjectival noun)を作ります。「-化」は「明確化(する)」(clarify)、「現代化(する)」(modernize)のように「スル動詞」(Suru-verb)を作ります。

よく使うことば(日本語)20,000語のうち、接辞は400ぐらいあり、語のような意味を持つものもあります。例えば「会議室」の「-室」には「へや」という意味があります。英語にはこのような接辞は少ないです。

日本語には中国語から来た漢語系(Chinese-origin)の接辞が多く、新聞や、勉強に使う学術的(academic)な文章でよく使われます。「大-」は訓読み(Kun-reading, Japanese-origin reading)に変えると「大きい」で、「動物園」(zoo)の「-園」は「公園」の「園」です。このように、漢語系接辞は、その漢字を使うことばを考えると意味がわかることが多いです。一つの漢字で違う読み方を知っていることも大切です。

接辞は語ではありませんが、よく使われる大切なことばです。

# LESSON 10

## チェックでドン!

①ことばを見て、意味がわかるかチェックしましょう。

②漢字の読み方を書きましょう。

③音声を聞きましょう。

10-1

| | | 意味がわかる | 読み方 |
|---|---|---|---|
| 271 | 属する | | |
| 272 | 章 | | |
| 273 | 相互 | | |
| 274 | 結論(する) | | |
| 275 | 単に | | |
| 276 | 交流(する) | | |
| 277 | 事業 | | |
| 278 | 多様 | | |
| 279 | 接する | | |
| 280 | 生じる | | |
| 281 | スムーズ | | |
| 282 | 実験(する) | | |
| 283 | パターン | | |
| 284 | 全国 | | |
| 285 | 超える | | |

| | | 意味がわかる | 読み方 |
|---|---|---|---|
| 286 | 試み | | |
| 287 | -者 | | |
| 288 | 制度 | | |
| 289 | 適用(する) | | |
| 290 | 範囲 | | |
| 291 | 制限(する) | | |
| 292 | 所在(する) | | |
| 293 | 管理(する) | | |
| 294 | 縮小(する) | | |
| 295 | 国土 | | |
| 296 | 除く | | |
| 297 | 経過(する) | | |
| 298 | 採用(する) | | |
| 299 | 段階 | | |
| 300 | アウト | | |

## 例文・意味でドン！　例文を読んで意味をイメージしましょう。

**1** 🎧10-2

先日、私が属しているゼミの先輩がレポートを見てくださった。先輩は「おのおのの章が相互につながるように、そして最後に結論でまとまるようにして書くといい」と教えてくださった。確かに、もう一度読んでみると、一つ一つの章が単にならんでいるだけで、つながっていなかった。

|  |  |  |  |
|---|---|---|---|
| 271 | 【動詞】 | 意 あるグループ・種類に入る。<br>例 いちごは野菜のグループに＿＿＿ているが、果物だと思われることが多い。 | 属する |
| 272 | 【名詞】 | 意 本や音楽などで、全体をいくつかに分けたまとまり。<br>例 論文の第一＿＿＿にはたいていその本の目的や背景が書かれている。 | 章 |
| 273 | 【名詞】 | 意 二人・両方で同じことをすること。おたがいに。<br>例 ＿＿＿に関係している二つのことを分けて考えないほうがよい。 | 相互 |
| 274 | 【名詞】 | 意 考えたり調べたりして、最後にまとまったこと。<br>例 3時間よく話したが、＿＿＿は出なかった。 | 結論(する) |
| 275 | 【副詞】 | 意 ただそれだけ。他に何もない。<br>例 日本に留学するなら、＿＿＿日本語を勉強するだけでなく、日本人の友だちを作りたい。 | 単に |

**2** 🎧10-3

母国の高校生と日本人大学生の交流事業を手伝った。初めて日本に来たという学生もいたが、国を出ること自体が初めての学生が多かった。みんなには多様な文化と接することで生じる新しい気づきを大切にしてもらいたいと思う。

|  |  |  |  |
|---|---|---|---|
| 276 | 【名詞】 | 意 違うところの人たちが行ったり来たりして、いい関係を作ろうとすること。<br>例 この大学は留学生と日本人学生との＿＿＿を大切にしている。 | 交流(する) |

| | | | | |
|---|---|---|---|---|
| 277 | 【名詞】 | 意 | 大きな仕事。 | 事業(じぎょう) |
| | | 例 | 父が＿＿＿に失敗(しっぱい)したので、家を売らなければならなくなった。 | |
| 278 | 【ナ形】 | 意 | いろいろな。いろいろな種類(しゅるい)のものがたくさんある様子(ようす)。 | 多様(たよう) |
| | | 例 | その島(しま)には昔(むかし)からの自然(しぜん)が残(のこ)っていて、＿＿＿な生物(せいぶつ)を見ることができる。 | |
| 279 | 【動詞】 | 意1 | すぐ隣(となり)にある。どこかがつながっている。 | 接(せっ)する |
| | | 例 | 国境(こっきょう)に＿＿＿ている地域(ちいき)は警察(けいさつ)が多い。 | |
| | | 意2 | 人とコミュニケーションをとる。 | |
| | | 例 | 子どもと＿＿＿ときは、目の高さを合(あ)わせて話すほうがいい。 | |
| 280 | 【動詞】 | 意 | 何(なに)もないところに何かが起こる。「生(しょう)ずる」ともいう。 | 生(しょう)じる |
| | | 例 | 何か問題が＿＿＿たときはここに電話すればよい。 | |

**3** 10-4

スムーズな道路(どうろ)状況を維持するために必要なことを調(しら)べる実験に参加(さんか)した。運転する人の行動パターンを調べるというものだった。全国から1,000人を超える人が集まったが、これだけ大きい実験は初(はじ)めての試みだったそうだ。

| | | | | |
|---|---|---|---|---|
| 281 | 【名詞】【ナ形】 | 意 | [smooth] 止まったり、問題が起きたりしないで進(すす)む様子(ようす)。 | スムーズ |
| | | 例 | しっかり準備(じゅんび)をしておいたので、＿＿＿に説明(せつめい)できた。 | |
| 282 | 【名詞】 | 意 | うまくできるか、本当(ほんとう)にやって調(しら)べること。 | 実験(じっけん)(する) |
| | | 例 | 氷(こおり)に塩(しお)をかけると早く溶(と)けるかどうか、＿＿＿をして確(たし)かめた。 | |
| 283 | 【名詞】 | 意 | [pattern] デザインややり方などの決(き)まった形(かたち)。 | パターン |
| | | 例 | 休みが長いと、毎日が同じ生活(せいかつ)＿＿＿になってしまう。 | |
| 284 | 【名詞】 | 意 | その国の全体(ぜんたい)。 | 全国(ぜんこく) |
| | | 例 | ＿＿＿のニュースが終わってから、地方(ちほう)のニュースが放送(ほうそう)される。 | |

| 285 | 【動詞】 | 意 その上を行く。それよりも多くなる。<br>例 私のホームページを見てくれた人が100万人を＿＿＿てうれしい。 | 超える |
|---|---|---|---|
| 286 | 【名詞】 | 意 どうなるかわからないが、やってみること。<br>例 川をきれいにするためにさまざまな＿＿＿が行われている。 | 試み |

**4** 10-5

消費者を守る特別な制度があることは知っているだろうか。商品によって適用される範囲には制限があるので気をつけなければならないが、商品を買ってから、1週間程度のあいだなら返すことができるというものだ。

| 287 | 【接尾辞】 | 意 その人。それをする人。<br>例 グループの代表＿＿＿は12時に来てください。 | -者 |
|---|---|---|---|
| 288 | 【名詞】 | 意 国や社会、団体などで作られた決まり。<br>例 留学中に取った授業を卒業のための単位として計算できる＿＿＿がある。 | 制度 |
| 289 | 【名詞】 | 意 もともとあったものに、うまく合わせて利用すること。<br>例 この法律は日本に住んでいる全ての人に＿＿＿される。 | 適用(する) |
| 290 | 【名詞】 | 意 ～から～までといった特別に決められたところ。<br>例 テストの＿＿＿は教科書の30ページから60ページまでだ。 | 範囲 |
| 291 | 【名詞】 | 意 それ以上、それ以下、それ以外にならないように、どこまでかを決めること。<br>例 このレストランは客を一日10人までに＿＿＿している。 | 制限(する) |

**5** 10-6

私は図書室で本の所在管理を担当している。今年、図書室を縮小することになってしまったが、古い本を捨てるのはもったいない。そこで、日本の国土に関する本を除いて、出されてから30年以上経過した本をデジタル化することにした。

| | | | | |
|---|---|---|---|---|
| 292 | 【名詞】 | 意 | どこにあるか。ものがあるところ。人がいる場所。 | 所在(する) |
| | | 例 | どうしてこうなったか、問題の____を明らかにしなければ、このあとどうするかは考えにくい。 | |
| 293 | 【名詞】 | 意 | 建物やグループなどを気をつけて見守り、よい状態が続くようにすること。 | 管理(する) |
| | | 例 | この病院は明るさも暖かさも機械が____している。 | |
| 294 | 【名詞】 | 意 | 大きさを小さくすること。小さくなること。⇔拡大 | 縮小(する) |
| | | 例 | ポスターの大きさをA4からB5に____した。 | |
| 295 | 【名詞】 | 意 | 国の土地・海・島。 | 国土 |
| | | 例 | 日本は、____の3分の2が山だ。 | |
| 296 | 【動詞】 | 意 | 取って捨てること。一緒にしないで、外に出すこと。 | 除く |
| | | 例 | 田中さんを____クラス全員が賛成した。 | |
| 297 | 【名詞】 | 意1 | 時間が進んでいくこと。 | 経過(する) |
| | | 例 | テストが始まって25分が____した。 | |
| | | 意2 | ある時間の中で、それがどうなったか、どう変わったかということ。 | |
| | | 例 | テニスの試合を途中までしか見られなかったので、試合の____が気になっている。 | |

**6** 10-7

大学を卒業したら、日本の会社で働きたい。採用試験に向けて、何から準備すればいいか、日本の会社に就職した先輩に聞いたところ、「試験を受ける会社のことを全く調べていない段階でアウトだ」と言われた。だから、まずは会社の情報をしっかり集めておこうと思う。

| | | | | |
|---|---|---|---|---|
| 298 | 【名詞】 | 意1 | その仕事に適している人を選んで、その人に働いてもらうこと。 | 採用(する) |
| | | 例 | この会社では10年前は毎年300人＿＿＿＿していたが、去年は100人になった。 | |
| | | 意2 | ちょうどいい考えや方法を選んで使うこと。 | |
| | | 例 | 若い社員の意見を＿＿＿＿して、インターネットを使った新しいサービスを始めた。 | |
| 299 | 【名詞】 | 意 | レベルや大きさなど、何かのルールによって並んでいる一つ一つの位置や順序を示すもの。 | 段階 |
| | | 例 | 計画の＿＿＿＿では、日本には1年だけ住むつもりだった。 | |
| 300 | 【名詞】 | 意 | [out]（他のことばの前やあとについて）出る。外の、外側の。⇔イン | アウト |
| | | 例 | このホテルのチェック＿＿＿＿の時間は午前11時だ。 | |

## ゲームでドン!

**アクティビティー❶** 左と右の漢字を線でつないで、一つのことばにしましょう。
できたことばを1.～7.の＿＿＿に入れて文を完成(かんせい)させましょう。

| | | | | |
|---|---|---|---|---|
| a | 所 | ・ ・ | 流 | ＿＿＿＿ |
| b | 管 | ・ ・ | 度 | ＿＿＿＿ |
| c | 範 | ・ ・ | 理 | ＿＿＿＿ |
| d | 交 | ・ ・ | 囲 | ＿＿＿＿ |
| e | 国 | ・ ・ | 土 | ＿＿＿＿ |
| f | 制 | ・ ・ | 過 | ＿＿＿＿ |
| g | 経 | ・ ・ | 在 | ＿＿＿＿ |

1. 日本の＿＿＿＿の70%は、山や森(もり)、林(はやし)である。
2. 猫(ねこ)の行動＿＿＿＿は、田舎(いなか)では1km、都会(とかい)では0.5kmぐらいだと言われている。
3. 上司(じょうし)に仕事の＿＿＿＿報告をするように言われている。
4. 20歳(さい)のころ、ワーキングホリデー＿＿＿＿を使ってオーストラリアに行ったことがある。
5. いろいろな国の人と＿＿＿＿することで、さまざまな考え方を知ることができる。
6. この薬(くすり)はとても危険なので、安全に＿＿＿＿しなければならない。
7. 47都道府県(とどうふけん)の県庁(けんちょう)＿＿＿＿地(ち)を全部(ぜんぶ)言える。

**アクティビティー❷**　＿＿＿に入ることばをボックスから探して、文を完成させましょう。動詞は文に合う形にして入れてください。

| しょ | ょ | う | じ | る | け | た |
|---|---|---|---|---|---|---|
| す | の | ぞ | く | せ | つ | ん |
|  | む |  |  | っ | ろ | に |
| ぱ | た | ー | ん | す | ん | せ |
| し | ょ | う | ず | る | た | い |
| こ | う | り | ゅ | う | よ | げ |
| し | ゅ | く | し | ょ | う | ん |

□ ＿＿＿＿＿＿　　□ ＿＿＿＿＿＿
□ ＿＿＿＿＿＿　　□ ＿＿＿＿＿＿
□ ＿＿＿＿＿＿　　□ ＿＿＿＿＿＿
□ ＿＿＿＿＿＿　　□ ＿＿＿＿＿＿
□ ＿＿＿＿＿＿　　□ ＿＿＿＿＿＿
□ ＿＿＿＿＿＿　　□ ＿＿＿＿＿＿

1. 今すぐに決めなくていいので、両親と一緒によく考えてから＿＿＿を出してください。
2. 今日は電車の乗り換えの時間がちょうどよく、目的地まで移動が＿＿＿＿にできた。
3. 銀行は土、日、祝日を＿＿＿＿て、9時から15時まで開いている。
4. 論文のテーマが決まったら、内容や順序を考えて＿＿＿＿立てを決めよう。
5. 好き嫌いをせずにいろいろな人に＿＿＿ことでコミュニケーション力がつくだろう。
6. インターネットの発達によって、＿＿＿な情報に簡単にアクセスできるようになった。
7. 相撲の力士になる試験には、年齢＿＿＿がある。
8. 夫は仕事が忙しかったとかいろいろ言っていたが、ただ＿＿＿＿忘れていただけだろう。
9. 新しく来た学生たちと＿＿＿＿するために、今週末に寮でBBQパーティーがある。
10. この図は大きすぎるので、70%ぐらいに＿＿＿＿してください。
11. ことばの使い方や物の考え方の違いが原因で、トラブルが＿＿＿＿ことがある。
12. 早朝のアルバイトを始めてから、生活＿＿＿＿が変わって、早寝早起きになった。

**アクティビティー③** ______に入ることばを使って、クロスワードを完成させましょう。動詞は辞書形にして入れてください。

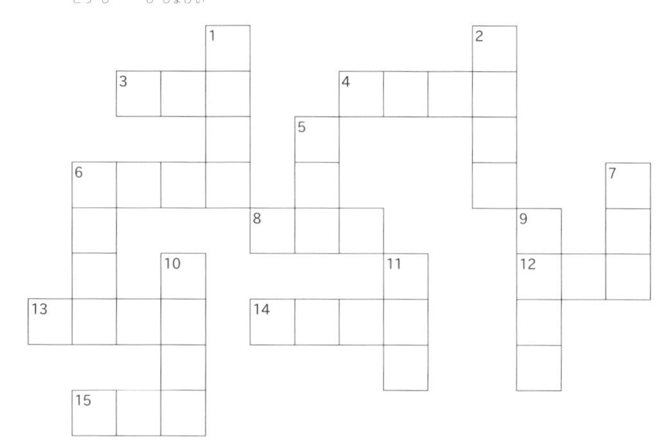

→（左から右へ）

| | |
|---|---|
| 3 | 昨日休んでいたので、今日、友だちに試験______を教えてもらった。 |
| 4 | 10年も一緒に住んでいるのに、彼の行動______はなかなかわからない。 |
| 6 | 市役所はこの地域で新しく______を始める人の相談に乗ってくれる。 |
| 8 | 私の家族は______ドア活動が好きで、よくキャンプに行く。 |
| 12 | 世界で一番______が広い国は、ロシアだ。 |
| 13 | このICカードは______のコンビニでどこでも使えて便利だ。 |
| 14 | 学生割引はJRで片道100km以上の場合に______されるサービスだ。 |
| 15 | 留学生のアルバイトは週に28時間を______てはいけない。 |

↓（上から下へ）

| | |
|---|---|
| 1 | アルバイトの______が決まり、来週からこの店で5人働くことになった。 |
| 2 | GPA(Grade Point Average)の成績は、5______でつけられる。 |
| 5 | この本の第3______には、敬語のことが詳しく書いてある。 |
| 6 | ______を行った後で、なぜそうなるのか考えるのは楽しい。 |
| 7 | 日本では1947年から6.3.3.4制の教育______が使われるようになった。 |
| 9 | 川の水をきれいにするために、新たな______が始められている。 |
| 10 | 鉛筆、ペン、消しゴムなどは文房具というカテゴリーに______ている。 |
| 11 | 眠りと体温は______に関係していて、眠くなると体が温かくなり、温かくなると眠くなる。 |

## 読んでドン！ 次の文章を読んで、問題に答えましょう。

「カワイイ！」と、松山の女性たちに人気

2007年夏から、希望者に向けて始まった、全国初の独自デザインによる「雲形ナンバープレート」の交付は、2年が経過した段階で登録が1万台を超える人気です。このアイデアは、松山市が書かれた小説『坂の上の雲』（司馬遼太郎著）から出されたそうです。

原付バイクのナンバーといえば、何の特徴もない横長の長方形か、長方形の上の角を取った六角形ぐらいしかありませんでした。しかし、松山市の試みが成功して、城の形（長野・上田市）、米粒の形（宮城・登米市）など、名物の形をしたプレートが続々と登場しています。

これと似ているようで似ていない動きに、普通自動車の「ご当地ナンバー」があります。クルマのナンバーに書かれた土地の名前は、陸運局・検査事務所の所在地ですが、「富士山」「つくば」「鈴鹿」など、全国的に知られたその土地の名前が採用されるようになっています。ただ、国土交通省が厳しく管理している制度なので、「申請」をする地方の自治体がいろいろ決めることはできません。

地方に認められた範囲内で、やれるだけのことをやる。盛り上がる原付バイクの独自ナンバー事業には、地方のハングリー精神すら感じます。

長嶺超輝（2009）『47都道府県これマジ!?条例集』（幻冬舎）
※学習者に配慮し、本書著者により本文を一部改編し、ルビを付加した。

**ことば**
- ナンバープレート…車についている、番号が書いてあるもの
- 登録…何かのリストや活動のリストに自分の名前を入れる
- 横長…横が長くて、縦が短い長方形
- 名物…その土地で有名なもの、こと
- 続々と…どんどん、次から次へ
- 登場…出てくること
- ご当地…その街、その場所
- 陸運局・検査事務所…ナンバープレートを出すところ
- 国土交通省…政府の中で、交通に関係するところ
- 申請…国や市役所にしたいことを希望すること
- 盛り上がる…多くの人が興味を持つ
- ハングリー精神…必ずやりたい、もっと上に行きたいと思う気持ち

**【ことば問題】**

問題1. 形を表すことばを文章の中から全てください。どんな形か考えてみましょう。

問題2. 行政・役所に関することばを文章の中から全てあげてください。

問題3. 「ナンバー」をつけるものを、文章の中から二つあげてください。

➡ウェブサイトに【内容理解問題】があります。

LESSON 11

## チェックでドン！

①ことばを見て、意味がわかるかチェックしましょう。

②漢字の読み方を書きましょう。

③音声を聞きましょう。

11-1

| | | 意味がわかる | 読み方 |
|---|---|---|---|
| 301 | 理由 | | |
| 302 | やりとり(する) | | |
| 303 | 反応(する) | | |
| 304 | 適切 | | |
| 305 | コントロール(する) | | |
| 306 | 誤り | | |
| 307 | 単純 | | |
| 308 | 新た | | |
| 309 | カバー(する) | | |
| 310 | 当事者 | | |
| 311 | 組織 | | |
| 312 | 中間 | | |
| 313 | 定着(する) | | |
| 314 | 複雑 | | |
| 315 | 開始(する) | | |

| | | 意味がわかる | 読み方 |
|---|---|---|---|
| 316 | 訴える | | |
| 317 | 合計(する) | | |
| 318 | 追加(する) | | |
| 319 | サイド | | |
| 320 | 肯定(する) | | |
| 321 | 項目 | | |
| 322 | 取り込む | | |
| 323 | 重大 | | |
| 324 | 循環(する) | | |
| 325 | 無限 | | |
| 326 | 国際 | | |
| 327 | 議論(する) | | |
| 328 | 扱う | | |
| 329 | 適正 | | |
| 330 | 修正(する) | | |

**例文・意味でドン!** 例文を読んで／聞いて意味をイメージしましょう。
右のことばを見ないようにして、＿＿に何が入るか考えましょう。

**1** 11-2

子どもをしかる時はどうしてそれが悪いことなのか、<u>理由</u>をしっかりと伝える必要がある。また、子どもと<u>やりとり</u>している時の<u>反応</u>を見ながら、<u>適切</u>なことばを選ぶことも大切だ。つまり、感情だけでしかっても意味がないのだ。

|  |  |  |  |
|---|---|---|---|
| 301 | 【名詞】 | 意 どうしてそうなるか、どうしてそうするか。<br>例 昨日どうしてクラスに来なかったんですか。＿＿＿＿を教えてください。 | 理由 |
| 302 | 【名詞】 | 意1 ものをあげたり、もらったりすること。<br>例 最近、手紙の＿＿＿＿をする人が少なくなってきた。<br>意2 お互いに何かを言って、話をすること。<br>例 子どもたちどうしの＿＿＿＿を聞くのは楽しい。 | やりとり(する) |
| 303 | 【名詞】 | 意1 二つ以上のものが一緒になったときに何かが起きたり変わったりすること。<br>例 この紙を明るいところに置くと、太陽の光に＿＿＿＿して色が変わります。<br>意2 あるものに何かの動きや刺激があったときに、それに対して何かが起きたり変わったりすること。<br>例 SNSにコメントを書いたら、たくさんの人から「いいね！」と＿＿＿＿があった。 | 反応(する) |
| 304 | 【ナ形】 | 意 多くなく、少なくなく、したいことやあることにぴったり合っている。ちょうどよい。<br>例 相手に合わせて＿＿＿＿な話し方ができるようになりたい。 | 適切 |

**2** 11-3

新聞によると、先日ある工場で起きた事故の原因は、機械のコントロールの誤りという単純な理由だったそうだ。最近新たにわかったこととして、工場ではその仕事はひとりでしていて、カバーする人が誰もいなかったらしい。働く人ひとりひとりが当事者意識をもてるように組織のあり方を見直すべきだ。

| | | | |
|---|---|---|---|
| 305 | 【名詞】 | 意 [control] よくなるように気をつけること。よい状態が続くようにすること。<br>例 エアコンをつけて、部屋が暑くなりすぎないように温度を＿＿＿＿している。 | コントロール(する) |
| 306 | 【名詞】 | 意 正しくないこと。<br>例 手書きの作文を先生に見てもらったら、漢字の＿＿＿＿がたくさんあった。 | 誤り |
| 307 | 【ナ形】 | 意 簡単で、他のものが入っていないこと。⇔複雑<br>例 日本に来たら日本語が上手になると＿＿＿＿に考えていた。 | 単純 |
| 308 | 【ナ形】 | 意1 新しい。初めての。<br>例 今日から、東京で＿＿＿＿な生活が始まる。<br>意2 「新たにする」で、「もう一度、新しくする」という意味。<br>例 大学に入学して気持ちを＿＿＿＿にする。 | 新た |
| 309 | 【名詞】 | 意1 [cover] 包んだり、ふたをしたりするもの。<br>例 本が汚れないように＿＿＿＿をつけてもらった。<br>意2 足りないところを補うこと。<br>例 仕事でミスをしたが上司が＿＿＿＿してくれたので、大きな問題にならなかった。 | カバー(する) |
| 310 | 【名詞】 | 意 そのことに一番関係がある人。<br>例 交通事故では、＿＿＿＿だけで話をしないで、必ず警察を呼んで話し合わなければいけない。 | 当事者 |
| 311 | 【名詞】 | 意 目的や決まりがあって集まっている人やものの集まり。<br>例 会社のような＿＿＿＿では、たくさんの人が力を合わせなければいい仕事ができない。 | 組織 |

**3** 11-4

中間試験は、これまで勉強したことがどれくらい定着しているか調べるために行うものだ。テストでいい点を取るためには、ことばや文法だけではなく、問題に適切な形で答える力も必要だ。そのために何よりも重要なことは、慌てないことだ。落ち着いていれば、複雑な問題でも慌てないで答えることができる。

| | | | |
|---|---|---|---|
| 312 | 【名詞】 | 意 AとBの真ん中。<br>例 今までA駅にもB駅にも遠かったが、その＿＿＿に駅ができたので、便利になった。 | 中間 |
| 313 | 【名詞】 | 意 考えや方法が人々によく知られ、一般的になること。<br>例 一度悪いイメージが＿＿＿すると、よくするのは難しい。 | 定着(する) |
| 314 | 【ナ形】 | 意 さまざまなことが関係し合っていて、簡単ではないこと。⇔単純<br>例 この小説はいろいろな人が出てきて話が＿＿＿なので読みにくかった。 | 複雑 |

**4** 11-5

授業開始後すぐに、学生がおなかが痛いと訴えてきた。しかも、このクラスだけではなく、他にも三つのクラスで合計20人以上の学生が同様のことを訴えていた。調べてみると、おなかが痛くなったのはラーメンに卵を追加して食べた学生だった。どうやら、その卵が悪くなっていたようだ。

| | | | |
|---|---|---|---|
| 315 | 【名詞】 | 意 何かを始めること。何かが始まること。<br>例 今からテストを＿＿＿します。 | 開始(する) |
| 316 | 【動詞】 | 意1 よいことかよくないことか、また正しいか正しくないかを決めてもらうために、国や目上の人に話す。<br>例 お金を払ったのに商品が届かなかったので、その会社を＿＿＿た。<br>意2 相手にわかってほしくて、自分の悲しみ、苦しみなどを話す。<br>例 学生は先生にレポートの締め切りが早すぎると＿＿＿た。 | 訴える |
| 317 | 【名詞】 | 意 二つ以上のものを合わせると、どのくらいになるかということ。また、合わせたもの。<br>例 レストランで好きなものをたくさん注文したら、食事代の＿＿＿が1万円を超えてしまった。 | 合計(する) |

| 318 | 【名詞】 | 意 あとから加えること。足すこと。<br>例 よりはっきりした結果を得るために、＿＿＿調査を行った。 | 追加(する) |
|---|---|---|---|

**5** 11-6

ある会社で働いている人たちが、よりよい条件で働きたいと、会社側と話し合った。話し合いを進める中、働く人たちは、会社サイドから出た意見のうち、一部は肯定し、いくつかの項目を取り込んだ条件で働きたいともう一度伝えた。しかし、会社側は、そのような声を聞こうとはしていない。重大な問題は、会社側のこの態度にあるだろう。

| 319 | 【名詞】 | 意 [side] 横。そば。〜側。<br>例 危ないので、プール＿＿＿を走らないでください。 | サイド |
|---|---|---|---|
| 320 | 【名詞】 | 意 その通りだと認めること。⇔否定<br>例 彼の提案に対して＿＿＿的な意見が多かった。 | 肯定(する) |
| 321 | 【名詞】 | 意 ものごとを細かく分けたものの一つ一つの部分。<br>例 健康チェックのため、次の七つの＿＿＿に答えてください。 | 項目 |
| 322 | 【動詞】 | 意 外にあるものを取って中に入れる。自分のものにする。<br>例 メールで来た写真のサイズが大きくて、＿＿＿ことができなかった。 | 取り込む |
| 323 | 【ナ形】 | 意 普通ではないこと。特に大切なこと。<br>例 会社の将来に関わる＿＿＿な仕事を任された。 | 重大 |

**6** 11-7

3Rとは、リデュース(Reduce)、リユース(Reuse)、リサイクル(Recycle)の三つのR(アール)のことだ。一つめのR(リデュース)は、物を大切に使い、ごみを減らすことで、二つめのR(リユース)は、使える物は繰り返して使うことである。最後のR(リサイクル)は、ごみを資源として考え、作り変え、新たな物として使うこと、つまり、その資源を循環させることである。資源は無限にあるわけではないし、中には、自然や生物に重大な影響を与えるものもある。3Rは国際的にも議論が行われているが、世界には、資源の扱い方が適正でない国もある。国際的に適正な扱い方に修正されるように、3Rを広めていかなければならない。

|  |  |  |  |
|---|---|---|---|
| 324 | 【名詞】 | 意 一回りして、元に戻ること。同じコースを何回も行くこと。<br>例 このバスは駅から大学までの道を1時間ごとに＿＿＿＿している。 | 循環(する) |
| 325 | 【名詞】 | 意 終わりがなく、ずっと続く。<br>例 青い空がどこまでも＿＿＿＿に続いている。 | 無限 |
| 326 | 【名詞】 | 意 世界のいろいろな国が関係していること。国と国が関わること。<br>例 A大学には毎年20カ国以上の国から留学生が来ていて、＿＿＿＿的な大学だと言われている。 | 国際 |
| 327 | 【名詞】 | 意 考えを話し合うこと。<br>例 法律を変えるために長い間＿＿＿＿している。 | 議論(する) |
| 328 | 【動詞】 | 意1 使ったり、動かしたりする。<br>例 この荷物は壊れやすいので丁寧に＿＿＿＿て下さい。<br>意2 特別に取り上げたり相手にしたりする。<br>例 この問題は次の会議で＿＿＿＿ことにしましょう。 | 扱う |
| 329 | 【ナ形】 | 意 決まりに従っていて、ちょうどよくて正しい様子。<br>例 この薬は法律に基づいた＿＿＿＿な管理が求められている。 | 適正 |
| 330 | 【名詞】 | 意 正しくないところや足りないところを直してよくすること。<br>例 先生と相談して、研究計画を＿＿＿＿した。 | 修正(する) |

## ゲームでドン!

**アクティビティー①** 左と右の漢字を線でつないで、一つのことばにしましょう。
できたことばを1.～7.の＿＿＿に入れて文を完成させましょう。

| | | | | |
|---|---|---|---|---|
| a | 循 | ・ | ・ | 環 | ＿＿＿＿ |
| b | 反 | ・ | ・ | 純 | ＿＿＿＿ |
| c | 複 | ・ | ・ | 応 | ＿＿＿＿ |
| d | 組 | ・ | ・ | 限 | ＿＿＿＿ |
| e | 理 | ・ | ・ | 由 | ＿＿＿＿ |
| f | 単 | ・ | ・ | 織 | ＿＿＿＿ |
| g | 無 | ・ | ・ | 雑 | ＿＿＿＿ |

1. 人気商品を買った人に、その商品を買った＿＿＿＿を聞くと、使いやすいからと答えた人が一番多かった。
2. 倒れたときに頭を打ったのか、いくら呼んでも目を閉じたまま＿＿＿＿がない。
3. 去年と今年では学生たちの状況がいろいろと異なるので、＿＿＿＿に比べるのは難しい。
4. この機械は使い方が＿＿＿＿で、何回使っても使い方をぜんぜん覚えられない。
5. 地球上の水は、雲や雨、川の水など形を変えながら、ずっと＿＿＿＿している。
6. 会社のような＿＿＿＿で働くときは、みんなで一緒によいものを作るという気持ちが大切だ。
7. 赤ちゃんには、＿＿＿＿の可能性があると言われている。

**アクティビティー❷** ＿＿＿に入ることばをボックスから探して、文を完成させましょう。動詞は文に合う形にして入れてください。

| | | | | | |
|---|---|---|---|---|---|
| た | か | ば | ー | ち | あ |
| さ | ん | つ | | ゅ | つ |
| こ | い | じ | い | う | か |
| う | ご | ど | ゅ | か | う |
| て | う | ぎ | ろ | ん | |
| い | け | と | り | こ | む |
| | い | あ | や | ま | り |
| て | い | ち | ゃ | く | |

□ ＿＿＿＿＿＿＿＿　□ ＿＿＿＿＿＿＿＿
□ ＿＿＿＿＿＿＿＿　□ ＿＿＿＿＿＿＿＿
□ ＿＿＿＿＿＿＿＿　□ ＿＿＿＿＿＿＿＿
□ ＿＿＿＿＿＿＿＿　□ ＿＿＿＿＿＿＿＿
□ ＿＿＿＿＿＿＿＿　□ ＿＿＿＿＿＿＿＿
□ ＿＿＿＿＿＿＿＿　□ ＿＿＿＿＿＿＿＿

1. 文を読んで、＿＿＿＿に線を引き、正しい日本語を書きなさい。
2. 「10分しかない」ではなく「10分もある」のような＿＿＿＿的な表現を使うようにしている。
3. 銀行員は、お客様のお金を＿＿＿＿仕事だ。
4. 来週の卒業論文の＿＿＿＿報告会では、論文のテーマと計画について発表するつもりだ。
5. 飛行機でスーツケースを預けようとしたら重すぎて、＿＿＿＿で料金を取られた。
6. このテキストはLesson1から20まであり、1つのLessonで30語学ぶので＿＿＿＿で600語学ぶことになる。
7. 相手＿＿＿＿の状況がわからないと、どうしたらよいか決められない。
8. この問題は＿＿＿＿な問題ではなく、多くのことが関係している。
9. 新しいベッドは前のものより大きいので、ベッド＿＿＿＿も大きいものにした。
10. 小学校での英語教育について、いろいろな＿＿＿＿がされている。
11. 最新の情報をSNSで受け取るという習慣が＿＿＿＿しつつある。
12. 急に雨が降り出したので、洗濯物を家の中に＿＿＿＿だ。

**アクティビティー③** ＿＿＿に入ることばを使って、クロスワードを完成させましょう。動詞は辞書形にして入れてください。

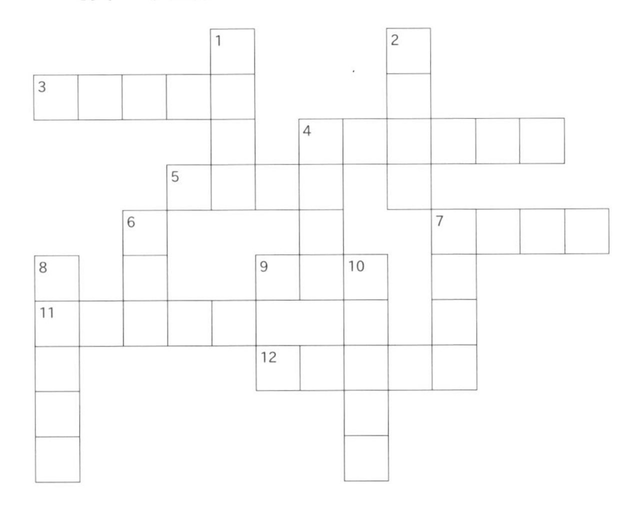

→（左から右へ）

| | |
|---|---|
| 3 | この果物は、血をサラサラにして、血液の＿＿＿を良くする働きがある。 |
| 4 | 私は、運動と食事を＿＿＿して、1か月で3キロやせました。 |
| 5 | 中級で学習すべき文法＿＿＿は初級より多いし、難しい。 |
| 7 | 次の会話文を聞いて、A～Dの中から＿＿＿なものを1つ選びなさい。 |
| 9 | 試験の＿＿＿10分前には、必ず自分の席に座っておいてください。 |
| 11 | 彼女は、自分で書いた絵本を通して、自然の大切さを＿＿＿ている。 |
| 12 | ＿＿＿な問題が起きたので、1分後にコンピューターを再起動します。 |

↓（上から下へ）

| | |
|---|---|
| 1 | コンピューターが壊れてしまったようで、スイッチを押しても何の＿＿＿もない。 |
| 2 | 小学生のときに外国に行ってしまった友だちとは、今でもメールの＿＿＿をしている。 |
| 4 | 3ヶ国語が話せるので、将来は＿＿＿社会に貢献できる仕事がしたい。 |
| 6 | 最近仕事がうまくいっていないが、明日から気持ちを＿＿＿にしてがんばろうと思う。 |
| 7 | このコンピューターで労働時間を＿＿＿に管理している。 |
| 8 | 辛いことや苦しいことは経験した＿＿＿にしか、わからないものだ。 |
| 10 | この写真は撮った後に＿＿＿が加えてあるので、本当の空よりも青く見える。 |

## 読んでドン!　次の文章を読んで、問題に答えましょう。

人権侵害は、報復の感情によって連鎖することがあります。報復とは、やり返すこと、つまり復讐です。納得できない理由による被害者の加害者への報復の感情は、加害行為がひどければひどいほど、大きくなります。もちろん、人は、人権を徹底的に傷つけられたときには、その場では何も言えません。心も体も生きる力を奪われると、訴えることもできなくなります。だからといって、報復の感情がなくなってしまうものではありません。心の深いところに残り、ある日、なにかのきっかけで外にあふれ出ることも少なくないのです。

報復の感情をそのままにしておくと、無限の連鎖反応となって、報復が報復を呼び、終わることがない「血で血を洗う」人権侵害の悪循環になってしまうかもしれません。2001年9月11日にアメリカでおきた衝撃的な事件の後、アメリカ政府は、それを国際テロ組織「アルカイダ」によるものだとして、その拠点がおかれていたアフガニスタンへの武器を使った攻撃を開始しました。それが新たな報復を呼び、泥沼のような状態になってしまっていることはよく知られています。

憎しみや悲しみ、怒りといった複雑な感情が入った報復の連鎖を止めるには、当事者だけがやりとりをするのではなく、第三者がそこに適切に介入することが必要です。重大な人権侵害がおきたときには、第三者が加害者を適正に裁くことによって、報復の連鎖を止めるきっかけがつくられるのです。

ヒューマンライツ・ナウ（編）（2010）『人権で世界を変える30の方法』（合同出版）

※学習者に配慮し、本書著者により本文を一部改編し、ルビを付加した。

**ことば**

- 人権…命や自由など、人間の権利(a right)
- あふれ出る…いっぱいになって外に出る
- 悪循環…悪いことが原因で他の悪いことが起こり、次から次に悪いことが起こること
- 拠点…ある活動のための主要な場所
- 介入…(intervention)当事者ではない者が間に入ること
- 裁く…(to judge)よいか悪いかをはっきりさせること。裁判すること

**【ことば問題】**

問題1.「報復」に近い意味のことばを文章の中から一つあげてください。

問題2.「者」を使ったことばを文章の中から全てあげてください。

問題3.「報復が報復を呼び」を言い換えた部分を文章の中から一つあげてください。

問題4.「泥沼のような状態」とはどのような状態ですか。

問題5. 感情を表すことばを文章の中から全てあげてください。

➡ウェブサイトに【内容理解問題】があります。

LESSON 12

## チェックでドン！

①ことばを見て、意味がわかるかチェックしましょう。
②漢字の読み方を書きましょう。
③音声を聞きましょう。

12-1

| | | 意味がわかる | 読み方 |
|---|---|---|---|
| 331 | 不可欠 | | |
| 332 | 使用(する) | | |
| 333 | 程度 | | |
| 334 | 望ましい | | |
| 335 | 通常 | | |
| 336 | 一種 | | |
| 337 | 含む | | |
| 338 | 副- | | |
| 339 | 作用(する) | | |
| 340 | 注意(する) | | |
| 341 | 方針 | | |
| 342 | 拡大(する) | | |
| 343 | 実施(する) | | |
| 344 | すなわち | | |
| 345 | 具体 | | |

| | | 意味がわかる | 読み方 |
|---|---|---|---|
| 346 | 焦点 | | |
| 347 | プラス(する) | | |
| 348 | マイナス(する) | | |
| 349 | プログラム | | |
| 350 | 責任 | | |
| 351 | 否定(する) | | |
| 352 | 応用(する) | | |
| 353 | 性質 | | |
| 354 | 化学 | | |
| 355 | 場合 | | |
| 356 | 特有 | | |
| 357 | 生命 | | |
| 358 | もたらす | | |
| 359 | 境界 | | |
| 360 | 確率 | | |

**例文・意味でドン!** 例文を読んで／聞いて意味をイメージしましょう。
右のことばを見ないようにして、＿＿に何が入るか考えましょう。

**1** 12-2

パソコンは現代の生活において、不可欠なものとなった。しかし、長い時間パソコンを使用すると、目が悪くなったり、気分が悪くなったりすることもあるそうだ。そのため、1時間に1回程度は少し目を休めるのが望ましい。

| | | | |
|---|---|---|---|
| 331 | 【ナ形】 | 意 必要だ。なければならない。<br>例 外国へ行くには、パスポートが＿＿＿＿だ。 | 不可欠 |
| 332 | 【名詞】 | 意 使うこと。<br>例 コピー機を＿＿＿＿するには、まずお金を入れてください。 | 使用(する) |
| 333 | 【名詞】 | 意 だいたい～ぐらい。<br>例 父はひとりで散歩できる＿＿＿＿に回復した。 | 程度 |
| 334 | 【イ形】 | 意 そうなってほしい。<br>例 体のためには朝食をきちんと食べることが＿＿＿＿。 | 望ましい |

**2** 12-3

通常、風邪薬には、眠くなる薬の一種が含まれているので車を運転する人は気をつけたほうがよい。また、決められた量以上を飲んでしまうと、副作用が出てしまうかもしれない。特に子どもが飲む場合は、親が注意しなければならない。

| | | | |
|---|---|---|---|
| 335 | 【名詞】 | 意 いつもとどおり。ふつう。<br>例 この店は＿＿＿＿は17時まで開いているが、今日は15時で閉まったそうだ。 | 通常 |
| 336 | 【名詞】 | 意 同じような種類の中の一つ。<br>例 この果物はみかんの＿＿＿＿です。 | 一種 |
| 337 | 【動詞】 | 意 中に入っていること。<br>例 このクラスには、外国人学生4名を＿＿＿＿、20名の大学院生がいます。 | 含む |

| | | | |
|---|---|---|---|
| 338 | 【接頭辞】 | 意 主なものとは別のもの。<br>例 最近、法律が変わり、＿＿＿業を認める会社が増えた。 | 副- |
| 339 | 【名詞】 | 意 その働きによって、他のものに影響を与えること。<br>例 りんごはおなかの調子をよくする＿＿＿がある。 | 作用(する) |
| 340 | 【名詞】 | 意1 気をつけること。<br>例 ナイフで手を切らないように＿＿＿してください。<br>意2 大切なことを強く教えること。<br>例 授業中に大きい声を出したら、先生に＿＿＿された。 | 注意(する) |

**3** 12-4

会社の経営方針が変わり、事業を拡大することになった。しかし、実施内容、すなわち、具体的に何を拡大するのかは、まだ明らかにされていない。私は、お客様へのサービスに焦点が当たっていなければ、会社にとってプラスどころかマイナスになるように感じている。

| | | | |
|---|---|---|---|
| 341 | 【名詞】 | 意 これからしようとすることについての大きな考え方。<br>例 私の子育ての＿＿＿は、子どもがやりたいことを子どもとやってみる、ということです。 | 方針 |
| 342 | 【名詞】 | 意 大きくしたり広くしたりすること。⇔縮小<br>例 クラスの写真を＿＿＿してポスターにした。 | 拡大(する) |
| 343 | 【名詞】 | 意 考えていることや準備していることを本当にやること。<br>例 今月は交通安全運動を＿＿＿している。 | 実施(する) |
| 344 | 【接続詞】 | 意 違うことばにすると。言い換えると。<br>例 「うるう年」とは四年に一度ある、一年が一日長い、＿＿＿366日の年のことだ。 | すなわち |
| 345 | 【名詞】 | 意 はっきり目で見えたり、考えたりしてわかるもの。⇔抽象<br>例 この計画を＿＿＿化するためには、まだお金が足りない。 | 具体 |

|  |  | | |  |
|---|---|---|---|---|
| 346 | 【名詞】 | 意 | 多くの人が注目するところ。大切なところ。 | 焦点 |
| | | 例 | この写真は顔に＿＿＿＿が合っていない。 | |
| 347 | 【名詞】 | 意1 | [plus] 一緒にすること。加えること。⇔マイナス | プラス(する) |
| | | 例 | この飛行機は、1000円＿＿＿＿すれば広い席に座れる。 | |
| | | 意2 | いいことがあること。 | |
| | | 例 | この経験はあなたにとって＿＿＿＿になる。 | |
| 348 | 【名詞】 | 意1 | [minus] 取ってしまうこと。ゼロより低いときに使う。⇔プラス | マイナス(する) |
| | | 例 | 今朝は＿＿＿＿2℃で、昨日より5℃＿＿＿＿だ。 | |
| | | 意2 | 悪いことがあること。損になる。 | |
| | | 例 | この失敗は会社にとって、大きな＿＿＿＿になるだろう。 | |

**4** 12-5

4月から工場におけるプログラムの管理を新たに担当することになった。この仕事は、工場の機械のプログラムについて、正しくコントロールできているかチェックする仕事だ。私が間違えると作業が止まってしまうため、責任が重く、不安があることは否定できない。ただ、社会では応用力、すなわち、具体的な状況に合わせて変えられる力が求められているので、このチャンスに自分もがんばってみようと思う。

|  |  | | |  |
|---|---|---|---|---|
| 349 | 【名詞】 | 意1 | [program] どうやって進めるか、決められていること。 | プログラム |
| | | 例 | コンサートの＿＿＿＿にはない、彼のおもしろい話に人気がある。 | |
| | | 意2 | コンピューターでいろいろなことができるように、数字やアルファベットなどで作ったシステム。 | |
| | | 例 | 彼は自分で簡単な＿＿＿＿が作れるほどコンピューターに詳しい。 | |
| 350 | 【名詞】 | 意 | しなければならないこと。 | 責任 |
| | | 例 | 子どもがしたことについては、親が＿＿＿＿を持たなければならない。 | |

| | | | |
|---|---|---|---|
| 351 | 【名詞】 | 意 「そうではない」と言うこと。間違っていると決めること。⇔肯定<br>例 友だちから「あなたは間違っている」と＿＿＿＿＿されて、残念な気持ちになった。 | 否定(する) |
| 352 | 【名詞】 | 意 ある考えや方法を他のところでも使うこと。<br>例 宇宙研究で使われている技術を＿＿＿＿＿して、安全な食品を作る方法が生まれたそうだ。 | 応用(する) |

**5** 12-6

大分県には、温泉で有名な町がある。この町では、さまざまな色の温泉を見ることができておもしろい。お湯の性質の違いによって異なる化学反応が起こり、青や赤といった色の違いが生まれるのだ。火山のそばの温泉では、多くの場合、温泉特有のにおいがするが、私はあのにおいが苦手だ。

| | | | |
|---|---|---|---|
| 353 | 【名詞】 | 意 持っている特徴。<br>例 ゴムは電気を通しにくい＿＿＿＿＿を持っている。 | 性質 |
| 354 | 【名詞】 | 意 ものがどうできているか、また、合わせるとどうなるかなどを調べる学問。<br>例 今日の＿＿＿＿＿の授業では、$H_2O$を$H_2$と$O_2$に分ける実験をする。 | 化学 |
| 355 | 【名詞】 | 意 あることが起こったとき。その状態。<br>例 台風や雪などで電車が止まった＿＿＿＿＿は、学校は休みです。 | 場合 |
| 356 | 【名詞】 | 意 それだけが持っていること。<br>例 ひらがなは、日本語に＿＿＿＿＿のものだ。 | 特有 |

**6** 12-7

火事は怖い。全てを焼き尽くすこともある。しかし、あるデータによると、火事で命を落とした人のうち、約半数が煙を吸ったためだった。つまり、生命の危険をもたらすという点では、火よりも煙に注意しなければならない。火事のとき、生きるか死ぬかの境界、すなわち、生きて逃げるための確率を上げるためには、煙を吸い込まないように気をつけなければならない。

|  |  |  |  |
|---|---|---|---|
| 357 | 【名詞】 | 意 命。<br>例 長い時間にわたって体の温度が低いままだと＿＿＿＿の危険がある。 | 生命 |
| 358 | 【動詞】 | 意 持ってくる。持っていく。<br>例 コンピューターは社会に大きな変化を＿＿＿＿た。 | もたらす |
| 359 | 【名詞】 | 意 場所やカテゴリーが分かれるところ。<br>例 この川がA市とB市の＿＿＿＿になっている。 | 境界 |
| 360 | 【名詞】 | 意 どのぐらいの割合でそれが起こりそうかを数字で表したもの。<br>例 今日、雨が降る＿＿＿＿は20%だ。 | 確率 |

## STEP 3 ゲームでドン!

**アクティビティー❶** 左と右の漢字を線でつないで、一つのことばにしましょう。
できたことばを1.～7.の______に入れて文を完成(かんせい)させましょう。

| | | | |
|---|---|---|---|
| a | 性 | 任 | ______ |
| b | 程 | 用 | ______ |
| c | 責 | 常 | ______ |
| d | 作 | 質 | ______ |
| e | 生 | 用 | ______ |
| f | 通 | 命 | ______ |
| g | 応 | 度 | ______ |

1. 虫(むし)には光(ひかり)に集まるという______があるので、夏の夜(よる)の街灯(がいとう)には虫がたくさん集まっている。
2. 香(かお)りには人をリラックスさせたり元気にしたりする______がある。
3. ______は、何十億(おく)年も前に海の中で生まれたと考えられている。
4. 自分のしたことは、きちんと______を持たなければならない。
5. 昔(むかし)の人の考え方は、現代社会にも______することができる。
6. 健康(けんこう)のためには、疲(つか)れない______の運動が大切だ。
7. この地域(ちいき)は、3年前の大雨(おおあめ)で大きな被害(ひがい)があったが、今では______の生活(せいかつ)に戻(もど)っている。

**アクティビティー❷**　＿＿＿に入ることばをボックスから探(さが)して、文を完成(かんせい)させましょう。動詞(どうし)は文に合(あ)う形(かたち)にして入れてください。

| | | | | | | |
|---|---|---|---|---|---|---|
| ふ | し | ょ | う | て | ん | ぷ |
| ぷ | か | ほ | う | し | ん | ろ |
| ら | く | け | ■ | ぐ | ■ | ぐ |
| す | だ | ■ | つ | た | ひ | ら |
| ま | い | な | す | い | て | む |
| ■ | き | ょ | う | か | い | ふ |
| と | く | ゆ | う | か | が | く |

☐ ＿＿＿＿＿＿＿＿

☐ ＿＿＿＿＿＿＿＿

☐ ＿＿＿＿＿＿＿＿

☐ ＿＿＿＿＿＿＿＿

☐ ＿＿＿＿＿＿＿＿

☐ ＿＿＿＿＿＿＿＿

☐ ＿＿＿＿＿＿＿＿

☐ ＿＿＿＿＿＿＿＿

☐ ＿＿＿＿＿＿＿＿

☐ ＿＿＿＿＿＿＿＿

☐ ＿＿＿＿＿＿＿＿

☐ ＿＿＿＿＿＿＿＿

☐ ＿＿＿＿＿＿＿＿

1. この食品(しょくひん)には、＿＿＿調味料(ちょうみりょう)は入っていません。
2. 今回(こんかい)は、日本人と結婚(けっこん)した外国人に＿＿＿を当(あ)てて調査をしました。
3. 彼はどんなに嫌(いや)なことがあっても、＿＿＿に考えるようにしている。
4. この図は小さいので、110%に＿＿＿してください。
5. わかりやすくするために、＿＿＿の数字(すうじ)だけ赤色(あかいろ)にした。
6. いろんなところを旅(たび)していると、土地(とち)＿＿＿の習慣(しゅうかん)に驚(おどろ)くことがある。
7. 医者の話によると、病気の原因(げんいん)がわかってから、今後の＿＿＿を決(き)めるそうだ。
8. ＿＿＿的なことばかり言っていると、本当(ほんとう)にそのようになってしまうことがある。
9. 来月の学会(がっかい)の＿＿＿をホームページで確認(かくにん)したら、発表者の中に先輩(せんぱい)の名前があった。
10. 治療(ちりょう)についての＿＿＿的な話は、来週、ご家族の方と一緒(いっしょ)に来たときに話します。
11. 今年は留学生会(りゅうがくせいかい)の＿＿＿会長(かいちょう)だが、来年は会長にならなければならない。
12. インターネットは、今の私たちの生活(せいかつ)にとって＿＿＿なものになった。
13. グローバル化は、国や人種などの＿＿＿がなくなり、世界全体でいろいろな変化(へんか)を起こすことを言う。

**アクティビティー③** ＿＿＿に入ることばを使って、クロスワードを完成させましょう。動詞は辞書形にして入れてください。

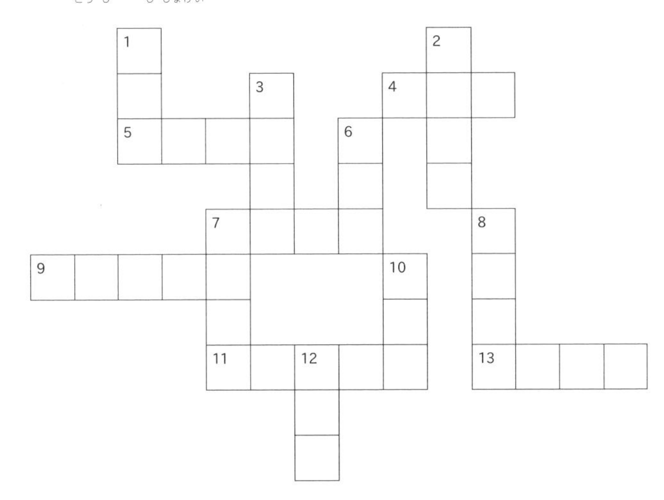

→（左から右へ）

| | |
|---|---|
| 4 | このホテル料金には、次の日の朝食代も＿＿＿れている。 |
| 5 | ライオンはネコ科の動物の＿＿＿である。 |
| 7 | 地球外＿＿＿体は、宇宙にどのぐらいいるのだろうか。 |
| 9 | 健康のためには、毎日同じ時間に起きることが＿＿＿。 |
| 11 | この図書館は、＿＿＿夜9時まで開いているが、日曜日だけ夜7時に閉まる。 |
| 13 | 日本には三種類の文字、＿＿＿、ひらがな、漢字、カタカナがある。 |

↓（上から下へ）

| | |
|---|---|
| 1 | アイデアだけではなく、＿＿＿的な計画を考えなければならない。 |
| 2 | 合格できる＿＿＿は50%と言われたが、自分の力を信じて受けてみようと思う。 |
| 3 | 寒くなってきたので、風邪をひかないように＿＿＿しよう。 |
| 6 | 大雨や台風、大雪の＿＿＿は学校が休みになることがある。 |
| 7 | スポーツウエアには乾きやすい＿＿＿のものが多く使われている。 |
| 8 | 日本語学校の先生との出会いが私の人生に大きな変化を＿＿＿た。 |
| 10 | この機械を＿＿＿するときは、必ずこのノートに名前を書いてください。 |
| 12 | この授業では、8回目に中間試験を＿＿＿するので欠席しないようにしてください。 |

## 読んでドン!　次の文章を読んで、問題に答えましょう。

毒という言葉から何が連想されるだろうか。ある人は毒殺や犯罪を思い浮かべるかもしれないし、ある人は中毒を思い浮かべるかもしれない。また亜砒酸や青酸カリ、サリンといった具体的な「毒」の名前を思い浮かべるかもしれない。

実は「毒とは何か？」という問題に、はっきりした答えを出すことはけっこう難しい。たとえば、お茶やコーヒーに含まれるカフェインはアルカロイドの一種であり、ある程度以上の量を飲むと命にかかわる場合もある。すなわち、このときカフェインは毒となる。しかし、通常私たちはお茶やコーヒーに毒が含まれているとは思わない。ある化学物質が毒と称されるのは、その物質が使用方法により、私たちの健康に悪い影響を与えたり、命を危険にさらしたりするからである。

人類はこれまで、いろいろなもの(化合物）を毒や薬として利用してきた。しかし、毒とは「もの」の中に必ずある性質ではなく、結局は使い方によって決まる。私たちの生命維持に不可欠な水や食塩も量が過ぎれば毒になり、空気も血管内に注射すれば命にかかわる。栄養のある食物も、量が過ぎれば毒になる。

薬の作用・副作用についても、人間の都合からそう呼ばれるだけで、いずれもその薬(化合物）のはたらきの一面にすぎない。したがって、私たち人間のほうが望ましい作用を充分に引き出せるように、薬の使い方に注意を払う必要がある。ある「もの」(化合物）を薬として応用する場合、責任はそのもの(化合物）にはなく100パーセント人間の側にある。

船山信次（2013）『毒の科学 ―毒と人間のかかわり―』（ナツメ社）
※学習者に配慮し、本書著者により本文を一部改編し、ルビを付加した。

**ことば**
連想…何かを見て、それに関係する他のことを思うこと
称される…呼ばれる
危険にさらす…危なくする
注意を払う…注意する

**【ことば問題】**

問題1.「毒」を使ったことばを文章の中から全てあげてください。

問題2.「一」を使ったことばを文章の中から全てあげてください。

問題3.「合」を使ったことばを文章の中から全てあげてください。

問題4.「物」を使ったことばを文章の中から全てあげてください。

問題5.「用」を使ったことばを文章の中から全てあげてください。

➡ウェブサイトに【内容理解問題】があります。

# LESSON 13

## チェックでドン!

①ことばを見(み)て、意味(いみ)がわかるかチェックしましょう。

②漢字(かんじ)の読(よ)み方(かた)を書(か)きましょう。

③音声(おんせい)を聞(き)きましょう。

🎧13-1

| | | 意味が<br>わかる | 読み方 |
|---|---|---|---|
| 361 | 資料 | | |
| 362 | 文献 | | |
| 363 | いわゆる | | |
| 364 | 引用(する) | | |
| 365 | ポイント | | |
| 366 | 規則 | | |
| 367 | 宣言(する) | | |
| 368 | 平均(する) | | |
| 369 | 目標 | | |
| 370 | 掲げる | | |
| 371 | 発想(する) | | |
| 372 | 数値 | | |
| 373 | 厳密 | | |
| 374 | 分析(する) | | |
| 375 | テーマ | | |

| | | 意味が<br>わかる | 読み方 |
|---|---|---|---|
| 376 | 構成(する) | | |
| 377 | 反映(する) | | |
| 378 | 区分(する) | | |
| 379 | 応じる | | |
| 380 | 同一 | | |
| 381 | 普及(する) | | |
| 382 | なす | | |
| 383 | 経る | | |
| 384 | 適当 | | |
| 385 | 解決(する) | | |
| 386 | 継続(する) | | |
| 387 | アプローチ(する) | | |
| 388 | 特殊 | | |
| 389 | 導く | | |
| 390 | 増大(する) | | |

## 例文・意味でドン!

例文を読んで／聞いて意味をイメージしましょう。
右のことばを見ないようにして、____に何が入るか考えましょう。

**1** 13-2

レポートや資料を作成するときに、文献をそのまま写して自分が書いたようにする、いわゆる「コピーペースト」は認められない行為である。文献を引用したいなら、誰がいつ書いたものかを明確にしたうえで、内容をまとめ、ポイントを自分のことばで書くか、文献のままなら、必ず「　」ではさんで書かなければいけない。これは規則というよりマナーだろう。

| | | | |
|---|---|---|---|
| 361 | 【名詞】 | 意 物事を調べたり考えたりするために集める情報。<br>例 論文を書くために、関係のある____を図書館で集めた。 | 資料 |
| 362 | 【名詞】 | 意 昔の制度や情報を知ることができる記録。何かを調べるときに使う、本などの書かれたもの。<br>例 この____から、古い日本の生活がわかる。 | 文献 |
| 363 | 【連体詞】 | 意 「多くの人がよく知っている言い方では…」という意味。<br>例 学校にも仕事にも行っていない15才～34才の人、____ニートについて調べた。 | いわゆる |
| 364 | 【名詞】 | 意 他の人のことばや文章を借りて、自分の話や文章の中で使うこと。<br>例 論文を書くときは、____と自分の意見は分けて書かなくてはいけない。 | 引用(する) |
| 365 | 【名詞】 | 意 [point] 点。大切なところ。<br>例 外国語を勉強するときの____は、毎日話したり書いたりすることだと思う。 | ポイント |
| 366 | 【名詞】 | 意 決まり。そのとおりにするように決められたこと。何かをする時、守らなければならないこと。<br>例 寮では、____を守って生活しなければならない。 | 規則 |

**2** 13-3

世界中で温度が高くなっていることに対して、世界196の国と地域がこれからの５年間、温度を上げないように取り組むことが宣言された。具体的には、世界平均で温度が上がるのを２度までとする、という目標が掲げられたが、そのためには、今までにない、新たな発想で取り組むことが必要だろう。

| | | | |
|---|---|---|---|
| 367 | 【名詞】 | 意 決めたことや考えたことを、人にはっきり知らせること。<br>例 父はタバコをやめると＿＿＿＿した。 | 宣言(する) |
| 368 | 【名詞】 | 意 二つ以上の数や量を合わせて割ったもの。人や物の集まりが全体としてどの程度かわかるように計算したもの。<br>例 日本の11歳の男の子の足のサイズは、＿＿＿＿23センチだそうです。 | 平均(する) |
| 369 | 【名詞】 | 意 何かをしようとするとき、「こうなりたい」「こうなっていると一番よい」と考えるもの。<br>例 １年後の＿＿＿＿を立てると、今何をがんばったらいいか、わかりやすくなる。 | 目標 |
| 370 | 【動詞】 | 意1 みんなに見えるように、高く持ち上げる。<br>例 オリンピックの選手たちは、自分たちの国の旗を＿＿＿＿て入場した。<br>意2 言いたいことや伝えたいことなどをみんなに知らせる。<br>例 昔、この国には「自由」を＿＿＿＿て戦った人たちがいた。 | 掲げる |
| 371 | 【名詞】 | 意 新しい考えが出てくること。<br>例 子どもはいろいろな遊びを＿＿＿＿する。 | 発想(する) |

**3** 13-4

実験では、数値を厳密に扱うことは当たり前のことだ。そうでなければ、正しい結果は得られないし、分析もできない。

| | | | |
|---|---|---|---|
| 372 | 【名詞】 | 意 計算して出した数。<br>例 論文にあった実験を自分でもしてみたら、違う＿＿＿＿が出た。 | 数値 |
| 373 | 【ナ形】 | 意 細かいところまで厳しく正しい様子。<br>例 イチゴは木にならないので、＿＿＿＿に言えば果物ではない。 | 厳密 |

| 374 | 【名詞】 | 意 ものごとをよく知るために、データを調べてはっきりさせること。<br>例 川の水を＿＿＿＿して、20年前のデータと比べた。 | 分析(する) |
|---|---|---|---|

**4** 13-5

レポートについて、テーマと構成を友だちに相談した。友だちの意見を反映させ、構成を、文献から調べたこととデータからわかったことに分けてみた。また、分析したデータの区分に応じて、結果1と結果2に分けることにした。異なるデータなのに、同一の結果が得られたことをはっきり書くためだ。これでかなりわかりやすくなったと思う。

| 375 | 【名詞】 | 意 [theme] 主に伝えたいこと。<br>例 この作家は、友情を＿＿＿＿にした小説を書いて有名になった。 | テーマ |
|---|---|---|---|
| 376 | 【名詞】 | 意 要素や項目を組み立てること。組み立てられたもの。<br>例 作文を書くときは、書きたいことと、全体の＿＿＿＿を考えてから書いたほうがいい。 | 構成(する) |
| 377 | 【名詞】 | 意 あるものの影響が他のものにも出てくること。<br>例 先生は学生の意見を＿＿＿＿させて、昼休みに音楽を流すことに決めた。 | 反映(する) |
| 378 | 【名詞】 | 意 種類や性質などによって分けること。分けられたもの。<br>例 日本は「東北」や「中国」など十の地域に＿＿＿＿される。 | 区分(する) |
| 379 | 【動詞】 | 意 人からの呼びかけや誘いなどに応える。「応ずる」とも言う（古い言い方）。<br>例 日本語の敬語は人や状況に＿＿＿＿て使うことが大切だ。 | 応じる |
| 380 | 【名詞】 | 意 同じであること。違うところがなく、等しいこと。<br>例 前回のデータと比べるために、＿＿＿＿の条件で調査を行った。 | 同一 |

**5** 13-6

私たちが作ったシステムをどのように普及させるかについて、1か月間、議論がなされてきた。4回の話し合いを経たが、適当な解決案はまだ出ていない。そこで、話し合いはこれからも継続することにし、次回はA社のBさんからお話を聞けるよう、アプローチしてみることになった。

| | | | |
|---|---|---|---|
| 381 | 【名詞】 | 意 たくさんの人に広く使われたり知られたりするようになること。<br>例 携帯電話にかわり、スマートフォンが＿＿＿＿している。 | 普及(する) |
| 382 | 【動詞】 | 意1 する。行う。<br>例 ゴミの出し方について、何度も議論が＿＿＿＿れた。<br>意2 何かの形を作る。「成す」とも書く。<br>例 彼の意見に賛成する人が増え、社会の声として形を＿＿＿＿ていった。 | なす |
| 383 | 【動詞】 | 意1 時間が過ぎる。<br>例 彼女の歌は50年の時を＿＿＿＿て、ますます有名になった。<br>意2 行きたいところに行くまでに、途中で通る。<br>例 大阪から、名古屋を＿＿＿＿て東京へ行く。 | 経る |
| 384 | 【ナ形】 | 意1 ちょうどいいこと。合う。適している。<br>例 日本語の動詞は、文の位置によって＿＿＿＿な形にして使わなければならない。<br>意2 まじめにやらない様子。<br>例 母が話しているとき、テレビを見ながら＿＿＿＿に返事をしたら、母が怒ってしまった。 | 適当 |
| 385 | 【名詞】 | 意 わからないこと、困っていることをなくすこと。<br>例 話し合いによって、問題は＿＿＿＿した。 | 解決(する) |
| 386 | 【名詞】 | 意 前からしていることを続けること。そのまま続くこと。<br>例 今のアルバイトを、来年も＿＿＿＿することにした。 | 継続(する) |

| 387 | 【名詞】 | 意 [approach] 近づくこと。向かって行くこと。<br>例 この問題には、今までにないやり方で＿＿＿＿したい。 | アプローチ（する） |
|---|---|---|---|

**6** 13-7

A国は今、特殊な状況にある。A国の政治家が一言、周りの国を刺激するようなことを言うだけで、国を戦争に導くおそれがある。その危険は日に日に増大するばかりだ。

| 388 | 【ナ形】 | 意 普通のものと違うこと。その様子。<br>例 このペンは＿＿＿＿なインクを使っているので、消しゴムで消すことができる。 | 特殊 |
|---|---|---|---|
| 389 | 【動詞】 | 意1 人が行きたいところへ行けるように、案内する。<br>例 私たちは、店員に＿＿＿＿れて広いレストランの奥へと進んだ。<br>意2 子どもや学生などがよい方へ行けるように、教えたり助けたりする。<br>例 先生は子どもたちが自分で答えを見つけられるように＿＿＿＿た。 | 導く |
| 390 | 【名詞】 | 意 増えて大きくなること。また増やして大きくすること。<br>例 クリスマスなどイベントがある時期は、消費が＿＿＿＿する。 | 増大（する） |

## STEP 3 ゲームでドン!

**アクティビティー①** 左と右の漢字を線でつないで、一つのことばにしましょう。
できたことばを1.～8.の＿＿＿に入れて文を完成させましょう。

| | | | |
|---|---|---|---|
| a | 解 ・ | ・ 献 | ＿＿＿＿ |
| b | 厳 ・ | ・ 値 | ＿＿＿＿ |
| c | 文 ・ | ・ 標 | ＿＿＿＿ |
| d | 目 ・ | ・ 決 | ＿＿＿＿ |
| e | 平 ・ | ・ 則 | ＿＿＿＿ |
| f | 宣 ・ | ・ 密 | ＿＿＿＿ |
| g | 数 ・ | ・ 均 | ＿＿＿＿ |
| h | 規 ・ | ・ 言 | ＿＿＿＿ |

1. 今年の日本語能力試験のN2の語彙・文法でよい点数を取ることが＿＿＿＿だ。
2. 検査の結果、去年より＿＿＿＿が悪くなっていたので、少し運動しようと思った。
3. 今年は絶対にやせると友だちに＿＿＿＿してしまったので、がんばらないといけない。
4. 私の高校では、みんな黒い靴を履かなければならないという＿＿＿＿がある。
5. 原因や理由も考えないで話し合いをしても、何の＿＿＿＿にもならない。
6. レポートを書くときに使った＿＿＿＿の情報は、必ずレポートの最後に書いてください。
7. 地球の形は＿＿＿＿に言うと、「球形」ではないそうだ。
8. 世界の＿＿＿＿気温は毎年少しずつ高くなってきている。

**アクティビティー❷** ＿＿＿に入ることばをボックスから探して、文を完成させましょう。動詞は文に合う形にして入れてください。

| く | ぶ | ん | ふ | と | へ | て |
|---|---|---|---|---|---|---|
| ぶ | ん | せ | き | く | る | ー |
| な | す | こ | ゅ | し | ぞ | ま |
| は | っ | そ | う | ゅ | う | し |
| げ | ん | み | つ | せ | だ | り |
| あ | ぷ | ろ | ー | ち | い | ょ |
| は | ん | え | い | ん | よ | う |

□ ＿＿＿＿＿＿

□ ＿＿＿＿＿＿

□ ＿＿＿＿＿＿

□ ＿＿＿＿＿＿

□ ＿＿＿＿＿＿

□ ＿＿＿＿＿＿

□ ＿＿＿＿＿＿

□ ＿＿＿＿＿＿

□ ＿＿＿＿＿＿

□ ＿＿＿＿＿＿

□ ＿＿＿＿＿＿

□ ＿＿＿＿＿＿

□ ＿＿＿＿＿＿

□ ＿＿＿＿＿＿

□ ＿＿＿＿＿＿

1. 発表の＿＿＿＿は、3日前までに人数分、印刷しておいてください。
2. さまざまな手続きを＿＿＿＿て、ようやく自分のレストランを開店することができた。
3. 世界には、1万人に1人の割合で＿＿＿＿な血液型の人がいることがわかっている。
4. 今日の発表の＿＿＿＿は、若者の敬語の使い方についてです。
5. 当社では、5年前からお客様の声を経営に＿＿＿＿させる取り組みを進めています。
6. 我が社では、コンピューターを使った＿＿＿な検査に合格した物だけを販売している。
7. 大学の先輩の話によると、就職活動には、自己＿＿＿＿力が必要だそうだ。
8. 論文を書くときは、序論、本論、結論の3部＿＿＿＿にすることが多い。
9. この写真を無断でコピーしたり、＿＿＿＿したりしないでください。
10. 国民の不満が＿＿＿＿し、政府に対する批判の声が大きくなってきた。
11. 日本では、北海道、東北、関東、中部、近畿、中国、四国、九州の8つに分ける地域＿＿＿がよく使われている。
12. 病気を治すためには、身体的な＿＿＿＿だけでなく、心理的なケアも大切だ。。
13. インターネットの＿＿＿＿により、メディアの役割が少しずつ変わってきている。
14. せっかく新しいことを学んでも使ってみなければ、何の意味も＿＿＿＿ない。
15. 誰もやったことがないことをするためには、新しい＿＿＿＿が必要不可欠だ。

**アクティビティー③** ＿＿＿に入ることばを使って、クロスワードを完成させましょう。動詞は辞書形にして入れてください。

→（左から右へ）

| | |
|---|---|
| 3 | この学校は日本語のレベルに＿＿＿て、クラスを分けている。 |
| 5 | 彼は子どもの頃から＿＿＿英才教育を受けている。 |
| 7 | 最近のペットの＿＿＿寿命は犬13.2歳、猫11.9歳で、30年前の2倍になったそうだ。 |
| 8 | 遠くにある出口から入る明るい光が私たちを＿＿＿てくれた。 |
| 9 | 彼は、子どもの教育にかかるお金を無料にする計画を＿＿＿て選挙に出た。 |
| 10 | 急ぐ問題ではないので、＿＿＿な方法が見つかってからで大丈夫です。 |
| 12 | 今回だけで終わりにせず、これからも＿＿＿的に行っていくことになった。 |
| 14 | この調査は、＿＿＿のテキストを使用している5つの学校で行われた。 |
| 15 | 自分の研究と関係している論文を探したいときは、＿＿＿検索サイトを使うと便利だ。 |

↓（上から下へ）

| | |
|---|---|
| 1 | 日本の食生活について歴史的な立場から＿＿＿してみようと思っている。 |
| 2 | 履歴書には、家族＿＿＿を書くところがあり、面接で家族のことを聞かれることがある。 |
| 4 | レポートを書くときに本を＿＿＿したら、その本の出典を書かなければならない。 |
| 6 | 勉強するとき、これができるようになりたいという＿＿＿を持つことが大切だ。 |
| 7 | この祭りは400年以上＿＿＿た今でも、この街の人たちに大切に受け継がれている。 |
| 9 | 昨日仕事で大きな問題を起こしてしまったが、部長が＿＿＿してくださった。 |
| 11 | この先生は授業の＿＿＿を大きな字で書いてくれるので分かりやすい。 |
| 13 | 日本は、地理的、歴史的な点から「東日本」と「西日本」の二つに＿＿＿することができる。 |

## 読んでドン！　次の文章を読んで、問題に答えましょう。

物流やサービスが十分に発達し、お金さえ払えば、数分でハンバーガーが食べられ、レンジで温まった弁当を持ち帰れ、ピザもうちに届けてくれる便利な時代です。命を賭けて食料を得る苦労は必要なく、「食への感謝」を思う機会も少なくなっています。

適当な緊張感をもって、毎日「ちゃんと生きる」のは難しいことです。朝ごはんをキチンと摂ることだって、そのひとつです。不規則な生活を送りがちな私には、耳が痛い話です。

町民の平均寿命が男性で全国ワースト10という衝撃的な結果が出たところから、「朝ごはん条例」誕生の物語は始まります。「鶴の里 健康長寿の町」を2000年に宣言した鶴田町は、健康診断の受診徹底、塩分の少ない食生活など、具体的な数値目標を町民に掲げました。また、子どもたちに目を向けると、約11%が朝ごはんを食べないで登校していることが分かりました。

健康で長生きするには、若いころからマトモな食生活を身につけてこそ、できることではないでしょうか？「食育」という流行語から自動的に導かれたのではなく、町の具体的な問題を解決するために、遠回りの道を経て生まれたところに、このユニークな条例の骨太さを感じます。

長嶺超輝（2009）『47都道府県これマジ!?条例集』（幻冬舎）

※学習者に配慮し、本書著者により本文を一部改編し、ルビを付加した。

**【ことば問題】**

問題1.「食」を使ったことばを文章の中から全てあげてください。

問題2.「生」を使ったことばを文章の中から全てあげ、読み方も書いてください。

問題3.「摂」を使う他のことばに何がありますか。（文章の中にはありません）

問題4.「具体的」の反対の意味のことばは何ですか。（文章の中にはありません）

問題5. 体に関する漢字を文章の中から全てあげてください。

➡ウェブサイトに【内容理解問題】があります。

LESSON 14

## STEP 1 チェックでドン!

①ことばを見て、意味がわかるかチェックしましょう。

②漢字の読み方を書きましょう。

③音声を聞きましょう。

14-1

| | | 意味がわかる | 読み方 |
|---|---|---|---|
| 391 | 延長(する) | | |
| 392 | 可能 | | |
| 393 | 短期 | | |
| 394 | 理解(する) | | |
| 395 | 活発 | | |
| 396 | 比較(する) | | |
| 397 | 年度 | | |
| 398 | 整理(する) | | |
| 399 | 典型 | | |
| 400 | 一致(する) | | |
| 401 | 一部 | | |
| 402 | 類/-類 | | |
| 403 | 承認(する) | | |
| 404 | 未- | | |
| 405 | 優れる | | |

| | | 意味がわかる | 読み方 |
|---|---|---|---|
| 406 | 質/-質 | | |
| 407 | 根拠 | | |
| 408 | 示す | | |
| 409 | 実用 | | |
| 410 | 評価(する) | | |
| 411 | 関心 | | |
| 412 | 健全 | | |
| 413 | 保つ | | |
| 414 | オープン(する) | | |
| 415 | 指摘(する) | | |
| 416 | 信頼(する) | | |
| 417 | 捉える | | |
| 418 | 生存(する) | | |
| 419 | 近年 | | |
| 420 | 高度 | | |

## 例文・意味でドン!

例文を読んで／聞いて意味をイメージしましょう。
右のことばを見ないようにして、____に何が入るか考えましょう。

**1** 14-2

今、留学の延長が可能かどうか学校に聞いている。夏休みのあいだだけの短期留学のつもりだったが、この国に来てみて、知らないことばかりであることに改めて気づいたからだ。もちろん、全てを理解できるとは思えないが、これからいっそう活発にいろいろなものを見たり、人に会ったりしながら、自分の国の文化と比較して考えてみたいと思う。

| | | | |
|---|---|---|---|
| 391 | 【名詞】 | 意1 長くすること。⇔短縮<br>例 なかなか進まなかったので、先生は授業時間を＿＿＿＿した。<br>意2 違うものだが、同じように考えること。<br>例 彼女は遊びの＿＿＿＿で仕事をしているようで心配だ。 | 延長(する) |
| 392 | 【ナ形】 | 意 できること。<br>例 彼ならこの大会で優勝することも＿＿＿＿だろう。 | 可能 |
| 393 | 【名詞】 | 意 短いあいだ。⇔長期<br>例 １か月だけの＿＿＿＿のアルバイトをするつもりだ。 | 短期 |
| 394 | 【名詞】 | 意 よくわかること。<br>例 母は私の顔を見ただけで気持ちを＿＿＿＿してくれる。 | 理解(する) |
| 395 | 【ナ形】 | 意 元気に活動している様子。<br>例 この火山は最近＿＿＿＿な噴火が見られる。 | 活発 |
| 396 | 【名詞】 | 意 二つ以上のものなどを比べること。<br>例 安くてよいものを買うために、インターネットで値段を＿＿＿＿した。 | 比較(する) |

**2** 14-3

子どもの写真を年度ごとに整理してみた。小さい頃は典型的なピースサインをしていたが、大きくなるにつれ、いろいろとポーズは変わっていた。だが、おもしろいことに、顔の角度はいつも同じように見えた。そこで、ためしに並べて比べてみたら、幼稚園の時と小学校の時でほぼ一致したのだった。変わったつもりでも変わっていないこともあるものだ。

|  |  |  |  |
|---|---|---|---|
| 397 | 【名詞】 | 意 仕事や学校などのために区分された1年間のこと。<br>例 来＿＿＿は新しい学生が何人来るだろうか。 | 年度（ねんど） |
| 398 | 【名詞】 | 意 片付けること。きれいにすること。<br>例 ばらばらになっている本を＿＿＿した。 | 整理（せいり）(する) |
| 399 | 【名詞】 | 意 それがどんなものか、一番イメージしやすいもの。例となるもの。<br>例 父は警察官の＿＿＿のような人だった。 | 典型（てんけい） |
| 400 | 【名詞】 | 意 二つ以上のものが同じであること。違うところがないこと。<br>例 他の人が書いたものが自分の意見と＿＿＿していても、レポートなどにそのままコピーしてはいけない。 | 一致（いっち）(する) |

**3** 14-4

日本で売られている薬の一部は、「第一類」と呼ばれ、副作用が起こるおそれがある薬の中でも、特に注意が必要なものである。「第一類」は専門の知識を持った人が売る前に必ず買う人に説明しなければいけないと決められているが、第二類と第三類はそうではない。

|  |  |  |  |
|---|---|---|---|
| 401 | 【名詞】 | 意 全体を小さく分けたうちの一つ。<br>例 集まったお金の＿＿＿は、外国に小学校を建てるために使われる。 | 一部（いちぶ） |
| 402 | 【名詞】 | 意 同じグループ。種類。<br>例 あの店のラーメンの細さは他に＿＿＿を見ない。 | 類（るい） |
|  | 【接尾辞】 | 意 同じものや似ているものの集まり。グループ。<br>例 ペンギンは鳥＿＿＿に分類される。 | -類（るい） |

**4** 14-5

新しい薬の中には、海外では承認されているのに日本では未承認のものがある。これらは、いくら優れた品質の薬であっても、承認されなければ売ることはできない。承認されるためには、根拠が示されなければならない。根拠とは、たとえば、日本での安全性や有効性など、実用性が高いと評価されるということだ。それに人々の関心を集めることも大切だろう。

| | | | | |
|---|---|---|---|---|
| 403 | 【名詞】 | 意 | 理解し、認めること。 | 承認(する) |
| | | 例 | 大学の＿＿＿を受けて新しいサークルを作った。 | |
| 404 | 【接頭辞】 | 意 | まだ～していない。まだ～ではない。 | 未- |
| | | 例 | ＿＿＿成年はお酒を飲んではいけない。 | |
| 405 | 【動詞】 | 意 | 他より力があること。よいこと。 | 優れる |
| | | 例 | この新しいパソコンは今までのものより＿＿＿ている。 | |
| 406 | 【名詞】 | 意 | どんなものかを決めるもの。 | 質 |
| | | 例 | 少し高くても＿＿＿がいいものは、長く使うことができる。 | |
| | 【接尾辞】 | 意 | そのものの性格や力など。 | -質 |
| | | 例 | 細かいことが気になる人を、神経＿＿＿な人と言う。 | |
| 407 | 【名詞】 | 意 | その考えや結論のもとになること。 | 根拠 |
| | | 例 | なぜ、そう考えるのですか。しっかりした＿＿＿を説明してください。 | |
| 408 | 【動詞】 | 意 | 見せる。表す。 | 示す |
| | | 例 | その気持ちは、ことばにするより態度で＿＿＿てほしい。 | |
| 409 | 【名詞】 | 意 | 本当に使うこと。いつもの生活で便利なこと。 | 実用 |
| | | 例 | この本には＿＿＿的な会話の例がある。 | |
| 410 | 【名詞】 | 意 | 良いか悪いか、高いか安いかなど価値を決めること。 | 評価(する) |
| | | 例 | この作文はA～Eまでの5段階で＿＿＿する。 | |
| 411 | 【名詞】 | 意 | 気になること。気にすること。 | 関心 |
| | | 例 | 彼女は今、おしゃれに＿＿＿を持っている。 | |

**5** 14-6

会社などの組織を健全に保つためには、情報をオープンにすることが必要だ。耳が痛い指摘にも耳を傾けてこそ、信頼が得られるであろう。良くないことでも何かを変えていくチャンスだと捉えることで、より健全な組織の文化ができるはずである。

|  |  | |  |  |
|---|---|---|---|---|
| 412 | 【ナ形】 | 意 | 悪いところや足りないところ、危ないところがなく、うまくいっている様子。 | 健全 |
| | | 例 | 十分に反省することで＿＿＿な発展ができる。 | |
| 413 | 【動詞】 | 意 | そのまま変わらないでいる。変わらないまま続ける。 | 保つ |
| | | 例 | 父は若さを＿＿＿ため、ジムに行くことにした。 | |
| 414 | 【名詞】 | 意 | [open] 仕事やイベントを始めること。開店。開幕。 | オープン（する） |
| | | 例 | 駅前に新しいコンビニが＿＿＿した。 | |
| | 【ナ形】 | 意 | ものごとを隠したりせずに、他の人が使えるようになっている様子。 | |
| | | 例 | 私の家族は何でも言い合える＿＿＿な関係だ。 | |
| 415 | 【名詞】 | 意 | よくないところや誤りを見つけて、それを教えること。 | 指摘（する） |
| | | 例 | 先生が答えはAではなくBだと＿＿＿して下さった。 | |
| 416 | 【名詞】 | 意 | 人やグループ、ものごとなどを大丈夫だと信じること。頼りにすること。 | 信頼（する） |
| | | 例 | この人を＿＿＿して結婚してよかった。 | |
| 417 | 【動詞】 | 意 | 適切にわかること。はっきり見えたり聞こえたりすること。 | 捉える |
| | | 例 | 授業の大切なところを＿＿＿、ノートにまとめる。 | |

**6** 14-7

がんなどの大きな病気の後、5年間生きられる割合を「5年生存率」という。がんの種類によって5年生存率は異なるが、近年レーザーなどの高度な技術を使うことにより、5年生存率は上がっており、多くのがんは治る病気だと言えるようにだんだんと変わってきた。

|  |  | | |  |
|---|---|---|---|---|
| 418 | 【名詞】 | 意 | 生きていること。 | 生存(する) |
| | | 例 | あの大きな事故で＿＿＿＿者はいなかった。 | |
| 419 | 【名詞】 | 意 | 最近。今から数年前まで。 | 近年 |
| | | 例 | ＿＿＿＿、コンピューターを持っていない人はほとんどいなくなった。 | |
| 420 | 【ナ形】 | 意 | レベルが高い。 | 高度 |
| | | 例 | ここでは＿＿＿＿な教育を受けることができます。 | |
| | 【名詞】 | 意 | 海や地面からの高さ。 | |
| | | 例 | 飛行機は＿＿＿＿1万メートルくらいを飛んでいる。 | |

## ゲームでドン!

**アクティビティー❶** 左と右の漢字を線でつないで、一つのことばにしましょう。
できたことばを1. ～ 8.の＿＿＿に入れて文を完成させましょう。

| | | | | |
|---|---|---|---|---|
| a | 近 | ・ | ・ | 較 | ＿＿＿ |
| b | 根 | ・ | ・ | 心 | ＿＿＿ |
| c | 評 | ・ | ・ | 年 | ＿＿＿ |
| d | 比 | ・ | ・ | 摘 | ＿＿＿ |
| e | 可 | ・ | ・ | 拠 | ＿＿＿ |
| f | 関 | ・ | ・ | 頼 | ＿＿＿ |
| g | 信 | ・ | ・ | 価 | ＿＿＿ |
| h | 指 | ・ | ・ | 能 | ＿＿＿ |

1. 仕事で先輩にミスを＿＿＿＿されたとき、その後どう行動するかがとても大切だ。
2. スーパーコンピューターのおかげで、1秒間に1京回の計算が＿＿＿＿になった。
3. 同じ失敗を3回もしたせいで、まわりの人からの＿＿＿＿が下がってしまった。
4. 具体的な＿＿＿＿がないのなら、うわさ話だと言われても否定できない
5. 上司や同僚から＿＿＿＿を得ることで、仕事がもっとしやすくなる。
6. 長年、この病気の原因はわからなかったが、＿＿＿＿の研究でようやく明らかになった。
7. 授業の前後の＿＿＿＿を行い、読むスピードがどのぐらい変わったかを調べてみた。
8. テレビで放送されたため、その食品に対する＿＿＿＿が高まり、売れ行きが上がった。

**アクティビティー❷**　＿＿＿に入ることばをボックスから探して、文を完成させましょう。動詞は文に合う形にして入れてください。

| | | | | | | |
|---|---|---|---|---|---|---|
| い | っ | ち | せ | か | こ | し |
| て | ん | け | い | っ | う | ょ |
| え | ね | た | ぞ | ぱ | ど | う |
| け | ん | ぜ | ん | つ | じ | に |
| ■ | ど | ち | み | き | つ | ん |
| せ | い | り | ょ | え | よ | る |
| お | ー | ぷ | ん | う | う | い |

□ ＿＿＿＿＿＿
□ ＿＿＿＿＿＿
□ ＿＿＿＿＿＿
□ ＿＿＿＿＿＿
□ ＿＿＿＿＿＿
□ ＿＿＿＿＿＿
□ ＿＿＿＿＿＿
□ ＿＿＿＿＿＿

□ ＿＿＿＿＿＿
□ ＿＿＿＿＿＿
□ ＿＿＿＿＿＿
□ ＿＿＿＿＿＿
□ ＿＿＿＿＿＿
□ ＿＿＿＿＿＿
□ ＿＿＿＿＿＿

1. 気持ちの＿＿＿をしたいので、しばらくの間、一人にさせてください。
2. 彼らは、お互いの利害が＿＿＿したので今回は一緒に仕事をすることにした。
3. 私の会社では、残業するためには上司の＿＿＿が必要だ。
4. 今回の話し合いでは、地域住民と＿＿＿な意見交換を行うことができた。
5. 何万年もの時間のなかで、自然界の＿＿＿競争に勝った生き物が、今も生き続けている。
6. あと半年日本にいることが決まったので、ビザの＿＿＿手続きをしてもらった。
7. ＿＿＿始めの4月はいつも忙しく、あっという間にゴールデンウィークになっている。
8. 授業がない夏休みに、1か月だけ＿＿＿のアルバイトをすることにした。
9. ペットボトルやビン、缶＿＿＿は、緑色のゴミ袋に入れて捨ててください。
10. 教科書でしか使わない表現ではなく、もっと＿＿＿的な表現を学びたい。
11. 何万年も前に＿＿＿な技術を持った文明が存在していたとされている。
12. ダイエットが失敗する＿＿＿的なパターンは、短期間で行うダイエットだ。
13. 彼の死後、仕事部屋を片づけていたら、たくさんの＿＿＿完成の絵が出てきた。
14. 心身ともに＿＿＿な体を手に入れるため、毎日のトレーニングをしている。
15. 7月に入ると、毎週末、さまざまな大学で＿＿＿キャンパスが行われる。

**アクティビティー❸** ＿＿＿に入ることばを使って、クロスワードを完成させましょう。動詞は辞書形にして入れてください。

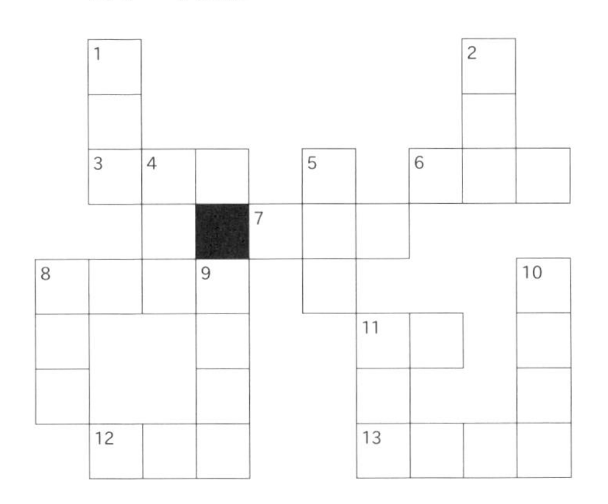

→（左から右へ）

| | |
|---|---|
| 3 | 地域の外国人に対する＿＿＿を深めるため、異文化交流のイベントを行った。 |
| 6 | 今の若者にとって、スマートフォンは道具ではなく、身体の＿＿＿になっている。 |
| 7 | 今＿＿＿、新しく我が社に入社した社員は3名だ。 |
| 8 | 我が社の技術は世界でも高く＿＿＿されています。 |
| 11 | この店の品物はとても安いが、＿＿＿があまりよくない。 |
| 12 | A国は、B国とこれからもよい関係を＿＿＿たいと思っている。 |
| 13 | この薬は、熱や痛みに＿＿＿た効果があります。 |

↓（上から下へ）

| | |
|---|---|
| 1 | 試験勉強を始める前に、授業でもらったプリントを＿＿＿した。 |
| 2 | 今までずっと意見が合わなかった彼と、初めて意見が＿＿＿した。 |
| 4 | 子どもの＿＿＿性を伸ばすために、親はどんなことができるだろうか。 |
| 5 | 冬休みに、2週間の＿＿＿日本語プログラムに参加しようと思っている。 |
| 8 | 次に、A国とB国の輸出入の状況を＿＿＿してみた。 |
| 9 | この動物は、昼間はずっと寝ているが、夜になると＿＿＿に動き回る。 |
| 10 | 自分の身に起きている問題を正しく＿＿＿ことは簡単そうにみえて、実は難しい。 |
| 11 | 使い方がよくわからないので、具体的な例を＿＿＿てください。 |

## 読んでドン！　次の文章を読んで、問題に答えましょう。

食べ物や栄養が健康に与える影響を過大に評価したり、信じたりすることを「フードファディズム」と言います。

健康への関心が高くなって、私たちの生活には食べ物の情報がたくさんあります。「○○は体にいい」という情報は、そのまま信じると、偏った食べ物を食べたり考えられない被害を受けたりすることがあります。一方、「○○は体に悪い」という情報は、印象に残りやすいですが、根拠がなかったり、一面のみをとらえたりしてしまったりしてまるで全体が悪いと信じさせることがあります。食べ物の情報は冷静に受け止めることが必要です。

たとえば「一部の魚や貝などに比較的高い濃度の水銀が含まれている」という情報をどう受け取りますか？

魚や貝には自然界の食物連鎖を通じて、特定の地域に関係なく少しの水銀が含まれています。その量はとても少なく、普通に食べる場合は健康に害を与えるようなものではありません。ただ、近年、お腹の中の子に影響を与える可能性が指摘されているため、厚生労働省は妊娠している女の人に対して、クジラ、キンメダイ、メカジキ、クロマグロ、メバチマグロは週に１回80グラム（一人分程度）までなどと食べてもいい量を示しました。しかし魚介類は良質のタンパク質やＥＰＡ、ＤＨＡなどの高度不飽和脂肪酸を多く含んだ優れた食品なので、健康な食生活に不可欠であるとし、バランス良く取ることを勧めています。

いつも信頼できる情報を選び、正しく理解することが大切です。

板倉ゆか子（監）澤木佐重子・他（2013）『これだけは知っておきたい食べものの話』（全国消費生活相談員協会）

※学習者に配慮し、本書著者により本文を一部改編し、ルビを付加した。

**【ことば問題】**

問題1. 文章の中の「与える」の対象（「～を与える」の「～」）のことばを全てあげてください。

問題2. 「過」を訓読みにしたことばは何ですか。

問題3. 「偏った」と反対の意味のことばを文章の中からあげてください。

問題4. 「全体」と反対の意味のことばを文章の中からあげてください。

問題5. 海の中の生き物を表すことばを文章の中から全てあげてください。

➡ウェブサイトに【内容理解問題】があります。

LESSON 15

## チェックでドン!

①ことばを見て、意味がわかるかチェックしましょう。

②漢字の読み方を書きましょう。

③音声を聞きましょう。

15-1

| | | 意味がわかる | 読み方 |
|---|---|---|---|
| 421 | 構造 | | |
| 422 | 研究(する) | | |
| 423 | 一般 | | |
| 424 | 資源 | | |
| 425 | 重要 | | |
| 426 | 周辺 | | |
| 427 | 環境 | | |
| 428 | 汚染(する) | | |
| 429 | 開発(する) | | |
| 430 | ゆるやか | | |
| 431 | 現在 | | |
| 432 | 判断(する) | | |
| 433 | 基盤 | | |
| 434 | ただし | | |
| 435 | -源 | | |

| | | 意味がわかる | 読み方 |
|---|---|---|---|
| 436 | 変化(する) | | |
| 437 | 効果 | | |
| 438 | 期待(する) | | |
| 439 | 機能(する) | | |
| 440 | 進歩(する) | | |
| 441 | 水準 | | |
| 442 | 通じる | | |
| 443 | 考慮(する) | | |
| 444 | 論争 | | |
| 445 | ライン | | |
| 446 | 測る | | |
| 447 | 促進(する) | | |
| 448 | 急激 | | |
| 449 | 見いだす | | |
| 450 | プロセス | | |

**例文・意味でドン！** 例文を読んで／聞いて意味をイメージしましょう。
右のことばを見ないようにして、＿＿に何が入るか考えましょう。

**1** 15-2

大学では「ハニカム構造」というハチの巣の構造について研究したい。この正六角形の構造は、一般的に、少ない材料なのに上からの力に強い、つまり、軽いのに重いものを支えられるということでよく知られている。私は、この構造は資源を有効に使うための重要なヒントだと考えている。ハチの巣だけでなく、自然の中に他にも存在するということがとてもおもしろいと思う。

| | | | |
|---|---|---|---|
| 421 | 【名詞】 | 意 ものごとがどのように作られているか、ということ。一つのものを作り上げている形。<br>例 この家は地震に強い＿＿＿＿をしている。 | 構造 |
| 422 | 【名詞】 | 意 深く考えたり、調べたりして、ものごとを明らかにすること。<br>例 大学院で日本文学について＿＿＿＿している。 | 研究(する) |
| 423 | 【名詞】 | 意 多くの人や社会にとって普通のこと。普通の人々のこと。<br>例 この映画館には＿＿＿＿の席とは別に、関係者が座る席が用意されている。 | 一般 |
| 424 | 【名詞】 | 意 何かを作ったり動かしたりするために使われるもので、山や川、海など自然の中にあるもの。石油、石炭、木、水など。<br>例 日本は小さな島国なので、国内で得られる＿＿＿＿は限られている。 | 資源 |
| 425 | 【ナ形】 | 意 とても大事なこと、大切なこと。<br>例 料理は味だけでなく、見た目の美しさも＿＿＿＿だ。 | 重要 |

**2** 15-3

この市は3年続けて、「今人気の町」に選ばれている。しかし、昔は、周辺に工場が多かったせいで、空気などの環境汚染がひどかったそうだ。そこで、市は再開発として、工場をなくし、時間をかけて土を変え、木を植えることで、環境をゆるやかに変えていった。そのおかげで、現在では、緑が多く、空気がきれいな町になった。その時の判断が正しかったことは、今の人気が何よりの根拠だろう。

| | | | |
|---|---|---|---|
| 426 | 【名詞】 | 意 周り。<br>例 この駅の＿＿＿には、たくさんの店がある。 | 周辺（しゅうへん） |
| 427 | 【名詞】 | 意 生き物が生活している場所。その周り。<br>例 この町は緑も多く、子どもを育てるのにいい＿＿＿である。 | 環境（かんきょう） |
| 428 | 【名詞】 | 意 汚れること、汚すこと。汚して悪くすること。<br>例 世界中で車を使う人が増え、空気が＿＿＿されてしまった。 | 汚染（おせん）(する) |
| 429 | 【名詞】 | 意1 生活が便利になるように、建物や道などを作ること。<br>例 昔はよく山や川で遊んだが、＿＿＿が進んで、今では山も川もなくなってしまった。<br>意2 新しいことを考え、使えるようにすること。<br>例 2年かけて新しい商品を＿＿＿した。 | 開発（かいはつ）(する) |
| 430 | 【ナ形】 | 意 強さや速さが大きくない様子。ゆっくりしている様子。<br>例 この川は水が少なく、流れも＿＿＿だ。 | ゆるやか |
| 431 | 【名詞】 | 意1 今。<br>例 この電話番号は＿＿＿使われておりません。<br>意2 その時点。<br>例 この数字は、昨日の午後2時＿＿＿のデータを示している。 | 現在（げんざい） |
| 432 | 【名詞】 | 意 よいか悪いかなどを考えて決めること。ものごとに対する自分の考えを出すこと。<br>例 その人がどんな人か、外見だけで＿＿＿するのはよくない。 | 判断（はんだん）(する) |

**3** 15-4

来年から東京で働くことになった。しかし、これまで10年間、家族と一緒に京都に住んでいた。また、東京には長くても3年だと聞いたので、生活の基盤は京都に残し、私は東京で部屋を借りようと思う。ただし、心配なのは、私のエネルギー源である子どもたちにあまり会えなくなることだ。私たち家族にとって大きな変化となるが、子どもたちにもいい効果がきっとあるだろう。会社からの期待に応えてがんばろうと思う。

| | | | |
|---|---|---|---|
| 433 | 【名詞】 | 意 何かを作ったり始めたりするときに基本となるもの。土台。<br>例 電気と水は、生活の______だ。 | 基盤 |
| 434 | 【接続詞】 | 意 前に書いたことや話したことに加えて、気をつけることなど、何か条件を追加するときに使う。しかし。<br>例 テストが終わった人は教室を出てもいいです。______、その後、教室に入ることはできません。 | ただし |
| 435 | 【接尾辞】 | 意 力やものごとが生まれるところ。出てきたものの初めとなるもの。<br>例 インターネットに書かれていることの情報______を調べずに信じるのは危ない。 | -源 |
| 436 | 【名詞】 | 意 あるものが、時間とともに、変わること。<br>例 アルバイトを始めてから、お金についての考え方が______した。 | 変化(する) |
| 437 | 【名詞】 | 意 何かをした後に残るよい結果。<br>例 ダイエットのために毎日運動をしているが、______がない。 | 効果 |
| 438 | 【名詞】 | 意 何かについて、「これから、こうなってほしい」「できるはずだ」と思うこと。<br>例 その選手は、オリンピックで金メダルを取れるはずだと______されている。 | 期待(する) |

**4** 15-5

スマートフォンの通訳機能は本当にすごい。これまでも自分の言いたいことを相手の言語に変える機能はあったが、相手が言ったことを自分の言語に変えてくれるところは、まさに技術の進歩によるものだ。しかも、正確さの水準はどんどん上がってきている。だが、メールなど、文字を通じてやりとりすると、言わないが考えていることまでは伝えられない。そのことを考慮して使い方を工夫すれば、ほとんど困ることなどないだろう。

| | | | |
|---|---|---|---|
| 439 | 【名詞】 | 意 機械や道具などの物が持っている働き。それを使ってできること。<br>例 スマートフォンには電話の他にもいろいろな＿＿＿＿がついている。 | 機能(する) |
| 440 | 【名詞】 | 意 ものごとがもっと望ましい方向に変わっていくこと。<br>例 科学が＿＿＿＿して、私たちの生活は昔より便利になった。 | 進歩(する) |
| 441 | 【名詞】 | 意 ものごとの質や評価がどのくらいか、ということ。レベル。<br>例 この会社の技術は世界でも高い＿＿＿＿にある。 | 水準 |
| 442 | 【動詞】 | 意1 二つの場所がつながる。<br>例 駅から大学に＿＿＿＿道ができて、便利になった。<br>意2 わかる。理解できる。「通ずる」とも言う(古い言い方)。<br>例 この昔話は今の時代にも＿＿＿＿話だ。<br>意3 (「～を通じて」の形で)「～を使って」の意味。<br>例 雪で休みになるかどうかは、学生情報システムを＿＿＿＿て知らせます。 | 通じる |
| 443 | 【名詞】 | 意 よく考えること。考えに含めること。<br>例 先生は学生のスケジュールを＿＿＿＿して、レポートを出す日を延ばした。 | 考慮(する) |

**5** 15-6

「貧しさ」とは何か、という論争がある。一般的には、お金があるかどうかということだろう。最低ラインの生活水準が満たされていなければ何もできないからだ。しかし一方で、「健康で長生きできているか」「知識が十分あるかどうか」「人間らしい生活かどうか」の三つで測るべきだという考えもある。これは、お金の問題だけでなく、心の貧しさということも関係していると言える。

| | | | | |
|---|---|---|---|---|
| 444 | 【名詞】 | 意 | 意見と意見を戦わせるように、自分の意見を出し合い話すこと。 | 論争 |
| | | 例 | 最初は静かに話していたが、意見がぶつかり、はげしい＿＿＿＿になった。 | |
| 445 | 【名詞】 | 意1 | [line] 線。 | ライン |
| | | 例 | 日本では、車はセンター＿＿＿＿の左側を走る。 | |
| | | 意2 | 何かを分けるための数字やレベル。 | |
| | | 例 | この大学の合格＿＿＿＿は75点だ。 | |
| 446 | 【動詞】 | 意 | 長さ、深さ、高さ、広さなどを調べる。 | 測る |
| | | 例 | 身長を＿＿＿＿と、去年より1cm高くなっていた。 | |

**6** 15-7

今日の会議のテーマは、「社員の健康促進のために何ができるか」だった。急激な変化を求めてもうまくいかないだろうと考え、まずは、健康を考えることに意味を見いだしてもらえるよう、情報を提供していくことになった。次回の会議では、どんな情報を出すかについて話し合うが、私からは、体が食べ物を吸収するプロセスを意識した食べ方の工夫について提案しようと思う。

| | | | | |
|---|---|---|---|---|
| 447 | 【名詞】 | 意 | ものごとが速く進むようにすること。 | 促進(する) |
| | | 例 | オリンピックはその国の国際化を＿＿＿＿させる。 | |
| 448 | 【ナ形】 | 意 | 急に大きく変わること。急に大きく動くこと。 | 急激 |
| | | 例 | この国の経済は＿＿＿＿に悪くなっている。 | |
| 449 | 【動詞】 | 意 | それまで見えていなかったものを見つける。 | 見いだす |
| | | 例 | 子どもにピアノの才能を＿＿＿＿。 | |
| 450 | 【名詞】 | 意 | [process] 何かを始めてから終えるまでのあいだに、何をどうしたのか、何がどうなったのかということ。 | プロセス |
| | | 例 | 結果だけでなく、＿＿＿＿も説明してください。 | |

## STEP 3 ゲームでドン！

**アクティビティー①** 左と右の漢字を線でつないで、一つのことばにしましょう。
できたことばを1.～9.の＿＿に入れて文を完成(かんせい)させましょう。

| |  | |  | |
|---|---|---|---|---|
| a | 資 | ・ ・ | 激 | ＿＿＿ |
| b | 環 | ・ ・ | 進 | ＿＿＿ |
| c | 促 | ・ ・ | 慮 | ＿＿＿ |
| d | 構 | ・ ・ | 辺 | ＿＿＿ |
| e | 考 | ・ ・ | 在 | ＿＿＿ |
| f | 急 | ・ ・ | 発 | ＿＿＿ |
| g | 周 | ・ ・ | 源 | ＿＿＿ |
| h | 開 | ・ ・ | 造 | ＿＿＿ |
| i | 現 | ・ ・ | 境 | ＿＿＿ |

1. 来週の交流会は雨が降(ふ)ったときのことを＿＿＿して、体育館(たいいくかん)で行うことにした。
2. この大学病院では、難病(なんびょう)に対する新しい薬の＿＿＿を進めている。
3. ここ数年でビジネスのデジタル化が＿＿＿に進んだ。
4. 人の性格には、その人が育ってきた＿＿＿が大きく影響しているという。
5. 車のタイヤは見た目は単純だが、実は複雑な＿＿＿をしている。
6. 将来のために、豊かな森林＿＿＿を大切に守(まも)り、育てていかなければならない。
7. 以前は家族５人で住んでいたが、子どもたちが独立(どくりつ)したため、＿＿＿は夫婦(ふうふ)2人で住んでいる。
8. 定住(ていじゅう)外国人に対する理解を＿＿＿するため、地域の住民向けのパンフレットを作成した。
9. 新しい家を探すときは、夜に家の＿＿＿を歩いてみて安全を確認(かくにん)するとよい。

**アクティビティー❷** ＿＿＿に入ることばをボックスから探して、文を完成させましょう。動詞は文に合う形にして入れてください。

| ろ | へ | ぷ | ろ | せ | す |
|---|---|---|---|---|---|
| し | ん | ぽ | き | ら | い |
| は | か | そ | の | い | じ |
| ん | か | ■ | う | ん | ゅ |
| だ | ■ | る | き | ば | ん |
| ん | み | い | だ | す | ■ |

□＿＿＿＿＿＿

□＿＿＿＿＿＿

□＿＿＿＿＿＿

□＿＿＿＿＿＿

□＿＿＿＿＿＿

□＿＿＿＿＿＿

□＿＿＿＿＿＿

□＿＿＿＿＿＿

□＿＿＿＿＿＿

□＿＿＿＿＿＿

□＿＿＿＿＿＿

1. 20年前と今では比べものにならないほど、IT技術が＿＿＿＿していている。
2. 自分の仕事に価値を＿＿＿＿と、その仕事をするのが楽しくなってくる。
3. 複数の人とWordやExcelのデータをみるとき、コメント＿＿＿＿を使うと便利だ。
4. 彼の小説の結末について、学者たちの間で＿＿＿＿が起こっている。
5. 彼はどんな時でも冷静に物事を＿＿＿＿することができる。
6. 最近、ラジオを聞く人が減り、聴取率は過去最低＿＿＿＿になっている。
7. 社会の＿＿＿＿に合わせて、ビジネスマンの働き方も変わってきている。
8. 市は地域産業の＿＿＿＿を強化させるため、新しい取り組みを行うことを決めた。
9. 新聞社見学で、新聞ができて各家庭に届けられるまでの＿＿＿＿を学んだ。
10. 地震や台風などが起きたとき、ライフ＿＿＿＿を確認することが大切だ。
11. 海の深さを＿＿＿＿とき、以前は音を使っていたが、最近はレーザーを使うようだ。

**アクティビティー③** ＿＿＿に入ることばを使って、クロスワードを完成させましょう。動詞は辞書形にして入れてください。

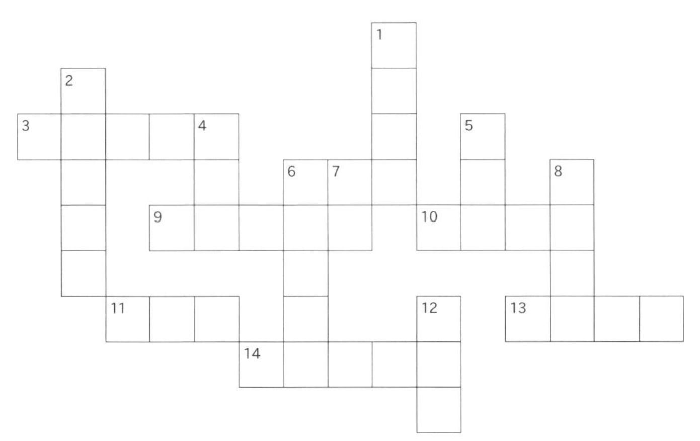

→（左から右へ）

| | |
|---|---|
| 3 | 昼間は夏のように暑かったのに、夕方になると風が強くなり、＿＿＿に寒くなってきた。 |
| 6 | ペットボトルの再利用など、限られた＿＿＿を有効に使う方法を考えなければならない。 |
| 9 | 彼は、各国の生活＿＿＿と進学率の関係について調べている。 |
| 10 | 数十年前、日本語でロック音楽を歌うことについて、激しい＿＿＿があった。 |
| 11 | 期末試験は休んではいけない。＿＿＿、病気や事故など特別な場合は、欠席が認められることもある。 |
| 13 | この道はまっすぐに見えるが、実は右方向へ＿＿＿にカーブしている。 |
| 14 | 私は大学院で日本の経済についての＿＿＿を行いたいと思っている。 |

↓（上から下へ）

| | |
|---|---|
| 1 | その問題は特別なものではなく、どこにでもありうる＿＿＿的な問題だ。 |
| 2 | 外国語が話せるようになるためには、使ってみることが一番＿＿＿だ。 |
| 4 | 新しい社長に変わったので、社員全員、会社が前より良くなることを＿＿＿している。 |
| 5 | 海に流れ出したプラスチックが原因で、海洋の水質＿＿＿が広がっている。 |
| 6 | 私の大学の＿＿＿には、学生向けの安い飲食店や居酒屋が多く並んでいる。 |
| 7 | ソーラーカーのエネルギー＿＿＿はガソリンや電気ではなく、太陽光だ。 |
| 8 | ボランティア活動を＿＿＿て、地域の人々と知り合いになることができた。 |
| 12 | 色にはさまざまな＿＿＿があり、赤は人を元気にし、青は心を安定させるという。 |

## 読んでドン！　次の文章を読んで、問題に答えましょう。

“燃える水”として知られる「メタンハイドレード」。触ってみると水のように冷たく、火の近くに持っていくと燃え出します。

一般にハイドレードというのは、高い圧力で低い温度の環境で、水分子がかご状構造をつくり、その中に他の物質の分子が入ったものです。深い海の底には二酸化炭素やメタンのハイドレードが存在することが知られています。

メタンハイドレードが注目されるのは、メタンが天然ガスの主成分だからです。全世界のメタンハイドレードは、現在、知られている全世界にある石油の量の2倍以上と推定され、新たなエネルギー源と期待されています。

メタンハイドレード中のメタンは、燃やした場合には空気を汚染するもとになる窒素酸化物や硫黄酸化物が、石油・石炭を燃やしたときの量に比べて少なく、「クリーンエネルギー」と呼ばれています。

しかも、掘り出しやすい大陸の海の近くに存在し、日本周辺にも多く存在しますので、資源の少ない日本にとっては重要な存在です。

ただし、よいことばかりではありません。まず、メタンガスがそのまま空気中に出ると、二酸化炭素以上に地球温暖化を促進させる「温室効果ガス」になります。空気中で消えてなくならずにとどまる時間は12年と短いですが、大量に出されれば急激な気候の変化につながる可能性があり、危険です。そのため、海や空気中に出さない開発システムが研究されています。

また、掘り出す時に海の底の地盤が崩れないか、生物に影響がないかなど、環境に与える影響も考慮に入れなければなりません。

瀧澤美奈子（2008）『深海の不思議』（日本実業出版社）

※学習者に配慮し、本書著者により本文を一部改編し、ルビを付加した。

**【ことば問題】**

問題1.「分」を使ったことばを文章の中から全てあげてください。

問題2.「化」を使ったことばを文章の中から全てあげてください。

問題3.「源」を使ったことばを文章の中から全てあげてください。

問題4.「気」を使ったことばを文章の中から全てあげてください。

問題5.「量」に関することばを文章の中から全てあげてください

➡ウェブサイトに【内容理解問題】があります。

LESSON 16

## STEP 1 チェックでドン！

①ことばを見て、意味がわかるかチェックしましょう。

②漢字の読み方を書きましょう。

③音声を聞きましょう。

16-1

| | | 意味がわかる | 読み方 |
|---|---|---|---|
| 451 | 相当(する) | | |
| 452 | 指す | | |
| 453 | 指導(する) | | |
| 454 | スタッフ | | |
| 455 | 強化(する) | | |
| 456 | 区別(する) | | |
| 457 | 顕著 | | |
| 458 | 協力(する) | | |
| 459 | さらに | | |
| 460 | 関連(する) | | |
| 461 | 機関 | | |
| 462 | 現象 | | |
| 463 | 基 | | |
| 464 | ステップ | | |
| 465 | 以外 | | |

| | | 意味がわかる | 読み方 |
|---|---|---|---|
| 466 | 供給(する) | | |
| 467 | 型 | | |
| 468 | 製造(する) | | |
| 469 | 低- | | |
| 470 | 省略(する) | | |
| 471 | 設備 | | |
| 472 | 慎重 | | |
| 473 | 要する | | |
| 474 | ルール | | |
| 475 | 指定(する) | | |
| 476 | 回収(する) | | |
| 477 | 新規 | | |
| 478 | 係る | | |
| 479 | 法／-法 | | |
| 480 | 法的 | | |

**例文・意味でドン!** 例文を読んで/聞いて意味をイメージしましょう。
右のことばを見ないようにして、____に何が入るか考えましょう。

**1** 16-2

大学に行くためには、少なくともJLPTでN2相当の力が必要だと言われている。だが、大学へ行くための日本語力が何を指すのかよくわからない。そこで、進学指導のスタッフに日本語力の強化方法について相談したところ、専門を区別せずに、さまざまな分野の文章を読んだ方がよいと言われた。

|  |  | | |  |
|---|---|---|---|---|
| 451 | 【名詞】 | 意 | それに当たるもの。 | 相当(する) |
| | | 例 | このホテルでは、チップに______するのがサービス料だ。 | |
| | 【ナ形】 | 意 | 思っていたよりかなり多い。 | |
| | | 例 | あの技ができるようになるまで、______な練習を積んできたはずだ。 | |
| 452 | 【動詞】 | 意 | 指や手などで方向を示す。 | 指す |
| | | 例 | 先生はスクリーンの図を指で______て説明した。 | |
| 453 | 【名詞】 | 意 | うまくできるように教えること。 | 指導(する) |
| | | 例 | 先生の______があったので、よくできたと思う。 | |
| 454 | 【名詞】 | 意 | [staff] ある仕事を進めるために働いている人のこと。 | スタッフ |
| | | 例 | 私はコンサート会場の______にトイレの場所を聞いた。 | |
| 455 | 【名詞】 | 意 | 強くすること。 | 強化(する) |
| | | 例 | 体力を______したいので毎日運動している。 | |
| 456 | 【名詞】 | 意 | 同じかどうか考えて、分けること。 | 区別(する) |
| | | 例 | 調べたことと意見は______して書きましょう。 | |

**2** 16-3

本学習会の参加者には顕著な特徴がある。それは、国際協力に興味のある人が非常に多いということだ。そのため、一般的に知られていることよりさらに詳しい情報を提供できるよう、学習会のスタッフは関連する機関に情報を求めた。

| | | | | |
|---|---|---|---|---|
| 457 | 【ナ形】 | 意 | はっきり見えている様子。 | 顕著（けんちょ） |
| | | 例 | 昨年と比べて、今年は＿＿＿に目が悪くなった。 | |
| 458 | 【名詞】 | 意 | いろいろな人と助け合って進めること。 | 協力（きょうりょく）(する) |
| | | 例 | ひとりでできない時は、友だちに＿＿＿してもらって進めるべきだ。 | |
| 459 | 【接続詞】 | 意 | もっと。その上。 | さらに |
| | | 例 | この仕事もまだ終わっていないのに、＿＿＿新しい仕事も入ってきた。 | |
| 460 | 【名詞】 | 意 | 関係があること。つながっていること。 | 関連（かんれん）(する) |
| | | 例 | 二つの事件に＿＿＿があるかどうか、まだわからない。 | |
| 461 | 【名詞】 | 意 | ある仕事をするための組織。 | 機関（きかん） |
| | | 例 | この研究＿＿＿では、自動車を開発している。 | |

**3** 16-4

今日は同じゼミの学生だけで「ダイラタンシー」という現象について実験をして、その結果を基にレポートを書く予定だ。ダイラタンシー現象の実験のプロセスはとても簡単でステップも少ない。だから実験自体はすぐに終えられると思う。しかし、問題が一つある。それは、私以外誰も実験室のカギを持っていないのに、寝坊したということだ。

| | | | | |
|---|---|---|---|---|
| 462 | 【名詞】 | 意 | 目に見えるできごと。本当に起きること。 | 現象（げんしょう） |
| | | 例 | 虹は雨のあとに起こる自然＿＿＿だ。 | |
| 463 | 【名詞】 | 意 | 何かを始めたり作ったりするために最初に使われるもの。「Aを基にする」＝「Aに基づく」 | 基（もと） |
| | | 例 | この映画は本当にあった話を＿＿＿にしている。 | |

|  |  | |  |  |
|---|---|---|---|---|
| 464 | 【名詞】 | 意 | [step] 足の動かし方。また、一つの段階のこと。 | ステップ |
| | | 例 | この試験でいい点が取れたら、次の＿＿＿＿に進むことができる。 | |
| 465 | 【名詞】 | 意 | それより他のもの。そのものを除いた、他。 | 以外 |
| | | 例 | 私の家族はニュース＿＿＿＿のテレビは見ない。 | |

**4** 16-5

現在は大量<u>供給</u>の時代となり、大工場で<u>型</u>を使って<u>製造</u>した<u>低</u>価格の商品が店に並ぶのが普通だ。しかし一方で、ものに対してお金を多くかける人もいる。こういった消費者は、値段が高くても、プロセスを<u>省略</u>せずに、一つずつ丁寧な作業で作られていることに価値を見いだしている場合が多い。

|  |  | |  |  |
|---|---|---|---|---|
| 466 | 【名詞】 | 意1 | 求められたものを与えること。 | 供給(する) |
| | | 例 | ニュースでは雨が降らなくて、十分な量の水が＿＿＿＿できないと言っている。 | |
| | | 意2 | 売ったり買ったりするために、ものを出すこと。⇔需要 | |
| | | 例 | 今年は台風で米ができず、十分な量の＿＿＿＿が難しい。 | |
| 467 | 【名詞】 | 意1 | ものの形。その形にするのに使うもの。 | 型 |
| | | 例 | 温めたチョコレートを動物の＿＿＿＿に入れる。 | |
| | | 意2 | 決まったやり方。 | |
| | | 例 | ＿＿＿＿どおりのあいさつだけでは、その人のことはあまりわからない。 | |
| 468 | 【名詞】 | 意 | 工場などで大量に物を作ること。 | 製造(する) |
| | | 例 | この工場では1日3000個のアイスクリームを＿＿＿＿している。 | |
| 469 | 【接頭辞】 | 意 | 高さやレベルなどが低いこと。 | 低- |
| | | 例 | 小学校の＿＿＿＿学年のとき、毎日勉強する習慣を身につけた。 | |
| 470 | 【名詞】 | 意 | 短くすること。全体ではなく、一部だけにすること。 | 省略(する) |
| | | 例 | 時間がないので細かい説明は＿＿＿＿して、大切な点だけ伝えてください。 | |

**5** 16-6

新しい実験の設備が研究室に来た。値段が高いので、壊さないように慎重に扱わなければならない。使い方も難しいので、慣れるまでに時間を要するが、慣れてしまえばレベルの高い実験ができるはずだ。

| | | | |
|---|---|---|---|
| 471 | 【名詞】 | 意 必要なものやシステムをつけること。また、それがついているもの。<br>例 このマンションはセキュリティ＿＿＿がしっかりしている。 | 設備 |
| 472 | 【ナ形】 | 意 軽く考えず、よく注意すること。<br>例 うすいガラスでできたグラスなので、運ぶときも＿＿＿にならないといけない。 | 慎重 |
| 473 | 【動詞】 | 意 「必要だ」のかたい言い方。<br>例 この手術は高い技術と長い経験を＿＿＿。 | 要する |

**6** 16-7

引っ越した時、ごみの出し方のルールをきちんと調べることは非常に重要だ。多くの場合、ごみの種類ごとにどの袋を使ってごみを出すかまで指定されている。ルールに基づいてごみを出さないと、ごみを回収してもらえないこともあるそうだ。

| | | | |
|---|---|---|---|
| 474 | 【名詞】 | 意 [rule] 決まり。やり方。<br>例 交通＿＿＿は車の人も歩いている人も守るべきだ。 | ルール |
| 475 | 【名詞】 | 意 その人・時・場所にすると決めること。<br>例 その日に会う時間と場所をメールで＿＿＿した。 | 指定(する) |
| 476 | 【名詞】 | 意 くばったもの、使ったもの、売ったもの、渡したものを集めること。戻してもらうこと。<br>例 多くのコンビニには電池を＿＿＿する箱が置いてあるそうだ。 | 回収(する) |

**7** 16-8

新規採用したアルバイトの人には最初に「マイナンバー」に係る書類を出してもらう必要がある。この書類を出すことは法を守るということであり、留学生の場合は特に、自分の留学の身分を守ることにもつながる。そのため、少し難しい話ではあるが、全員に「マイナンバー」提出の法的根拠を説明するようにしている。

|  |  |  |  |
|---|---|---|---|
| 477 | 【名詞】 | 意 新しいこと。<br>例 ワードで＿＿＿＿ファイルを開いてください。 | 新規 |
| 478 | 【動詞】 | 意 (「Aに係るB」の形で)「関係する」のかたい言い方。<br>例 生きるか死ぬかに＿＿＿＿問題。 | 係る |
| 479 | 【名詞】 | 意 国で決められたこと。法律。<br>例 その国では、ゴミを道に捨ててはいけないと＿＿＿＿で決められている。 | 法 |
| | 【接尾辞】 | 意 やり方。方法。<br>例 単語は使って覚える勉強＿＿＿＿が応用力につながる。 | -法 |
| 480 | 【ナ形】 | 意 国で決められていること(法律)の上では。<br>例 自転車の二人乗りは、＿＿＿＿にいけないことだ。 | 法的 |

## STEP 3 ゲームでドン！

**アクティビティー①** 左と右の漢字を線でつないで、一つのことばにしましょう。
できたことばを1.～7.の＿＿＿に入れて文を完成させましょう。

| | | | | |
|---|---|---|---|---|
| a | 回 | ・ | ・ | 略 | ＿＿＿＿ |
| b | 省 | ・ | ・ | 関 | ＿＿＿＿ |
| c | 設 | ・ | ・ | 力 | ＿＿＿＿ |
| d | 指 | ・ | ・ | 収 | ＿＿＿＿ |
| e | 協 | ・ | ・ | 造 | ＿＿＿＿ |
| f | 機 | ・ | ・ | 備 | ＿＿＿＿ |
| g | 製 | ・ | ・ | 導 | ＿＿＿＿ |

1. 船の事故で海に流れ出た油を＿＿＿＿するために、最新の機械が使われた。
2. 日本人学生と留学生が、「私たちにできる国際＿＿＿＿」というテーマで議論を行った。
3. JLPTは、日本語能力試験を＿＿＿＿した呼び方です。
4. 年に1回、夏休み中に通信＿＿＿＿の点検が行われている。
5. コンビニのATMでは、銀行などの＿＿＿＿によって手数料や利用時間が異なる。
6. この会社の自動車部品の＿＿＿＿技術は世界トップクラスである。
7. 今後の学校教育のために、ITを自由に使える＿＿＿＿者を増やすことが必要である。

**アクティビティー❷**　＿＿＿に入ることばをボックスから探して、文を完成させましょう。動詞は文に合う形にして入れてください。

| | | | | | |
|---|---|---|---|---|---|
| し | げ | す | て | っ | ぷ |
| け | ん | ち | ょ | そ | ■ |
| ほ | し | ち | も | う | よ |
| う | ょ | ん | ょ | と | う |
| て | う | ■ | き | う | す |
| き | ょ | う | か | か | る |

□＿＿＿＿＿＿＿＿

□＿＿＿＿＿＿＿＿

□＿＿＿＿＿＿＿＿

□＿＿＿＿＿＿＿＿

□＿＿＿＿＿＿＿＿

□＿＿＿＿＿＿＿＿

□＿＿＿＿＿＿＿＿

□＿＿＿＿＿＿＿＿

□＿＿＿＿＿＿＿＿

□＿＿＿＿＿＿＿＿

□＿＿＿＿＿＿＿＿

1.「脳死」を＿＿＿＿に認めるためには、さまざまな条件がある。

2. この手続きを完了させるには、いくつかの＿＿＿＿を踏まなければなりません。

3. 政府は、日本在住の外国人に対する日本語教育をさらに＿＿＿＿していくことを決めた。

4. この映画は、本当に起きた事件を＿＿＿＿にして作られたものである。

5. この薬の使用前後を比べてみると、薬の効果が＿＿＿＿に現れていることがわかる。

6. 外国人留学生の就職問題に＿＿＿＿調査報告が発表された。

7. 仕事のストレスが＿＿＿＿たまっているようで、最近1～2時間しか寝られない。

8. エルニーニョ＿＿＿＿が起こると、世界各地の天候や気温がいつもと異なる状態になる。

9. このサービス券は＿＿＿＿の客のみが対象で、2回目以降の客は使えないそうだ。

10. 敬語を使うときには、普通に日本語を話すときよりも注意を＿＿＿＿。

11. この実験は1回で成功しなければいけないので、＿＿＿＿に進めていきたい。

**アクティビティー③** ＿＿＿に入ることばを使って、クロスワードを完成させましょう。動詞は辞書形にして入れてください。

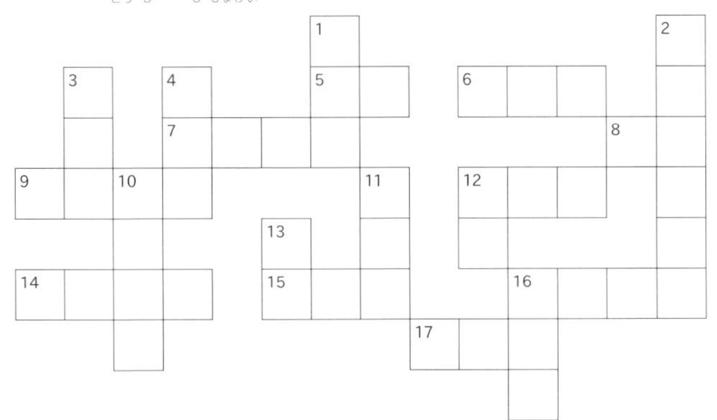

→（左から右へ）

| | |
|---|---|
| 5 | インフルエンザには、A、B、Cの三つの＿＿＿がある。 |
| 6 | 自転車や原付バイクに乗るときは、日本の交通＿＿＿をきちんと守りましょう。 |
| 7 | 兄は以前IT＿＿＿の仕事をしていたが、去年退職して、実家の農業を手伝っている。 |
| 8 | 日本語で日本語を教えることを「直接＿＿＿」という。 |
| 9 | ビザが取れるまでに＿＿＿日数は国によって異なるので、自分で確認してください。 |
| 12 | 地球温暖化が進むと、海面の高さが＿＿＿高くなると言われている。 |
| 14 | これができるようになったら、次の＿＿＿に進めます。 |
| 15 | 今乗っている白い車は汚れが目立つので、次に買うときは白＿＿＿の色を選びたい。 |
| 16 | 食品＿＿＿工場のアルバイトは、時給はいいが、日本語を話す機会は少ない。 |
| 17 | 日本人には、英語のLとRの発音の＿＿＿が難しいと言われている。 |

↓（上から下へ）

| | |
|---|---|
| 1 | 会場には駐車場がないため、タクシーか公共交通＿＿＿をご利用ください。 |
| 2 | 食品産業は、人々に安定して安全な食品を＿＿＿するための、大切な職業である。 |
| 3 | この授業では、一人ずつ順番に先生の発音＿＿＿を受けることができる。 |
| 4 | 留学に＿＿＿書類の準備ができたので、国際交流センターに提出した。 |
| 10 | わからないことがあるときは、近くにいる＿＿＿に聞いてください。 |
| 11 | 東京までの新幹線の＿＿＿席が満席だったので、自由席で行くことにした。 |
| 12 | 「花見」の「花」は、一般的な花ではなく、「桜」の花を＿＿＿ている。 |
| 13 | 彼は＿＿＿血圧なので、朝早く起きるのが苦手だ。 |
| 16 | この寮は建物もきれいだし、＿＿＿もしっかりしているので人気がある。 |

## 読んでドン！　次の文章を読んで、問題に答えましょう。

　これまで、長時間労働、低賃金、換気や照明の設備がない作業場での労働など、まるで機械のように子どもやおとなの労働者を酷使して製品をつくり、利益を上げているということで、スポーツ用品メーカーが国際的に批判されてきました。サッカーボールについても、子どもたちがボールを縫っていることが報道され、取り組みがはじまりました。

　ナイキやアディダスなどのスポーツ用品の関連企業がつくる「世界スポーツ用品産業連盟」(WFSGI)と、国際機関であるILOとユニセフが協力して、サッカーボール産業で働いている子どもたちを学校に通わせるプロジェクトが1997年からパキスタンではじまりました。サッカーボールを縫う作業は、作業場だけでなく家庭でもおこなわれます。縫われたボールは仲介人によって回収され、ボール製造会社の工場に運ばれるため、会社はだれがボールを縫っているのかを知ることがむずかしいという問題がありました。そこで、このプロジェクトでは工場や作業場で働く人を登録することにしました。登録できるのはおとなだけです。そのうえで、訓練を受けたスタッフが定期的に作業場を抜き打ち検査し、登録した人以外、つまり子どもが働いていないか見回ります。こうして、登録された場所で登録された人しか働くことができないというルールをつくることにより、子どもが働かないように監視し、児童労働を予防することができるようになりました。もし登録された作業場で子どもが働いていたばあいは、子どもを働かせないよう指導し、引き続き監視をおこないます。何度か指導されても違反を続けた作業所は、登録が取り消され、仕事が続けられなくなります。さらに、働いていた子どもたちは教育が受けられるようにしました。パキスタンでは、このプロジェクトによって7000人近い子どもたちがサッカーボールを縫う仕事をやめて学校に通うようになりました。

岩附由香・白木朋子・水寄僚子（2007）
『わたし8歳、カカオ畑で働きつづけて。―児童労働者とよばれる2億1800万人の子どもたち―』（合同出版）
※ルビの付加は、本書著者による。

**【ことば問題】**

問題1.「子ども」を文章の中の漢字のことばで言い換えてください。

問題2.「業」を使ったことばを文章の中から全てあげてください。

問題3. 人を表すことばを文章の中から全てあげてください。

問題4.「的」を使ったことばを文章の中から全てあげてください。

問題5.「7000人近い」とは、どんな意味ですか。

➡ウェブサイトに【内容理解問題】があります。

# LESSON 17

## チェックでドン！

①ことばを見て、意味がわかるかチェックしましょう。
②漢字の読み方を書きましょう。
③音声を聞きましょう。

17-1

| | | 意味がわかる | 読み方 |
|---|---|---|---|
| 481 | 過程 | | |
| 482 | 節 | | |
| 483 | 指示（する） | | |
| 484 | 論じる | | |
| 485 | 途上 | | |
| 486 | 支援（する） | | |
| 487 | 実際 | | |
| 488 | 向上（する） | | |
| 489 | 基礎 | | |
| 490 | 最適 | | |
| 491 | しばしば | | |
| 492 | 支える | | |
| 493 | 増加（する） | | |
| 494 | 傾向 | | |
| 495 | 側面 | | |

| | | 意味がわかる | 読み方 |
|---|---|---|---|
| 496 | 際する | | |
| 497 | 公平 | | |
| 498 | なお | | |
| 499 | 権利 | | |
| 500 | 変動（する） | | |
| 501 | 需要 | | |
| 502 | 中心 | | |
| 503 | 積極 | | |
| 504 | 逆 | | |
| 505 | 目指す | | |
| 506 | 侵入（する） | | |
| 507 | 付属（する） | | |
| 508 | モード | | |
| 509 | 操作（する） | | |
| 510 | 費用 | | |

**例文・意味でドン!** 例文を読んで／聞いて意味をイメージしましょう。
右のことばを見ないようにして、＿＿に何が入るか考えましょう。

**1** 17-2

論文の中で科学技術の発展の過程についてまとめる章を作った。先生に読んでもらったところ、時代ごとにいくつかの節に分けて書くようにという指示をもらった。特にこの論文で論じたい点に合わせてまとめておくとよい、ということだった。

|  |  |  |  |
|---|---|---|---|
| 481 | 【名詞】 | 意 何かを始めてから終えるまでのあいだに、何をどうしたのか、何がどうなったのか、ということ。プロセス。<br>例 最近は、自動車を製造する＿＿＿で、さまざまなロボットが使われている。 | 過程 |
| 482 | 【名詞】 | 意1 ことば、時間など、長く続くものの一部。小さい区切り。<br>例 第1章第1＿＿＿に、研究の目的を書いた。<br>意2 結びついているところ。分かれるところ。<br>例 「晴れたら出かけよう。」の「晴れたら」のように、文の中で条件を表す＿＿＿を「条件＿＿＿」と言う。 | 節 |
| 483 | 【名詞】 | 意1 見せたいものがどこにあるか、はっきり示すこと。<br>例 行き方を矢印(⇒)で＿＿＿しているので、わかりやすい。<br>意2 「～しなさい」と伝えることばのこと。<br>例 先生が＿＿＿を出すまでテストを始めないでください。 | 指示(する) |
| 484 | 【動詞】 | 意 理由や根拠を示しながら、意見などをきちんと述べる。考えを言い合う。「論ずる」とも言う(古い言い方)。<br>例 この本で筆者は日本社会の問題点について＿＿＿ている。 | 論じる |

**2** 17-3

発展途上国と呼ばれる国に対する支援は、実際にはお金を与えたり貸したりすることが多いかもしれない。だが、本当に必要な支援とは、その国の人たちが、自分で生活水準を向上させていけるための基礎となる技術を教え、身に付けてもらうことではないだろうか。各国の状況に合わせた最適な支援を行うには、しばしば長い時間がかかる。途上国を支える側もよく考えて支援を行っていくべきだ。

| | | | |
|---|---|---|---|
| 485 | 【名詞】 | 意 目標に向かって、進んでいる途中である様子。<br>例 この薬はまだ開発＿＿＿＿にあり、今後さらに研究する必要がある。 | 途上 |
| 486 | 【名詞】 | 意 他の人がしていることを助けるために、力を貸すこと。<br>例 多くの大学は、学生のボランティア活動を＿＿＿＿している。 | 支援(する) |
| 487 | 【名詞】 | 意 本当のところ。本当のこと。現実。<br>例 いろいろ考えていたが、＿＿＿＿にやってみると、そんなに大変ではなかった。 | 実際 |
| 488 | 【名詞】 | 意 その人やものが持っている力や中身などがよくなること。<br>例 留学して日本語力を＿＿＿＿させたい。 | 向上(する) |
| 489 | 【名詞】 | 意 ものごとの全体を作るための、大切なもの。基本。<br>例 スポーツや外国語は、＿＿＿＿を学んでから、次のレベルに進んだ方がいい。 | 基礎 |
| 490 | 【ナ形】 | 意 一番合っていること。ちょうどよいこと。<br>例 今日は天気もいいし、暖かいので、散歩に＿＿＿＿な日だ。 | 最適 |
| 491 | 【副詞】 | 意 何度も。よく。<br>例 私の国では、電車が遅れることが＿＿＿＿あります。 | しばしば |
| 492 | 【動詞】 | 意1 人が手伝ったり物を使ったりして、何かが倒れたり落ちたりしないようにする。<br>例 足をけがしたとき、友だちに＿＿＿＿てもらってゆっくり歩いた。<br>意2 あるものの状態が悪くならないように、助ける。<br>例 姉は高校を卒業してすぐに仕事を始め、家族の生活を＿＿＿ている。 | 支える |

**3** 17-4

ある調査によると、中学生・高校生の1日の学習時間が増加傾向を示しているそうだ。ただし、この結果には疑問もある。実際には、学校が宿題を多く出すように変化しただけで、子どもたちは勉強せざるを得なくなっただけだという側面があるからだ。

| | | | | |
|---|---|---|---|---|
| 493 | 【名詞】 | 意 | 増えること。増やすこと。⇔減少 | 増加(する) |
| | | 例 | この大学では、留学生が少しずつ＿＿＿＿していている。 | |
| 494 | 【名詞】 | 意 | 多くの人やものが特定の方向に進んだり近づいたりする様子。そうすることが多いこと。 | 傾向 |
| | | 例 | 日本では電気自動車を買う人が増える＿＿＿＿にある。 | |
| 495 | 【名詞】 | 意1 | 物を横から見たときの場所。 | 側面 |
| | | 例 | このノートパソコンの＿＿＿＿にはUSBを入れるところがある。 | |
| | | 意2 | ものごとの見え方や特徴の一つ。 | |
| | | 例 | 新しいことにチャレンジしてみると、いつもの自分とは違った＿＿＿＿があることに気づく。 | |

**4** 17-5

研究発表の申し込みに際して注意があります。公平に評価するために、誰が出しているかわかるような書き方はしないでください。なお、申し込む権利があるのは会員だけですので、会員でない方は、申し込めません。

| | | | | |
|---|---|---|---|---|
| 496 | 【動詞】 | 意 | 何かをするときや、何かが起きたときなど。「～に際し（て）」の形でよく使われる。 | 際する |
| | | 例 | この薬は、使用に＿＿＿＿て、説明をよく読んでください。 | |
| 497 | 【名詞】【ナ形】 | 意 | ひとりだけが良かったり悪かったりしないように、みんな同じように扱うこと。 | 公平 |
| | | 例 | このゲームでは、どんな人にも勝つチャンスが＿＿＿＿にある。 | |
| 498 | 【副詞】 | 意1 | 前と同じように、続いて。まだ。 | なお |
| | | 例 | 父は70歳になったが、今も＿＿＿＿仕事を続けている。 | |
| | | 意2 | 前よりも、もっと。さらに。 | |
| | | 例 | 語彙が増えるとともに、日本語で表現できることが増え、学習が＿＿＿＿おもしろくなった。 | |

|  |  |  |  |
|---|---|---|---|
| 499 | 【名詞】 | 意 社会の中で一人一人に認められていること。何かを自分で決めたり自由にしたりしてもいいと認められていること。<br>例 誰でも表現の自由の＿＿＿＿を持っている。 | 権利 |

**5** 17-6

私の会社はアイスクリームが主な商品なので、季節によって売り上げが大きく変動してしまう。普通なら、需要が少なくなる冬を中心にメディアでのCMを積極的に増やしていくのだろうが、わが社では逆に、夏にCMを増やし、売れるときにもっと売ることを目指していくことになった。

|  |  |  |  |
|---|---|---|---|
| 500 | 【名詞】 | 意 ものごとが大きく変わること。<br>例 ここは山の上なので、朝晩の気温の＿＿＿＿が大きい。 | 変動(する) |
| 501 | 【名詞】 | 意 人々が欲しがっていること、必要にしていること。⇔供給<br>例 最近、電気自動車の＿＿＿＿が高まっている。 | 需要 |
| 502 | 【名詞】 | 意1 真ん中。<br>例 この部屋の＿＿＿＿には、大きな机が置いてある。<br>意2 ものごとの一番大切な働きをするところ。一番重要なところ。<br>例 東京は、日本の政治の＿＿＿＿だ。 | 中心 |
| 503 | 【名詞】 | 意 自分から何かをしようとすること。⇔消極<br>例 彼は誰とでも＿＿＿＿的に話すので、友だちが多い。 | 積極 |
| 504 | 【名詞】 | 意1 反対。上と下、右と左、前と後ろなどが、反対であること。<br>例 鏡に映るものは、左右が＿＿＿＿になっている。<br>意2 (「逆に〜」の形で)「思っていたことと実際のことが反対だ」という意味。<br>例 歩くよりタクシーの方が早いと思ったが、道が混んでいて、＿＿＿＿に遅くなってしまった。 | 逆 |
| 505 | 【動詞】 | 意 目的や目標に向かって行こうとする。一番いいと考えるものになろうとする。<br>例 JLPTのN1合格を＿＿＿＿て勉強している。 | 目指す |

**6** 17-7

最近パソコンの調子が悪い。処理が遅いのだ。ウィルスが侵入してしまったのだろうか。買ったときに付属でついてきた説明書を見てもよくわからない。とにかくインターネットを切って、コンピューターをセーフモードで動かしてみた。とりあえず操作はできるので、パソコンショップに持っていってみよう。ただ、修理となると費用が心配だ。

| | | | |
|---|---|---|---|
| 506 | 【名詞】 | 意 入ってはいけない場所に入ること。<br>例 A国がB国に＿＿＿＿し、戦争が始まった。 | 侵入(する) |
| 507 | 【名詞】 | 意 主なものに一緒に付くこと。付いているもの。<br>例 このパソコンにはもう一つバッテリーが＿＿＿＿している。 | 付属(する) |
| 508 | 【名詞】 | 意 [mode] 方法。形式。<br>例 電車の中では、電話をマナー＿＿＿＿にしてください。 | モード |
| 509 | 【名詞】 | 意1 機械などを扱って、動かすこと。<br>例 親がスマートフォンを＿＿＿＿しているのを見て、子どもが使い方を覚えてしまった。<br>意2 自分に都合がよくなるように変えること。<br>例 自分の考えに合わせて、データを＿＿＿＿することは許されない。 | 操作(する) |
| 510 | 【名詞】 | 意 何かをするために必要なお金。<br>例 留学するためには、いろいろな＿＿＿＿がかかる。 | 費用 |

## ゲームでドン!

**アクティビティー①** 左と右の漢字を線でつないで、一つのことばにしましましょう。
できたことばを1.～9.の_____に入れて文を完成させましょう。

| | 左 | | 右 | |
|---|---|---|---|---|
| a | 公 | ・ ・ | 面 | __________ |
| b | 途 | ・ ・ | 上 | __________ |
| c | 費 | ・ ・ | 際 | __________ |
| d | 側 | ・ ・ | 平 | __________ |
| e | 実 | ・ ・ | 上 | __________ |
| f | 支 | ・ ・ | 援 | __________ |
| g | 向 | ・ ・ | 利 | __________ |
| h | 変 | ・ ・ | 用 | __________ |
| i | 権 | ・ ・ | 動 | __________ |

1. 調査にかかる________は、研究費を使って払った。
2. 見ていると簡単そうだったが、________にやってみると難しかった。
3. 仕事の質を________させるために、仕事に対する考え方を変えてみることにした。
4. 患者には、自分の病気のことを知る________がある。
5. どちらが言っていることが正しいか、________な立場の人に聞いてみよう。
6. 真面目な彼にこんなおもしろい________があるとは思わなかった。
7. 多くの皆様からの温かいご________に、心よりお礼を申し上げます。
8. 開発________国には、お金がないために靴が買えない子どもがたくさんいる。
9. 高い買い物をする時は、インターネットで商品の評価や値段の________を確認してから買う。

**アクティビティー❷** ＿＿＿に入ることばをボックスから探して、文を完成させましょう。動詞は文に合う形にして入れてください。

| | | | | | | |
|---|---|---|---|---|---|---|
| じ | き | ふ | ぞ | く | し | さ |
| ゅ | も | そ | う | さ | じ | い |
| よ | ー | な | か | い | し | て |
| う | ど | | お | す | ん | き |
| | ろ | ん | じ | る | に | か |
| せ | っ | き | ょ | く | ゅ | て |
| | つ | け | い | こ | う | い |

☐ ＿＿＿＿＿＿＿＿　☐ ＿＿＿＿＿＿＿＿
☐ ＿＿＿＿＿＿＿＿　☐ ＿＿＿＿＿＿＿＿
☐ ＿＿＿＿＿＿＿＿　☐ ＿＿＿＿＿＿＿＿
☐ ＿＿＿＿＿＿＿＿　☐ ＿＿＿＿＿＿＿＿
☐ ＿＿＿＿＿＿＿＿　☐ ＿＿＿＿＿＿＿＿
☐ ＿＿＿＿＿＿＿＿　☐ ＿＿＿＿＿＿＿＿
☐ ＿＿＿＿＿＿＿＿　☐ ＿＿＿＿＿＿＿＿
☐ ＿＿＿＿＿＿＿＿　☐ ＿＿＿＿＿＿＿＿

1. 牛や豚などがどのような＿＿＿＿を経て食肉になるのか、皆知っているだろうか。
2. インターネットの普及により、新聞や雑誌などの印刷業の＿＿＿＿が減っている。
3. 日本語が上手に話せるようになる＿＿＿＿な方法は、日本人の友人を作ることだ。
4. 近くにいるスタッフの＿＿＿＿に従って、落ち着いて行動してください。
5. ラニーニャ現象が起こると、日本は夏がとても暑くなり冬がとても寒くなる＿＿＿＿がある。
6. 最近、外国人の採用に＿＿＿＿的な日本企業が増えてきている。
7. 田中(2017)は次のように＿＿＿＿ている。
8. この地域には、江戸時代の建物が今＿＿＿＿数多く残っている。
9. ＿＿＿がしっかりと身に付いていれば、あとは実技を通して応用力も身に付くだろう。
10. 文を「こと・の」で名詞化したものを名詞＿＿＿＿と言う。
11. 帰国に＿＿＿て、銀行や市役所などさまざまなところで手続きを行った。
12. 仕事のストレスで甘い物を食べすぎて、体重が急激に＿＿＿＿してしまった。
13. 夜景の写真を撮るときはカメラを夜景＿＿＿＿にして撮ると、きれいに撮れる。
14. 私のマンションには、不審者の＿＿＿＿を防ぐための監視カメラが付いている。
15. 声や視線だけでなく、脳で＿＿＿＿できるコンピューターの研究が進められている。
16. 授業中に倒れ、そのまま大学の＿＿＿＿病院に入院することになってしまった。

**アクティビティー③** ______に入ることばを使って、クロスワードを完成させましょう。動詞は辞書形にして入れてください。

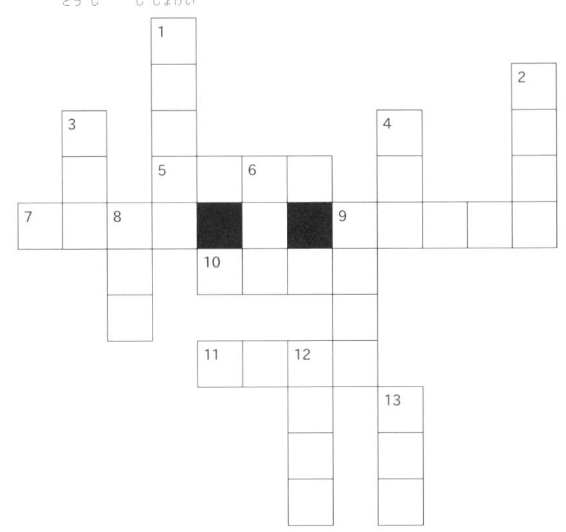

→（左から右へ）

| | |
|---|---|
| 5 | 体が疲れすぎて、寝ようとしてもなかなか寝られないことが______ある。 |
| 7 | 引越しのとき、箱の上の面だけでなく______にも中身を書いておくと便利だ。 |
| 9 | このテキストで何回も語彙や漢字の練習をしていたら、語彙力が______した。 |
| 10 | 多くの地震は、地殻が______することによって起きている。 |
| 11 | ______に着てみないと、写真だけでは自分に合うのかどうかわからない。 |

↓（上から下へ）

| | |
|---|---|
| 1 | A先生を______とした研究グループが、学会で中間報告を行った。 |
| 2 | この地域はまだ開発の______にあるので、今後も支援が必要だ。 |
| 3 | 「あと3日しかない」ということは、______に考えると「あと3日もある」ということになる。 |
| 4 | この城を元の美しい城に戻すためには、長い年月と多大な______を要するそうだ。 |
| 6 | 日本の小学校に通う外国人の子どもたちを______する活動を行っている。 |
| 8 | A市は人や環境に「やさしいまち」となることを______ている。 |
| 9 | 努力に応じて適切に評価することは、実は______に扱っているということだ。 |
| 12 | 長年苦労をかけた両親のために、早く就職して経済的に______てあげたい。 |
| 13 | スマートフォンを買ったときに______で付いていたUSBケーブルを失くしてしまった。 |

## 読んでドン!　次の文章を読んで、問題に答えましょう。

カカオ豆はロンドンとニューヨークで取り引きされ、価格が決められています。その価格は過去数十年でかなり変動がありました。2006年時点では1トン約1500ドル程度で取り引きされていますが、それが半分の価格になってしまったことも、倍以上の価格で取り引きされたこともありました。全体のカカオの生産量の変動などにより、カカオ豆が多くなってしまったときには値段が安くなり、逆に少なくなったときには高くなるのです。一方でカカオ豆は、お金をもうけることを目的とした投資や取り引きに使われることも多く、生産者がいないところで、カカオ豆の値段が決められているという側面もあります。カカオ豆の値段が急に下がると、その悪い影響を受けるのは、生産農家の人たちです。

そんなカカオ豆の世界的な取り引き方法がある一方で、より生産者に公平な方法で取り引きをする、フェアトレードのカカオも流通するようになりました。

フェアトレード運動は、ヨーロッパを中心に1960年代から広まりました。フェアトレードは、生産者の労働や費用の負担に見合った適正な価格で貿易や取り引きをすることで、途上国の労働者の生活向上を支えることを目指しています。厳しい国際競争の世界では、利益を増やすために生産コストを極端に抑えるため、実際に働いている人たちに支払われる賃金が生活できないほど少ないということもしばしばあります。フェアトレードは、製品をつくっている人たちに適正な賃金と働く環境を約束することで、働く貧しい人びとの自立を支援する取り組みです。子どもの権利を守ることも目標に掲げています。同時に地域の産業育成や子どもの教育なども支援しています。

岩附由香・白木朋子・水寄僚子（2007）
『わたし8歳、カカオ畑で働きつづけて。―児童労働者とよばれる2億1800万人の子どもたち―』（合同出版）
※学習者に配慮し、本書著者により本文を一部改編し、ルビを付加した。

**【ことば問題】**

問題1. お金に関することばを文章の中から全てあげてください。

問題2. 「半分」の反対のことばを文章の中から一つあげてください。

問題3. 「生産」を使ったことばを文章の中から全てあげてください。

問題4. 「目」を使ったことばを文章の中から全てあげてください。

問題5. 「者」を使ったことばを文章の中から全てあげてください。

問題6. 「費用」と同じ意味を持つカタカナ語を文章の中から一つあげてください。

➡ウェブサイトに【内容理解問題】があります。

# LESSON 18

## STEP 1 チェックでドン！

①ことばを見て、意味がわかるかチェックしましょう。

②漢字の読み方を書きましょう。

③音声を聞きましょう。

18-1

| | | 意味がわかる | 読み方 |
|---|---|---|---|
| 511 | 遂げる | | |
| 512 | 成長（する） | | |
| 513 | 社／-社 | | |
| 514 | それぞれ | | |
| 515 | 一定 | | |
| 516 | 能力 | | |
| 517 | 個人 | | |
| 518 | 差 | | |
| 519 | 正常 | | |
| 520 | 発生（する） | | |
| 521 | 機器 | | |
| 522 | 専門 | | |
| 523 | 購入（する） | | |
| 524 | 移行（する） | | |
| 525 | 定義（する） | | |

| | | 意味がわかる | 読み方 |
|---|---|---|---|
| 526 | 沿う | | |
| 527 | 転換（する） | | |
| 528 | 意義 | | |
| 529 | 理論 | | |
| 530 | 手法 | | |
| 531 | 果たす | | |
| 532 | 課題 | | |
| 533 | 両者 | | |
| 534 | 共通（する） | | |
| 535 | 固有 | | |
| 536 | 挙げる | | |
| 537 | 認識（する） | | |
| 538 | 確立（する） | | |
| 539 | 前提 | | |
| 540 | 少数 | | |

## 例文・意味でドン!

例文を読んで／聞いて意味をイメージしましょう。
右のことばを見ないようにして、＿＿に何が入るか考えましょう。

**1** 18-2

社員4人で事業を始めたころは全く想像もできなかったが、私の会社はこの10年のあいだに大きな発展を遂げた。会社がこれだけ成長できたのは、社の方針が時代に合っていたということだけでなく、社員のみんながそれぞれ会社のことを大切に思い、会社のために何ができるか考えて行動してくれていたからだと思う。

|  |  |  |  |
|---|---|---|---|
| 511 | 【動詞】 | 意 やりたかったことをやり、目的を終わらせる。そうなる。<br>例 彼はアメリカの映画に出て、大成功を＿＿＿た。 | 遂げる |
| 512 | 【名詞】 | 意 動物や植物などが大きくなること。育つこと。<br>例 子どもは、小学校に入ると心も体も急に＿＿＿するようだ。 | 成長(する) |
| 513 | 【名詞】 | 意 会社。<br>例 ＿＿＿の決まりで、月曜日は全員5時までに帰らなくてはいけない。 | 社 |
| | 【接尾辞】 | 意 ～の会社。<br>例 将来は新聞＿＿＿で働きたい。 | -社 |
| 514 | 【名詞】 | 意 一つ一つ。一人一人。<br>例 クラスのみんなが自分の意見を＿＿＿出し合った。 | それぞれ |

**2** 18-3

人間には、外の環境に関係なく、体の温度を一定に保つ能力がある。個人で差はあるが、暑ければ汗をかくことで36度前後に体の温度を下げるという機能がある。このような、外部環境の変化に応じて、体の中の環境を正常に保つ機能は、「ホメオスタシス」と呼ばれている。

|  |  |  |  |
|---|---|---|---|
| 515 | 【名詞】 | 意1 同じ様子が続いて、変わらないこと。<br>例 このバスの料金は、どこまで乗っても＿＿＿だ。<br>意2 「一定のA」の形で、はっきりした数値は言わずに「特定のA」を表す。<br>例 ここに届いた忘れ物は＿＿＿の期間が過ぎたら片づけてしまうことになっています。 | 一定 |

| | | | |
|---|---|---|---|
| 516 | 【名詞】 | 意 何かができる力。<br>例 動物の中で人間にしかない＿＿＿は、複雑な道具を作り出す＿＿＿だと言われている。 | 能力 |
| 517 | 【名詞】 | 意 一人一人。一人だけ。<br>例 この問題は私＿＿＿の力では、どうすることもできない。 | 個人 |
| 518 | 【名詞】 | 意 違い。<br>例 兄と私には５歳の＿＿＿がある。 | 差 |
| 519 | 【名詞】【ナ形】 | 意 いつもどおりで、特に問題がないこと。⇔異常<br>例 さっきまで＿＿＿に動いていたコンピューターが、急に動かなくなってしまった。 | 正常 |

**3**

18-4

コンピュータープログラムに問題が発生したため、品物の生産に使う機器にも問題が発生した。すぐに専門の人にプログラムをチェックしてもらったが、直すのは難しいらしく、その日すぐに新しいものを購入した。データの移行を一日で終えられたので、次の日からまた生産を始めることができた。

| | | | |
|---|---|---|---|
| 520 | 【名詞】 | 意 出てきたり起こったりすること。<br>例 地震が＿＿＿したときは、まず机の下に入って頭を守ってください。 | 発生(する) |
| 521 | 【名詞】 | 意 機械、器具、道具などをまとめて言うことば。<br>例 化学の実験ではいろいろな＿＿＿を使う。 | 機器 |
| 522 | 【名詞】 | 意 仕事としてある分野を任されていること。学問としてその分野に特に詳しく取り組んでいること。<br>例 私は日本の歴史を＿＿＿に研究しています。 | 専門 |
| 523 | 【名詞】 | 意 買うこと。<br>例 新しい車を＿＿＿する予定だ。 | 購入(する) |
| 524 | 【名詞】 | 意 変わっていくこと。<br>例 わが社は、コンピューターを使った新しいシステムに＿＿＿した。 | 移行(する) |

**4** 18-5

レポートや論文では、他の人が正しく理解できるように、大切なことばは定義を書いておくと良い。それに、テーマに沿っていないことを書かないようにすることも大切だ。また、話が大きく転換するというところでは、新しい章を立てた方が良い。

| | | | |
|---|---|---|---|
| 525 | 【名詞】 | 意 ものごとの意味をことばで説明すること。<br>例 そのことばの＿＿＿＿を教えてください。 | 定義(する) |
| 526 | 【動詞】 | 意1 続いている線のとおりに進む。<br>例 この川に＿＿＿＿て行くと、大きい橋が見えてきます。<br>意2 決められたとおりにする。<br>例 スケジュールに＿＿＿＿て行動してください。 | 沿う |
| 527 | 【名詞】 | 意 方向や内容を変えること。<br>例 狭いところで車を方向＿＿＿＿させるのは難しい。 | 転換(する) |

**5** 18-6

大学院の入学試験で、研究の意義は何かと聞かれ、うまく説明できなかったが、研究の基にする理論や調査の手法についてはうまく答えられた。なんとか大学院入学を果たしたので、これからは自分の研究課題の意義についてもよく考えて研究を進めたい。

| | | | |
|---|---|---|---|
| 528 | 【名詞】 | 意 大切な意味。なければならないこと。<br>例 仕事の＿＿＿＿というのは、誰かの役に立つことではないだろうか。 | 意義 |
| 529 | 【名詞】 | 意 あるものごとについて、正しくつながって説明された考えのこと。<br>例 会社を大きくしたいので、経済＿＿＿＿を勉強している。 | 理論 |
| 530 | 【名詞】 | 意 何かをするときのやり方。ものの作り方。<br>例 この絵は新しい＿＿＿＿で描かれている。 | 手法 |
| 531 | 【動詞】 | 意 しなければならないことや、しようと思っていたことを終える。<br>例 ようやく、「親を旅行に連れて行く」という約束を＿＿＿＿ことができた。 | 果たす |

| 532 | 【名詞】 | 意 これから解決しなければならない問題。<br>例 エネルギー問題は世界の国々の＿＿＿＿である。 | 課題 |
|---|---|---|---|

**6** 18-7

ダーウィンで有名なガラパゴス島と日本。両者には共通の特徴がある。それは、どちらにもその地域に固有の生物が多いということだ。前者には110種類、後者には131種類もの固有生物がいるそうだ。日本の場合の例を挙げれば、メダカなどの魚や春の鳥として有名なヒバリなども日本固有の生物だそうだ。地域固有の生物はどんどん減ってきているため、多様な生物が生きる環境を守ることは非常に重要だ。

| 533 | 【名詞】 | 意 どちらも。二人の人、二つのもののどちらも。<br>例 A国とB国の＿＿＿＿の歴史において、大きな意味を持つ一日となった。 | 両者 |
|---|---|---|---|
| 534 | 【名詞】 | 意 同じところがあること。<br>例 私と彼は、趣味などで＿＿＿＿点が多いので話していて楽しい。 | 共通(する) |
| 535 | 【名詞】 | 意 そのものだけにあること。<br>例 アマゾンには＿＿＿＿の動物が多く存在する。 | 固有 |
| 536 | 【動詞】 | 意 (「例を挙げる」の形で)例を出すこと。例を示すこと。<br>例 何かを説明するときは、例を＿＿＿＿と、他の人にもわかりやすくなる。 | 挙げる |

**7** 18-8

コンピューターでのデータ分析技術が進み、新しい顔認識システムが確立されてきた。これにより、目、鼻、口が見えていることが前提だが、その正確さはほとんど完全と言ってもいいくらいになってきた。また、すでに、パターン学習プログラムも開発中だそうで、例を少数認識させるだけで、別の画像の人間が同じ人かどうか判断できるシステムも開発がほぼ終わっているそうだ。

|  |  |  |  |
|---|---|---|---|
| 537 | 【名詞】 | 意 どんなものか、よく理解すること。違いを知ること。<br>例 状況をよくするためには、まず今ある問題点を＿＿＿＿する必要がある。 | 認識(する) |
| 538 | 【名詞】 | 意 しっかり作ること、決めること。<br>例 50年前にはこの病気は治せなかったが、今では治す方法が＿＿＿＿されている。 | 確立(する) |
| 539 | 【名詞】 | 意 ある結果となるために必要なこと。「AならBとなる」のAのこと。<br>例 天気がいいことを＿＿＿＿として予定を立てたが、天気が悪い場合も考えたほうがいい。 | 前提 |
| 540 | 【名詞】 | 意 数が少ないこと。⇔多数<br>例 電子メールを使う人が増え、手紙を出す人は＿＿＿＿になってしまった。 | 少数 |

## ゲームでドン!

**アクティビティー①** 左と右の漢字を線でつないで、一つのことばにしましょう。
できたことばを1.～10.の＿＿＿に入れて文を完成させましょう。

| |  | |  | |
|---|---|---|---|---|
| a | 能 | ・ ・ | 人 | ＿＿＿ |
| b | 機 | ・ ・ | 入 | ＿＿＿ |
| c | 移 | ・ ・ | 定 | ＿＿＿ |
| d | 購 | ・ ・ | 力 | ＿＿＿ |
| e | 前 | ・ ・ | 長 | ＿＿＿ |
| f | 一 | ・ ・ | 行 | ＿＿＿ |
| g | 成 | ・ ・ | 者 | ＿＿＿ |
| h | 個 | ・ ・ | 提 | ＿＿＿ |
| i | 転 | ・ ・ | 器 | ＿＿＿ |
| j | 両 | ・ ・ | 換 | ＿＿＿ |

1. 今度の調査は高校生と大学生の＿＿＿＿が対象になる。
2. 現金で買うことからカードや電子マネーで買うことへの＿＿＿＿が始まっている。
3. 自分の頭を使わず、便利な電子＿＿＿＿を使いすぎることは良くない。
4. 誰にでも自分で問題を解決する＿＿＿＿がある。
5. 明日は雨ではないことを＿＿＿＿にして、山に行くことを計画している。
6. 問題が起こり、大きな政策＿＿＿＿が行われた。
7. SNSに情報を書くときには、＿＿＿が特定できないようにしたほうがいい。
8. 今はインターネットでもいろいろなものが＿＿＿＿できる時代だ。
9. この地域では、経済＿＿＿＿が続いている。
10. 実験のときの環境は、必ず温度もやり方も＿＿＿＿にしなければならない。

**アクティビティー❷** ＿＿＿に入ることばをボックスから探して、文を完成させましょう。動詞は文に合う形にして入れてください。

| に | は | っ | せ | い |
|---|---|---|---|---|
| ん | て | い | ぎ | き |
| し | ゅ | ほ | う | ょ |
| き | さ | こ | は | う |
| い | ぎ | ゆ | た | つ |
| し | ょ | う | す | う |

☐ ＿＿＿＿＿＿＿＿　☐ ＿＿＿＿＿＿＿＿
☐ ＿＿＿＿＿＿＿＿　☐ ＿＿＿＿＿＿＿＿
☐ ＿＿＿＿＿＿＿＿　☐ ＿＿＿＿＿＿＿＿
☐ ＿＿＿＿＿＿＿＿　☐ ＿＿＿＿＿＿＿＿
☐ ＿＿＿＿＿＿＿＿　☐ ＿＿＿＿＿＿＿＿

1. 次々といろいろな問題が＿＿＿＿して、どうしたらいいかわからなくなった。
2. この場所を知っているのはごく＿＿＿＿の人だけで、多くの人は知らない。
3. 今では人間が書いた文字をコンピューターが＿＿＿＿できるようになった。
4. 「青春」の＿＿＿＿は「何かを一生懸命にできること」だと思う。年齢の問題ではない。
5. 漢字はひらがなやカタカナと異なり、それぞれ＿＿＿＿の意味を持っている。
6. クラブ活動には大きな教育的＿＿＿＿がある。
7. 実験の結果、二つの方法には効果の＿＿＿＿があることがわかった。
8. 政府はこの問題で国民を守るという政府の役割を＿＿＿＿ていない。
9. この酒は伝統的な＿＿＿＿を用いて作られている。
10. ハワイや沖縄のような島の文化には＿＿＿＿点があるような気がする。

アクティビティー③ ＿＿＿に入ることばを使って、クロスワードを完成(かんせい)させましょう。動詞(どうし)は辞書形(じしょけい)にして入れてください。

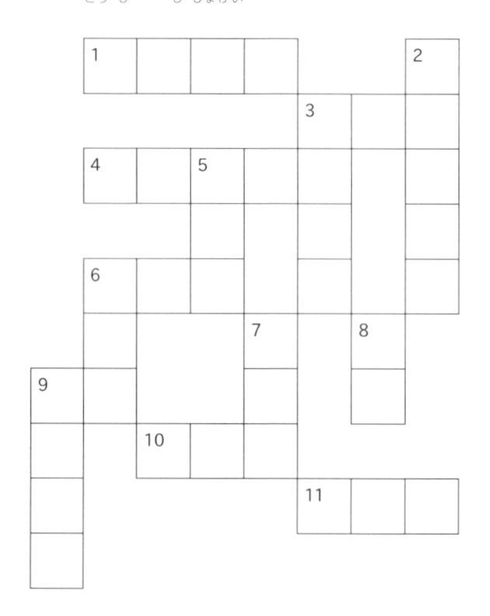

→（左から右へ）

| | |
|---|---|
| 1 | 私の＿＿＿は、小学校教育である。 |
| 3 | 自動運転の普及には技術的な＿＿＿だけでなく、法律の問題も解決しなければならない。 |
| 4 | 彼はすばらしい運動＿＿＿を持っている。 |
| 6 | このコンピューターには、＿＿＿で音楽CDを作成するのに必要な機能が入っている。 |
| 9 | 私は、親の期待に＿＿＿て、先生になった。 |
| 10 | 彼は頑張(がんば)って、すばらしい成長を＿＿＿た。 |
| 11 | 子どもが大学を卒業した。親の責任を＿＿＿て、ホッとした。 |

↓（上から下へ）

| | |
|---|---|
| 2 | お酒を飲み過ぎると、人間は＿＿＿な判断力を失いやすくなるので注意が必要だ。 |
| 3 | この研究は、データを分析する新しい方法を＿＿＿すれば先に進められる。 |
| 5 | この方法は＿＿＿的には可能だが、実際にはかなり難しいと思う。 |
| 6 | その国の＿＿＿の文化もあるが、周辺の国と共有する文化も多いものだ。 |
| 7 | 説明をするときは例を＿＿＿とわかりやすくなる。 |
| 8 | この技術を持っている会社は世界中(せかいじゅう)に3＿＿＿もないはずだ。 |
| 9 | ＿＿＿が異なる意見を持っていて、なかなか決められない。 |

**読んでドン！**　次の文章を読んで、問題に答えましょう。

現在、若者の仕事力が崩壊しつつあります。

しかし、これまでも仕事力の低い人材はいたはずですが、日本企業においては必ずしも表面化してきませんでした。それが、現在では、仕事力の崩壊した若者たちが企業内で戦力外とされてしまうという事態が現実のものとなっています。なぜでしょうか？

最も大きな理由は、21世紀に入り、日本のビジネス社会が大きな変化を遂げたからです。

第一に、「帰属社会」から「契約社会」への大転換ということが挙げられます。21世紀以前の「帰属社会」におけるビジネスパーソンは、終身雇用と年功序列を大前提とし、一度企業に入れば、定年までその企業に帰属し、勤続年数に沿って係長、課長、部長と昇進していくことを当たり前と考えていました。

企業と個人は"運命共同体"であり、企業が成長すれば個人の給料も上がったのです。

しかし、一定以上の経済成長が終焉したことで、こうした「帰属社会」は限界に近づき、それに代わって「契約社会」へと移行しはじめました。「契約社会」におけるビジネスパーソンは、それぞれ卓越した専門性を持ち、それをより高く評価してくれる企業と契約を結びます。「帰属社会」においては、両者の関係は、「雇う」「雇われる」という関係であり、両者の間には絶対的な力の差がありました。しかし「契約社会」においては、両者の関係は「売り」と「買い」の関係であり、個人が能力を企業に売り、対価として企業が個人に給料を払います。

それでは、このように「帰属社会」から「契約社会」へと大転換期を迎えている21世紀の企業はどのような人材を求めているのでしょうか？

私は、現在のビジネスパーソンが企業に買われるためには、「顔の見える個人」「強い個人」である必要があると思います。「顔の見える個人」とは例えば、ある機器の購入をしたいという時に誰でもいいから営業をというのではなく、それなら「A社の鈴木太郎」に頼もう、というように、社外でも社内でもはっきりと顔の見えるビジネスパーソンのことを言います。そして、「強い個人」とはコンペの際に競合他社を寄せつけないなどというように、何かの分野において、ずば抜けた実力を持った「エキスパート」であるということです。

藤田聰（2009）『「ビジネス基礎力」養成講座』（祥伝社）

※ルビの付加は、本書著者による。

【ことば問題】

問題1.「力」を使ったことばを文章の中から全てあげてください。

問題2.「社」を使ったことばを文章の中から全てあげてください。

問題3.「前」を使ったことばを文章の中から全てあげてください。

問題4.「年」を使ったことばを文章の中から全てあげてください。

問題5.「長」を使ったことばを文章の中から全てあげてください。

➡ウェブサイトに【内容理解問題】(ないようりかい)があります。

## ことばのかたまり（Multiword Unit）（連語 Collocationと慣用句 Idiom）

「電話を～」と言ったら、「～」にはどのようなことばが来ると思いますか。電話がかかってくることを「電話をもらう」とは言えますが、電話をかけることを「（×）電話をあげる」とは言えません。このようにことばのかたまりにはパターンがあります。「電話をかける」「電話をもらう」のような、よく一緒に使う“ことばのかたまり”を英語でMultiword Unit（MWU）と言います。

Multiword Unit には、つながりの強いかたまりと弱いかたまりがあります。「口が軽い」は、他の人に言ってほしくないことをすぐに他の人に言ってしまうという意味ですが、「口」「軽い」の意味だけでは、そのような意味になりません。このようにことばの意味を足しても同じ意味にならないのは強いかたまりで、「慣用句」Idiomと言います。「怒る」という意味の「腹が立つ」も慣用句です。慣用句を知らないと、意味を間違えたり、わからなかったりするかもしれません。

「傘をさす」や「可能性が高い」などもよく聞く“ことばのかたまり”ですが、つながりは慣用句ほど強くありません。意味も聞けばわかることが多いです。でも、このかたまりを知らないと使えません。「傘を開く」「傘を使う」も正しい表現ですが、「傘をさす」が一番よく使われます。「可能性が大きい」「可能性が強い」も使われますが、一番よく使うのは「可能性が高い」です。このような“ことばのかたまり”は「連語」Collocationと呼ばれます。連語をうまく使えるようになると、自然な日本語に近くなります。動詞を勉強したら、よく一緒に使う名詞・助詞をいっしょに覚えたほうがいいです。名詞を勉強したら、よく一緒に使う動詞・助詞や形容詞を勉強したほうがいいと思います。

| MWUの種類 | 覚えなくても意味がわかる | 覚えなくても使える | 例 |
|---|---|---|---|
| 慣用句 Idiom | × | × | 口が軽い，腹が立つ |
| 連語 Collocation | ○／△ | × | 傘をさす，可能性が高い |

慣用句や連語のようなことばのかたまりを覚えると、そのかたまりを一つの単語のように処理できるようになり、文章を読むのが速くなります。また、速いスピードの話もわかるようになります。

# LESSON 19

## チェックでドン!

①ことばを見て、意味がわかるかチェックしましょう。

②漢字の読み方を書きましょう。

③音声を聞きましょう。

19-1

| | | 意味がわかる | 読み方 |
|---|---|---|---|
| 541 | 詳細 | | |
| 542 | あたかも | | |
| 543 | 仮説 | | |
| 544 | 考察(する) | | |
| 545 | 部分 | | |
| 546 | 手がかり | | |
| 547 | 結合(する) | | |
| 548 | 効率 | | |
| 549 | 一連 | | |
| 550 | 当初 | | |
| 551 | 占める | | |
| 552 | 大幅 | | |
| 553 | 展開(する) | | |
| 554 | 特性 | | |
| 555 | 発揮(する) | | |

| | | 意味がわかる | 読み方 |
|---|---|---|---|
| 556 | 取り入れる | | |
| 557 | 案 | | |
| 558 | 導入(する) | | |
| 559 | 利用(する) | | |
| 560 | 意図(する) | | |
| 561 | 要因 | | |
| 562 | 連続(する) | | |
| 563 | 拡張(する) | | |
| 564 | 設定(する) | | |
| 565 | 概念 | | |
| 566 | 活用(する) | | |
| 567 | 思考(する) | | |
| 568 | 面 | | |
| 569 | 原理 | | |
| 570 | 本質 | | |

## 例文・意味でドン!

例文を読んで／聞いて意味をイメージしましょう。
右のことばを見ないようにして、＿＿に何が入るか考えましょう。

**1** 19-2

今読んでいる研究論文には、実験の方法が詳細に書かれているので、とても勉強になる。しかし、結果があたかも完全に仮説どおりだったかのように書いてある点が、どうもよくわからない。考察の部分をもう一度詳しく読み直せば、何か手がかりが見つかるかもしれない。

| | | | |
|---|---|---|---|
| 541 | 【名詞】【ナ形】 | 意 細かく詳しいこと。<br>例 試験の内容の＿＿＿＿は来週説明します。 | 詳細 |
| 542 | 【副詞】 | 意 他ととても似ている。「まるで」と同じ使い方。「あたかも～のようだ」でよく使われる。<br>例 その絵の中の女性は、＿＿＿＿生きているような目をしていた。 | あたかも |
| 543 | 【名詞】 | 意 本当かどうかわからないが、「もしAだったら、Bとなる」のように考えたことを説明すること。<br>例 ＿＿＿＿を立てて実験を行ったが、結果はその＿＿＿＿のとおりにはならなかった。 | 仮説 |
| 544 | 【名詞】 | 意 よく調べて考えること。<br>例 実験の結果について、他の研究との関係を含めて＿＿＿＿してください。 | 考察(する) |
| 545 | 【名詞】 | 意 その中の何か一つ。どこか一つ。⇔全体<br>例 この小説はとてもおもしろいが、最後の＿＿＿＿はあまり好きじゃない。 | 部分 |
| 546 | 【名詞】 | 意 知りたいことや、答えを知るために役に立つものやヒント。きっかけ。<br>例 わずかな＿＿＿＿だけで、宝の場所を見つけた。 | 手がかり |

**2** 19-3

この学期のはじめ、学生たちは、化学結合の実験を行うのにとても時間がかかっていた。そこで、効率よく実験を行うために、毎回の授業で実験の一連のプロセスをノートに書かせてみた。すると、学期開始当初は授業時間のほとんどを占めていた実験が、今では大幅に短くなり、実験を二つ行って、議論もできるようになった。

| | | | |
|---|---|---|---|
| 547 | 【名詞】 | 意 二つ以上のものをつなげて一つにすること。<br>例 水($H_2O$) は酸素($O_2$) と水素($H_2$) が＿＿＿して構成されている。 | 結合(する) |
| 548 | 【名詞】 | 意 あることをするためにかかった力や時間の程度と、できた仕事の程度との関係。少ない力や時間でいい仕事ができることを「効率がいい」と言う。<br>例 予定を立ててから行動すると仕事の＿＿＿がよくなる。 | 効率 |
| 549 | 【名詞】 | 意 関係があることが一つにつながったもの。<br>例 このダンスは、始まりから終わりまでの＿＿＿の動作に、意味があるそうだ。 | 一連 |
| 550 | 【名詞】 | 意 はじめのころ。最初。<br>例 ＿＿＿の予定では、この仕事は一か月前に終わっているはずだった。 | 当初 |
| 551 | 【動詞】 | 意1 場所をとる。自分のものとする。<br>例 この人物は、物語の中で重要な役割を＿＿＿ている。<br>意2 全体の中で、ある割合を持つこと。<br>例 この店の客は女性が9割を＿＿＿。 | 占める |
| 552 | 【ナ形】 | 意 変わり方や違いが、いつもより大きいこと。<br>例 20年後、子どもの数が＿＿＿に減るそうだ。 | 大幅 |

**3** 19-4

海外への事業展開計画が決まりそうだ。このグループのメンバーはそれぞれの特性を活かして力を発揮してくれているので、アイデアが非常におもしろい。部分的な修正は必要だが、もう一度皆に意見を聞いて、新たなアイデアを取り入れれば、よりよい修正案がすぐにできるだろう。

| | | | |
|---|---|---|---|
| 553 | 【名詞】 | 意1 次々と広げること。大きくすること。<br>例 今後のビジネス＿＿＿にインターネットがないことは考えられない。<br>意2 次から次へ進むこと。<br>例 この映画は＿＿＿が速くてよくわからない。 | 展開(する) |
| 554 | 【名詞】 | 意 それだけが持っている、特別な性質。<br>例 この紙は水に強いという＿＿＿がある。 | 特性 |
| 555 | 【名詞】 | 意 持っている力を十分に使うこと。<br>例 テストの日に風邪をひいて、力を＿＿＿できなかった。 | 発揮(する) |
| 556 | 【動詞】 | 意 他の人やもののいい点を、自分たちの中に入れる。<br>例 外国の進んだ技術を＿＿＿。 | 取り入れる |
| 557 | 【名詞】 | 意 これからどうしたらいいか、考えたこと・計画。<br>例 学校をよくするために、何かいい＿＿＿があったら教えてください。 | 案 |

**4** 19-5

A社では、副業制度が導入されることになった。この制度を利用すれば、週末などに他社で働くことが認められるそうだ。副業を認めるのは、社員がさまざまな経験を積むことで社員の競争力を高め、結果として会社の力を高めたいという意図があるからだろう。もちろん会社、そして、社員にとってマイナス要因になるものは認めないはずだが。

| | | |
|---|---|---|
| 558 | 【名詞】 意1 外から持ってきて入れること。<br>例 工場に新しい機械を＿＿＿＿する。<br>意2 小説や音楽、授業などの始まりのところ。<br>例 この本の＿＿＿＿を少し読んで、おもしろそうだと思った。 | 導入(する) |
| 559 | 【名詞】 意 使うこと。<br>例 仕事に行く時、いつも電車を＿＿＿＿する。 | 利用(する) |
| 560 | 【名詞】 意 ある行動をしようと考えること。目的、ねらい。<br>例 アンケートを書いたとき、電話番号は教えたくなかったので＿＿＿＿的に書かなかった。 | 意図(する) |
| 561 | 【名詞】 意 大きな原因・理由。<br>例 新しいことばが覚えにくい＿＿＿＿として、漢字の読み方が多いことが考えられる。 | 要因 |

**5** 19-6

先週から10日間連続で雪が降っている。近くの道路では、拡張工事を行っていたが、雪が止まないせいで進められないようだ。天気を考えて工事のスケジュールを設定することはできないから、どうしようもない。

| | | |
|---|---|---|
| 562 | 【名詞】 意 次々と続くこと。<br>例 2本＿＿＿＿で映画を見て、目が疲れた。 | 連続(する) |
| 563 | 【名詞】 意 範囲を広げること。大きくすること。<br>例 道路を＿＿＿＿したので、車が通れるようになった。 | 拡張(する) |
| 564 | 【名詞】 意 目的に合わせてうまく動くように、決めておくこと。<br>例 毎朝同じ時間にエアコンがつくように＿＿＿＿している。 | 設定(する) |

**6** 19-7

人間は遊びを通して多くのことを学んでいく。例えば数の概念がそうだ。また、すでに学んだことを活用して新しく作り出すことも、遊びからの発展だと言える。このような「遊びが生む学び」は、思考力やイメージ力が支えている面がある。遊びの原理は教育の原理につながっているし、仕事の原理にもつながっている。つまり、遊びの本質は、私たち人間の行為そのものなのだ。

|  |  |  |  |
|---|---|---|---|
| 565 | 【名詞】 | 意 あるもののだいたいの意味。何かについての主な考え方。<br>例 インターネットが使われるようになって、コミュニケーションの＿＿＿が変わってきた。 | 概念（がいねん） |
| 566 | 【名詞】 | 意1 ものや力をうまく使うこと。<br>例 大学で学んだことを仕事に＿＿＿している。<br>意2 動詞や形容詞などのことばの形が、ルールに基づいて変わること。<br>例 「行って」「行かない」のように、日本語は動詞が＿＿＿する。 | 活用（かつよう）（する） |
| 567 | 【名詞】 | 意 何かについて、いろいろ考えること。<br>例 眠いと、＿＿＿が止まってしまい、よい仕事ができない。 | 思考（しこう）（する） |
| 568 | 【名詞】 | 意1 ものの外側。側面や正面など。<br>例 箱には6つの＿＿＿がある。<br>意2 いくつかある中の一つのこと。<br>例 どんな仕事にも、いい＿＿＿と悪い＿＿＿がある。 | 面（めん） |
| 569 | 【名詞】 | 意 ものごとの最も基本的な関係、仕組み、一定の動き。<br>例 飛行機が飛ぶ＿＿＿はまだ完全にはわかっていない。 | 原理（げんり） |
| 570 | 【名詞】 | 意 もともと持っている性質。<br>例 少し見ただけでは、ものごとの＿＿＿まで理解することが難しい。 | 本質（ほんしつ） |

## ゲームでドン!

**アクティビティー❶** 左と右の漢字を線でつないで、一つのことばにしましょう。
できたことばを1.～7.の＿＿＿に入れて文を完成(かんせい)させましょう。

| | | | |
|---|---|---|---|
| a | 概 ・ | ・ 定 | ＿＿＿＿ |
| b | 当 ・ | ・ 揮 | ＿＿＿＿ |
| c | 発 ・ | ・ 続 | ＿＿＿＿ |
| d | 設 ・ | ・ 初 | ＿＿＿＿ |
| e | 詳 ・ | ・ 念 | ＿＿＿＿ |
| f | 大 ・ | ・ 細 | ＿＿＿＿ |
| g | 連 ・ | ・ 幅 | ＿＿＿＿ |

1. この商品(しょうひん)がテレビで紹介されれば、店に来る人が＿＿＿＿に増加するだろう。
2. スポーツ選手が力を＿＿＿＿するためには、技術だけでなく、心を整(ととの)えることが必要だ。
3. 4才(さい)前後の子どもには、時間の＿＿＿＿がないと言われている。
4. 環境を守るために国際会議で数値目標が＿＿＿＿された。
5. 土地の値段が上がったために、開発費用が＿＿＿＿の計画の2倍(ばい)になってしまった。
6. 今年の経済成長は昨年(さくねん)に続き、2年＿＿＿＿でマイナスだった。
7. 今の状況を理解するために＿＿＿＿な情報が必要だ。

アクティビティー❷ ＿＿＿に入ることばをボックスから探して、文を完成させましょう。動詞は文に合う形にして入れてください。

| と | う | し | ょ | め | し |
|---|---|---|---|---|---|
| て | ん | か | い | ん | め |
| が | と | り | い | れ | る |
| か | く | ち | ょ | う | げ |
| り | せ | よ | う | い | ん |
| あ | い | ち | れ | ん | り |
| ほ | ん | し | つ | い | と |

□＿＿＿＿＿＿＿＿　□＿＿＿＿＿＿＿＿
□＿＿＿＿＿＿＿＿　□＿＿＿＿＿＿＿＿
□＿＿＿＿＿＿＿＿　□＿＿＿＿＿＿＿＿
□＿＿＿＿＿＿＿＿　□＿＿＿＿＿＿＿＿
□＿＿＿＿＿＿＿＿　□＿＿＿＿＿＿＿＿
□＿＿＿＿＿＿＿＿　□＿＿＿＿＿＿＿＿
□＿＿＿＿＿＿＿＿　□＿＿＿＿＿＿＿＿

1. 今治市は日本のタオルの生産量の６割を＿＿＿＿ている。
2. 競争＿＿＿＿がうまく働く組織は発展するだろう。
3. あの人の働きは、全ての＿＿＿＿において他の人よりも優れていた。
4. 最近はゲーム的な要素を＿＿＿＿た新しいスポーツが増えている。
5. Ａさんの会社は事業を＿＿＿＿する予定らしい。
6. Ｋ先生の＿＿＿＿の研究は世界中で高く評価された。
7. この検査は、健康状態を知る＿＿＿＿になる。
8. そのサービスは、開始＿＿＿＿から多くの注目を集めていた。
9. この会社は個人それぞれの＿＿＿＿を大切にすることで発展した。
10. Ａ社はサービスを全国に＿＿＿＿するらしい。
11. この実験は材料だけではなく、環境＿＿＿＿もコントロールする必要がある。
12. 都市計画の＿＿＿＿ができたので、今後の委員会で検討されることになった。
13. ものごとの＿＿＿＿をを正しく捉えることは難しい。
14. 会議でのあの人の質問の＿＿＿＿がよくわからなかった。

**アクティビティー③** ＿＿＿に入ることばを使って、クロスワードを完成させましょう。動詞は辞書形にして入れてください。

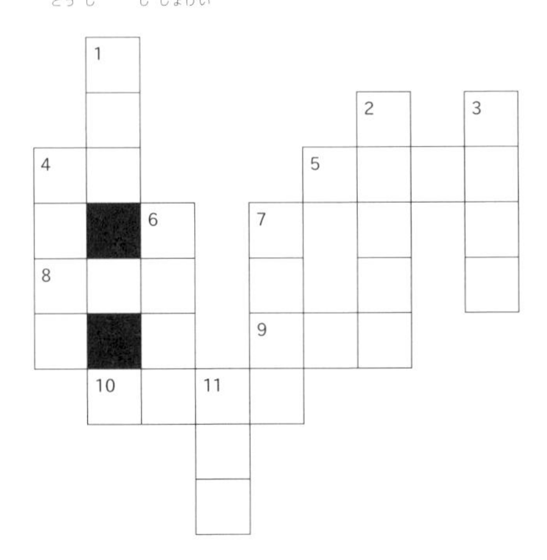


→（左から右へ）

| | |
|---|---|
| 4 | 先生に教育実習で使う指導＿＿＿の作り方を教えてもらった。 |
| 5 | 今回の調査結果の＿＿＿を報告書に加えた。 |
| 8 | 「地球は回っている」という＿＿＿を最初に立てたのは誰だろうか。 |
| 9 | いつも同じ＿＿＿パターンでは新しい考え方は出てこない。 |
| 10 | このソフトウェアを使えば、目的に合わせた＿＿＿的な学習ができるらしい。 |

↓（上から下へ）

| | |
|---|---|
| 1 | このビデオの前半＿＿＿はあまりおもしろくない。 |
| 2 | 新たな法制度の＿＿＿が発表されたが、あまり関心は得られなかった。 |
| 3 | デンタルインプラントというのは、作った歯を骨と＿＿＿させる技術のことである。 |
| 4 | コンピューターの中で起きていることが、＿＿＿現実のように感じられる。 |
| 6 | これからは水資源を今まで以上に有効＿＿＿しなければならない。 |
| 7 | さまざまな経験を通して「愛」の＿＿＿的な意味が理解できるようになった。 |
| 11 | このサービスの＿＿＿にはお金がかかる。 |

## 読んでドン!　次の文章を読んで、問題に答えましょう。

漢字を手がかりに意図的に語彙を多くする方法を紹介します。活用するのは「漢和辞典」と「類語辞典」です。

明治時代に西洋の進んだ知識を取り入れる際、表意文字である漢字の、造語能力が大きな力を発揮しました。新たな概念を導入するのに、意味の合う漢字へ翻訳して新語をつくったのです。「哲学」という語はその代表的なものです。それ以前も、古い時代に漢字が中国から輸入されて以来、漢語が大量に輸入され続け、今も語彙の重要な部分(4割以上)を占めています。この2つの面から、漢字を用いた言葉を効率よく多くすれば、使える語彙も大幅に増えるはずです。

そうであれば、ここで利用すべき第一は「漢和辞典」です。例えば、私の姓の一字「原」を調べてみましょう。その意味に、①もと、おこり②現在あるものの、もとの形③はら、のはら――の三つがあることがわかります。具体例として①原始、原因②原案、原料③高原――なども挙げられています。

ここから関心をさらに広くします。「原」以外の字、例えば「原案」の「案」に注目するのです。「案」は考えの意味です。では、この意味での類語には何があるかを「類語辞典」で調べれば、「私案」「懸案」「提案」など、たくさん出てきます。こうして、漢字を手がかりに様々な語彙を多くすることができます。

小笠原信之(2012)『伝わる!文章力が豊かになる本』(高橋書店)
※学習者に配慮し、本書著者により本文を一部改編し、ルビを付加した。

**【ことば問題】**

問題1.「手がかり」に近い意味の他のことばに何がありますか。(文章の中にはありません)

問題2.「活用する」と近い意味のことばを文章の中から二つあげてください。

問題3.「漢和辞典」の「和」とは何ですか。

問題4.「輸入」と反対のことばをあげてください。(文章の中にはありません)

問題5.「4割」を他のことばで言い換えてください。

➡ウェブサイトに【内容理解問題】があります。

# LESSON 20

## STEP 1 チェックでドン!

①ことばを見て、意味がわかるかチェックしましょう。
②漢字の読み方を書きましょう。
③音声を聞きましょう。

🎧 20-1

| | | 意味がわかる | 読み方 |
|---|---|---|---|
| 571 | 分布(する) | | |
| 572 | 衝突(する) | | |
| 573 | きわめて | | |
| 574 | 要求(する) | | |
| 575 | 確認(する) | | |
| 576 | 観点 | | |
| 577 | 見直し | | |
| 578 | -視 | | |
| 579 | 外部 | | |
| 580 | 困難 | | |
| 581 | 事例 | | |
| 582 | 著しい | | |
| 583 | 現状 | | |
| 584 | 高まる | | |
| 585 | 決定(する) | | |

| | | 意味がわかる | 読み方 |
|---|---|---|---|
| 586 | 成立(する) | | |
| 587 | 伴う | | |
| 588 | 類似(する) | | |
| 589 | 各種 | | |
| 590 | 規定(する) | | |
| 591 | 満たす | | |
| 592 | 近代 | | |
| 593 | 古典 | | |
| 594 | 解明(する) | | |
| 595 | 著作 | | |
| 596 | 妥当 | | |
| 597 | 生成(する) | | |
| 598 | 提示(する) | | |
| 599 | 複合(する) | | |
| 600 | 相対 | | |

## 例文・意味でドン！

例文を読んで／聞いて意味をイメージしましょう。
右のことばを見ないようにして、＿＿に何が入るか考えましょう。

**1** 20-2

交通事故発生数のデータの分布をみると、一日のうちで、夕方に事故が多いことがわかった。しかも、夕方の事故は、車と車の衝突事故ではなく、人と車による事故がきわめて多かった。夕方暗くなると、車から人は見えにくい。毎日走っている道路であれば、高度な運転技術が要求されることは少ない。むしろ「毎日走っている道路だから」と、安全確認を軽く考えることが事故につながっているのだろう。

| | | | |
|---|---|---|---|
| 571 | 【名詞】 | 意 あちらこちらにあること、広がること。<br>例 この花はアフリカ全土に＿＿＿＿＿している。 | 分布(する) |
| 572 | 【名詞】 | 意1 ぶつかること。<br>例 最近の車には、急に人が飛び出して来ても＿＿＿＿＿しないように、自動で停まるシステムがついている。<br>意2 意見が合わなくて、はげしい言い合いになること。<br>例 父と兄は考え方が違うので、話すといつも＿＿＿＿＿する。 | 衝突(する) |
| 573 | 【副詞】 | 意 とても。たいへん。本当に。<br>例 今日、授業で話した点はこの分野において＿＿＿＿＿重要な点ですので、忘れないように。 | きわめて |
| 574 | 【名詞】 | 意 強く求めること。欲しがること。<br>例 このホテルは客のさまざまな＿＿＿＿＿に応じてくれるそうだ。 | 要求(する) |
| 575 | 【名詞】 | 意 正しいかどうか調べること。<br>例 出かける前に、家の窓が閉まっていることを＿＿＿＿＿した。 | 確認(する) |

**2** 20-3

一つの試験結果だけでは、現在の自分の実際の力を正確に知ることは難しい。さまざまな観点から見直しを行い、自分の力を客観視することが重要になる。そのためには、外部の試験を受けてみるのもよいだろう。

| | | | |
|---|---|---|---|
| 576 | 【名詞】 | 意 その人がどのような視点から、ものを見たり考えたりしているかということ。<br>例 子を持つ親の＿＿＿＿では、食べ物の安全が一番大切だ。 | 観点 |
| 577 | 【名詞】 | 意 良くするために、もう一度よく見ること。<br>例 レポートは提出する前に＿＿＿＿が必要だ。 | 見直し |
| 578 | 【接尾辞】 | 意 「重要視」「疑問視」のように、「〜だと見る」「〜だと考える」の意味。<br>例 日本では子どもの数が減っていることが問題＿＿＿＿されている。 | -視 |
| 579 | 【名詞】 | 意 外側。自分たちのグループの外。⇔内部<br>例 会社の情報は、＿＿＿＿の人に教えてはならない。 | 外部 |

**3** 20-4

大地震の際に家に帰るのが困難な人たちへの支援に関する検討会があった。2011年の地震の事例報告から、電車やバスが止まることによる影響が著しいことが改めて確認できた。現状では、安全が確認できるまでいられる場所が十分提供できないことも課題だろう。地震に対する意識が高まっていることはとてもよいことだが、問題なく対応できるようになるまでには、まだ時間がかかると思われる。

| | | | |
|---|---|---|---|
| 580 | 【名詞】【ナ形】 | 意 難しいこと。思ったとおりにならない様子。<br>例 この会社は事業に失敗して経営が＿＿＿＿になったそうだ。 | 困難 |
| 581 | 【名詞】 | 意 これまでに本当にあったこと。例。<br>例 この病気に関して、最近同じような＿＿＿＿が他の国でも多く報告されている。 | 事例 |
| 582 | 【イ形】 | 意 目立つこと。はっきりとわかるくらいはげしい様子。<br>例 この夏は気温の変化が＿＿＿＿。 | 著しい |

| 583 | 【名詞】 | 意 今どんな様子かということ。<br>例 成長のためには、まず＿＿＿を理解し、問題点を整理すべきだ。 | 現状 |
|---|---|---|---|
| 584 | 【動詞】 | 意 高くなったり強くなったりする。<br>例 新しい歌が売れて、その歌手の人気が＿＿＿た。 | 高まる |

**4** 20-5

皆の意見をまとめ、会社の方針を決定するためには十分に話し合うことが重要だ。だが、話し合いの成立のためには、他の人の意見を聞こうとする気持ちが不可欠である。話し合いを重ねるに伴って、相手と自分が類似している点に気づくこともあるものだ。

| 585 | 【名詞】 | 意 決めること、決まること。<br>例 2020年のオリンピックは、東京で開かれることが＿＿＿した。 | 決定(する) |
|---|---|---|---|
| 586 | 【名詞】 | 意 話し合いなど、進めていたことが最後にまとまること。できること。<br>例 EU(ヨーロッパ連合)は1993年に＿＿＿した。 | 成立(する) |
| 587 | 【動詞】 | 意1 連れて行く。<br>例 社長は部下を＿＿＿て出かけていった。<br>意2 同時に起きる。<br>例 頭痛を＿＿＿風邪が3日も続いた。 | 伴う |
| 588 | 【名詞】 | 意 よく似ていること。<br>例 このかばんはA社の製品に＿＿＿している。 | 類似(する) |

**5** 🎧20-6

国や市の各種のサービスを受けることができるかどうかは、国や市が規定した条件をどこまで満たしているかどうかで異なってくる。

|  |  |  |  |
|---|---|---|---|
| 589 | 【名詞】 | 意 いろいろな種類のもの。<br>例 この店では、海外と国内のワインを＿＿＿扱っております。 | 各種（かくしゅ） |
| 590 | 【名詞】 | 意 決まりを作ること。決められていること。<br>例 平日のパーティーは寮の＿＿＿により禁止されている。 | 規定（きてい）(する) |
| 591 | 【動詞】 | 意1 中にたくさん入れる。<br>例 そのプールはきれいな水で＿＿＿れていた。<br>意2 必要なものを全て持つ。<br>例 A社に就職するためには、学歴や経験など、A社が求める条件を＿＿＿必要がある。 | 満（み）たす |

**6** 🎧20-7

大学で近代文学の授業を受けている。古典文学との比較だけでなく、当時の外国との交流による影響から、近代文学の特徴を解明するという内容だ。先生は近代文学研究に関する著作を数多く出していらっしゃることもあり、この授業はとてもおもしろい。

|  |  |  |  |
|---|---|---|---|
| 592 | 【名詞】 | 意 時代の区分の一つ。日本では明治時代から昭和（時代）初期までを言う。<br>例 日本人は＿＿＿に入るまで、あまり肉を食べなかったそうだ。 | 近代（きんだい） |
| 593 | 【名詞】 | 意 古い時代のもの。芸術や学問で、長い間いいものとされている作品。<br>例 日本で歌舞伎などの＿＿＿芸能について学びたい。 | 古典（こてん） |
| 594 | 【名詞】 | 意 これまでわかっていなかったことを、はっきりとわかるようにすること。<br>例 車に付けられたカメラから、事故の原因が＿＿＿された。 | 解明（かいめい）(する) |
| 595 | 【名詞】 | 意 本や絵、音楽などを作ること。その作品。<br>例 本や絵などには、それを作った人の権利、つまり「＿＿＿権」がある。 | 著作（ちょさく） |

**7** 20-8

私が開発した学習管理システムでは、現在の成績と目標、そして期間を設定すれば、無理(むり)のない妥当な学習プログラムを自動生成できる。また、数学、日本語、生物学など、それぞれでプログラムを提示することもできるが、2種類以上のものが複合した状態で提示できるのも大きな特徴だ。成績は、学生がどれだけできるようになったか見せることはもちろん、他の学生との比較で相対的な評価も見せることができる。

| | | | |
|---|---|---|---|
| 596 | 【名詞】【ナ形】 | 意 ちょうどよい。よく合(あ)っていること。<br>例 今日のパーティーにはフォーマルな服が＿＿＿＿だろう。 | 妥当(だとう) |
| 597 | 【名詞】 | 意 新しいものを作(つく)りあげること。できあがること。<br>例 クモの糸(いと)を人工的(じんこうてき)に＿＿＿＿することに成功(せいこう)した。 | 生成(せいせい)(する) |
| 598 | 【名詞】 | 意 相手(あいて)の目の前に出して見せること。<br>例 図書館で本を借りるときは、学生証(しょう)を＿＿＿＿してください。 | 提示(ていじ)(する) |
| 599 | 【名詞】 | 意 二つ以上の違(ちが)うものが、一つになること。<br>例 最近(さいきん)は、買い物だけでなく、食事や映画も楽(たの)しめる＿＿＿＿施設(しせつ)に行く人が増(ふ)えている。 | 複合(ふくごう)(する) |
| 600 | 【名詞】 | 意 人や場所(ばしょ)や見方(みかた)によって評価(ひょうか)などが変わるということ。⇔絶対(ぜったい)<br>例 いろいろなことを＿＿＿＿的(てき)に見ることが大切だ。 | 相対(そうたい) |

## STEP 3 ゲームでドン!

**アクティビティー①** 左と右の漢字を線でつないで、一つのことばにしましょう。できたことばを1.～7.の＿＿に入れて文を完成（かんせい）させましょう。

| | | | | |
|---|---|---|---|---|
| a | 古 | ・ ・ | 布 | ＿＿＿＿ |
| b | 提 | ・ ・ | 合 | ＿＿＿＿ |
| c | 複 | ・ ・ | 立 | ＿＿＿＿ |
| d | 外 | ・ ・ | 似 | ＿＿＿＿ |
| e | 分 | ・ ・ | 部 | ＿＿＿＿ |
| f | 成 | ・ ・ | 典 | ＿＿＿＿ |
| g | 類 | ・ ・ | 示 | ＿＿＿＿ |

1. 日本国内に住所を持たない外国人がホテルに宿泊（しゅくはく）する際、パスポートの＿＿＿＿を求められることがあります。
2. カエルは＿＿＿＿の温度によって体温が変化する変温動物である。
3. 経済学でも社会学でも＿＿＿的なモデルだけでは複雑な現代社会を説明できない。
4. 特定の地域に＿＿＿＿することばの研究は、社会言語学の一分野である。
5. この病気の流行は、自然と社会の＿＿＿＿的な要因で起きた現象であろう。
6. この二つのシステムは見た目は違うが、背景にある考え方は＿＿＿＿している。
7. あの教授（きょうじゅ）は、アジアの国々（くにぐに）の新しい教育制度の＿＿＿＿過程を研究テーマにしている。

アクティビティー❷ 下からことばを探して文を作りましょう。
動詞は文に合う形にして文に入れましょう。

| | | | | | | | | |
|---|---|---|---|---|---|---|---|---|
| か | ん | て | ん | よ | と | も | な | う |
| く | こ | き | そ | う | た | い | | |
| に | ん | て | し | き | ん | だ | い | か |
| ん | な | い | ん | ゅ | せ | い | せ | い |
| げ | ん | じ | ょ | う | ぶ | ん | ぷ | め |
| し | ょ | う | と | つ | け | っ | て | い |

□ ＿＿＿＿ □ ＿＿＿＿
□ ＿＿＿＿ □ ＿＿＿＿
□ ＿＿＿＿ □ ＿＿＿＿
□ ＿＿＿＿ □ ＿＿＿＿
□ ＿＿＿＿ □ ＿＿＿＿
□ ＿＿＿＿ □ ＿＿＿＿
□ ＿＿＿＿ □ ＿＿＿＿
□ ＿＿＿＿ □ ＿＿＿＿

1. 魚をたくさんとることは、資源管理の＿＿＿から見ると問題があるかもしれない。
2. この地域を開発する事業計画の＿＿＿には、あと3か月ぐらいかかるだろう。
3. 東京駅の周辺には現代的な建物だけでなく、＿＿＿的な建物がいくつも残されている。
4. 世界の資源の＿＿＿を調べることは、この国際機関の基本的な仕事だ。
5. 酒の中に酸が＿＿＿されすぎると味が悪くなることがある。
6. このような物理現象が本当に存在するのか、当初から疑問＿＿＿されていた。
7. 1000円は大人にとっては高くないが、子どもにとっては高い。これが＿＿＿的価値の違いということである。
8. この現象の複雑な関係を＿＿＿すれば、問題の本質が見えてくるかもしれない。
9. 西洋の＿＿＿文学を読むためにはラテン語が必要である。
10. 近代化の影響で伝統文化の維持が＿＿＿な場合、人々の適切な支援が必要だろう。
11. この調査の結果から、多くの人は＿＿＿維持が良いと思っていることがわかる。
12. 生活環境の変化に＿＿＿て新たな問題が発生するというのはよくあることだ。
13. この仕事には高い専門性が＿＿＿される。
14. このあたりの道路は少し暗いので、よく安全＿＿＿をしながら運転してください。
15. 会議ではいつもあの二人の意見が＿＿＿して、なかなか結論が出ない。
16. 新しい情報技術に関する問題は、法律に明確な＿＿＿がないことが多い。

**アクティビティー③** ＿＿＿に入ることばを使ってクロスワードをやってみましょう。動詞は辞書形にして書きましょう。

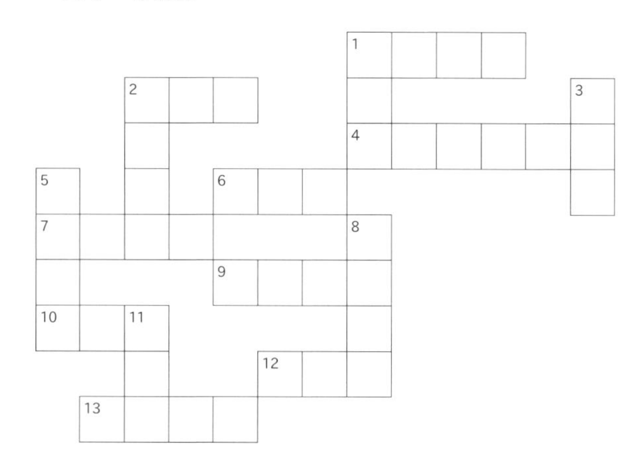

→（左から右へ）

| | |
|---|---|
| 1 | この実験は危険性が＿＿＿高いので中止することにした。 |
| 2 | ここに書いてある基準を＿＿＿た場合だけ、このサービスを受けることができる。 |
| 4 | 一度戦争が起きると、国際社会全体に＿＿＿影響を与える。 |
| 6 | 調査結果をわかりやすく示すため、植物の＿＿＿を示す図を作成した。 |
| 7 | 新入生が図書館をより便利に使えるように、＿＿＿サービスが紹介された |
| 9 | ＿＿＿権制度は、作った人の権利を守ることで文化が発展することを目的としている。 |
| 10 | 類語辞典は、あることばと＿＿＿したことばを探すときに使う辞書のことである。 |
| 12 | この値段なら高すぎることも安すぎることもなく、＿＿＿な範囲だろう。 |
| 13 | 昨日、国会で新しい法律が＿＿＿した。 |

↓（上から下へ）

| | |
|---|---|
| 1 | この問題をどう解決するかは、＿＿＿に基づいて判断されるであろう。 |
| 2 | 高齢者の割合が増えるに従って、保険制度の＿＿＿を行う国が増えている。 |
| 3 | 組織は＿＿＿からの刺激がないと、だんだん力がなくなっていくことが多い。 |
| 5 | 一般的に言えば、あるものの需要が＿＿＿ば、値段も高くなることが多い。 |
| 8 | 二つの単語が結合した語を＿＿＿語と言う。 |
| 11 | この本には具体的な＿＿＿がたくさん紹介されていて、とてもわかりやすい。 |

## 読んでドン！　次の文章を読んで、問題に答えましょう。

現代の若者たちは、自分の対人レーダーがまちがいなく作動しているかどうか、つねに確認しあいながら人間関係を営んでいる。周囲の人間と衝突することは、彼らにとってきわめて異常な事態であり、相手から反感を買わないようにつねに心がけることが、学校での日々を生き抜く知恵として強く要求されている。その様子は、大人たちの目には人間関係が希薄化していると映るかもしれないが、見方を変えれば、かつてよりもはるかに高度で繊細な気配りを伴った人間関係を営んでいるともいえる。

このような「優しい関係」を取り結ぶ人びとは、自分の身近にいる他人の言動に対して、つねに敏感でなければならない。そのため「優しい関係」は、親密な人間関係が成立する範囲を狭め、他の人間関係への乗り換えも困難にさせる。互いに感覚を研ぎすませ、つねに神経を張りつめておかなければ維持されえない緊張に満ちた関係の下では、対人エネルギーのほとんどを身近な関係だけで使い果たしてしまうからである。その関係の維持だけで疲れきってしまい、外部の関係にまで気を回す余力など残っていないからである。

こうして「優しい関係」は、風通しの悪くなった狭い世界のなかで煮詰まっていきやすい。そのような関係の下で、互いの対立点がひとたび表沙汰になってしまうと、それは取り返しのつかない決定的なダメージであるかのように感じられる。「今、このグループでうまくいかないと、自分はもう終わりだ」と思ってしまう。現在の人間関係だけが絶対視されてしまい、他の人間関係のあり方と比較して相対化することができないからである。

土井隆義（2008）『友だち地獄—『空気を読む』世代のサバイバル』（筑摩書房）
※ルビの付加は、本書著者による。

**【ことば問題】**

問題1.「周囲」と近い意味のことばを文章の中から一つあげてください。

問題2.「〜化」を使ったことばを文章の中から二つあげてください。

問題3.「緊張に満ちた」に近い意味の表現を文章の中から三つあげてください。

問題4.「決定（的）」以外で、よく「〜的」をつけて使うことばを文章の中からできるだけたくさんあげてください。

➡ウェブサイトに【内容理解問題】があります。

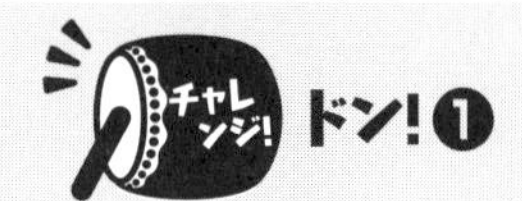


## ドン!❶ これまでに勉強したことを活かして、読んでみよう!

言語と文化にはどんな関係があるだろうか。実際には「文化」を定義することも容易ではないし、文化は種々の複合的な要因によって生成されるものであるため、あたかも言語が固有の文化を規定するような考察を展開することは妥当ではないだろう。しかし、言語が文化や思考の本質にもたらす影響を一つの観点として提示する可能性は検討するに値する。

言語と文化の関係について聞かれれば、まず、文学や芸能のような言語的芸術を思い浮かべる人もいるであろう。言語そのもののことを考えて、「もったいない」「いただきます」のような翻訳しにくい語句・表現や、敬語や方言のような年齢・性別・状況や地域による表現の違いについて考える人もいるかもしれない。文法についても、例えば日本語は結果や状況を重視する表現や、場面・状況に頼る表現をする傾向があることが、複数の学者による一連の著作から理解できる。そこでは自動詞文(「〜なる」など)、受け身文(〜られる)、授受表現(「〜あげる」「〜くれる」「〜もらう」)、存在文(〜に〜がある)等々、各種の文法現象が例になっている。

では、音声はどうだろうか。音の問題は語句や表現などに比べると直接に意味にかかわる著しい特徴を意識することが少ないので、一見、文化とはあまり関係していないように見えるかもしれない。だが、本当にそうだろうか。

まず、音のイメージと意味の関係から文化に迫ることができるであろう。例えば、女の子の名前と男の子の名前にどのような音が多く使われているかを調べると、明らかに違いがある。明治安田生命のウェブサイトによれば、2015年の女の子と名前(読みかた)の1位から5位はハナ、ユイ、メイ、アオイ、コハルである。男の子のほうはハルト、ソウタ、ユウト、ハルキ、ユイトの順である。女の子の名前には、息の破裂(k, g, t, d, p)を含む音が著しく少ない。4位のアオイは母音の連続である。(漢字の「葵」は全ての女の子の名前の中で1位である。)男の子の名前も硬い感じはあまりないが、女の子に比べると明らかにkやtを含む音の割合が多い。また、ソウタ(2位)、ユウト(3位)、ユウセイ(7位)、コウキ(8位)、ユウマ(10位)のような長音(ou, uu, eiなどが長音化したもの)も目立つ。女の子の名前には上位に一つも長音がなく、初めて登場するのは33位のフウカである。女の子では、破裂音や長音を含む名前は明らかに少数派だ。

英語の名前はどうだろうか。アメリカ社会保障庁(SSA: Social Security Administration)のウェブサイトによると2015年のアメリカの赤ちゃんの名前の上位は女の子がEmma, Olivia, Sophia, Ava, Isabellaで、男の子がNoah, Liam,

Mason, Jacob, Williamである。これを見ると女の子の名前に-aで終わるものが多いことは明らかである。なんと6位のMiaまで全て-aで終わる名前である。これらはラテン語などのヨーロッパ言語で女性を表す-aから来ている。男の子の名前はなぜかnやmで終わっているものがかなりある。10位までにはLiam, Mason, Williamのほか、Ethan, Benjaminがあり、半数を占める。

では、このような音のイメージのほかには、音と文化のかかわりが考えられないだろうか。実は私は、日本語の表現があいまいだと言われることと日本語の音韻構造には関係があるかもしれないと考えている。

例えば、よく日本人の表現はあいまいだとか、省略が多いと言われる。だが、もし省略しないで言うとどうなるだろう。英語の"I love you"は3音節(音節：一つの母音を含む音のまとまり）で、中国語の"我爱你"("I love you"の意味）も3音節だ。そのまま日本語にすると「わたしはあなたが好きです」の12音節で、少し短い「ぼくはきみが好きだ」でも9音節である。目の前に相手がいれば「好きだよ」（4音節）と言うだけで十分に伝えられる。

いちいち主語や目的語をはっきり示す構造にするには、日本語の語形は平均的に長すぎるように思われる。これは日本語そのものが持っている音の種類が少ないため、意味を区別するためにより多くの音が必要だからではないだろうか。日本語は音の種類が少ない代わりに、音をたくさん並べることで意味を区別する言語だと思われる。そのような構造をもつ言語の話者が少しでも短く、効率的に話そうとするのは当然であろう。つまり、日本語の省略が発達したのは、日本語の音韻構造の特性によるという可能性がある。

世界のいろいろな言語の事例を調べて共通点をさがしてみれば、「音の種類の少ない言語には省略が多い」という仮説を検証し、新しい理論を確立することができるかもしれない。

松下達彦「言語の音と文化はどう関わるか」（書き下ろし）

**【ことば問題】**

問題1.「種々の」「あたかも」を、それぞれ同じ意味の別のことばでいうと何ですか。（文章の中にはありません）

問題2.「(検討する)に値する」を別のことばで言い換えてください。

問題3.「少数派」と反対の意味のことばは何ですか。（文章の中にはありません）

問題4. 言語学に関係する語を文章の中からあげてください。

問題5. レポートや論文によく使う名詞と動詞の組み合わせ(～を～する)を文章の中からできるだけたくさんあげてください。

➡ウェブサイトに【内容理解問題】があります。

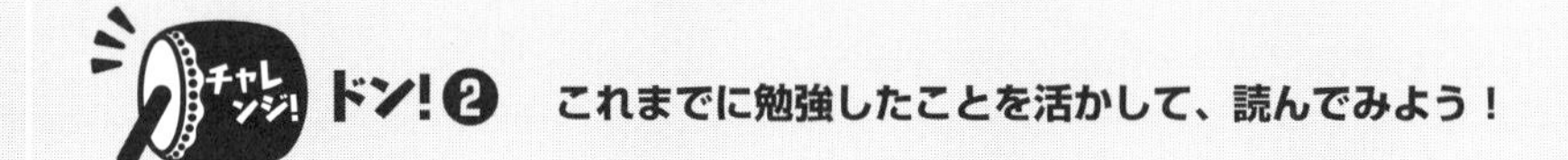

チャレンジ!
ドン!❷
これまでに勉強したことを活かして、読んでみよう!


生物学には、まだ解明されていない謎がたくさんある。性の原理もその一つである。

ヒトを含めて動物には、ふつうオスとメスという性がある。性があるおかげで、両親から遺伝子を受けついだ子が作られる。このため、子孫の遺伝子の組み合わせは多様になる。

その一方で、メスだけで子を産み、子孫を残ししていく生き物もいる。オスは子孫を残すことに関わらない。このような生殖法は単為生殖と言われ、精子と受精していない未受精卵が発生して子が生まれる。単為生殖する生き物では、多くの場合、親と遺伝的に同じクローンの子が生まれる。ここでは、オスなしで子孫を残す生き物を紹介しよう。

**花粉は要らない！　セイヨウタンポポの種子づくり**

植物の単為生殖は、身近な植物であるセイヨウタンポポやドクダミ、ヒメジョオンなどで知られている。植物の場合、雄しべで作られる花粉がオスに、雌しべの胚のうがメスに相当する。

セイヨウタンポポはもともとヨーロッパの植物である。その分布は、今日では世界各地に広がり、日本にも生えている。セイヨウタンポポには、多数の種類があり、その数は1,000種を超えるとも言われている。そのうち大部分は単為生殖する種である。つまり、受精せずに種子を作る。日本に生えているセイヨウタンポポも単為生殖する。一方、ヨーロッパのごく一部の地域に分布するセイヨウタンポポには、有性生殖する種も存在する。これらのタンポポでは、花粉を受け取り、受精して種子を作る。

セイヨウタンポポの単為生殖を簡単に調べる手法がある。花が開く直前、つぼみの上の部分をハサミやナイフで切り取ってみるのだ。この処理により、雌しべの先の部分が切り取られる。この部分は花粉を受け取るのに必要なので、もし有性生殖している花なら、受精できず、種子はできないはずである。結果は、２～３週間経つとわかる。おもしろいことに種子ができる。この現象は、日本に生えているセイヨウタンポポは単為生殖により種子ができることを示している。

もともと日本に生えているタンポポでも、単為生殖する種は多い。例えば、北海道に生えるシコタンタンポポ、北海道や東北地方に生えるエゾタンポポ、西日本を中心に広がるシロバナタンポポなど、たくさんの種が挙げられる。

一方、日本には有性生殖をするタンポポも、ごくふつうに生えている。関東地方を中心にカントウタンポポ、西日本を中心にカンサイタンポポなどが広く分布している。じつは、有性生殖するタンポポが広く分布するのは、世界的に珍(めずら)しいとされる。タンポポでは花や葉などの形が類似しているが､生殖の仕方は種によって異なっているのだ。せっかくなので、日本でいろいろなタンポポを観察してみてはどうだろうか。

**他種の魚が活躍(かつやく)！　ギンブナの意外な姿(すがた)**

単為生殖(たんいせいしょく)は、植物では珍しくないが、魚や鳥を含めた背骨(せぼね)のある動物ではとても珍しい現象とされる。ところが、日本に広く分布するギンブナは単為生殖している。驚(おどろ)いたことに、ギンブナはクローンのメスばかりを産(う)む。

ただし，ギンブナの未受精卵(じゅせいらん)の発生には、精子(せいし)による刺激が必要とされる。精子の遺伝子は使われないが、精子は必要なのだ。しかし、ギンブナにオスはいないので、ギンブナ以外の魚の精子がその役割を果たしている。このようなプロセスにより、メスの未受精卵は、精子と受精せず、精子の遺伝子(いでんし)と混ざり合うことなく発生するので、生まれる子は全て遺伝的に同じクローンとなる。

セイヨウタンポポやギンブナは、どちらもクローンの子が作られるので、ある集団では、遺伝的に同じ個体(こたい)ばかりになると当初は予想(よそう)されていた。ところが、ある限られた地域を詳細に調べてみると、子孫(しそん)は遺伝的に多様であることが、最近の研究によって解明されてきた。

多様なクローンが発生する仕組(しく)みには、２つのパターンが考えられる。１つは、クローンが突然変異(とつぜんへんい)を起こしたときである。もう１つはクローンが何度も生み出されたとき、つまりクローンの起源(きげん)が複数あるときだ。セイヨウタンポポやギンブナでは、クローンの起源が複数あることがわかっている。

**オスがいない！　ヒルガタワムシはわからないことだらけ**

ヒルガタワムシはとても小さな多細胞(たさいぼう)の動物で、主に水の中に暮(く)らしている。この生物には、いまだにオスが見つかっていない。メスは単為生殖で卵を産み、子孫を残してきたと考えられている。

本当に有性(ゆうせい)生殖をしていないのだろうか？　それとも、単に見つかっていないだけなのだろうか？　この課題を解決するために、ある特定の遺伝子に注目して遺伝的変異の様子を調べた研究がある。その詳細はここでは省略するが、変異の割合から計算された結果は驚くべきものだった。なんと、数千万年もの間、単為生殖だけをして種を保ってきたと推測(すいそく)されたのだ。ヒルガタワムシにはオスがなく、クローンを作るという生殖法により子孫を残してきた可能性が高まっている。

ところで、ヒルガタワムシは遺伝的に多様である。おもしろいことに、ヒルガタワムシは細菌や菌類からもたらされたと考えられる遺伝子を持っているというのだ。もしかすると、こういった異なる種の遺伝子を取り込むことによって、遺伝的な多様性を保っているのかもしれない。ただし、どのような条件を満たせばこのようなことが起こるのかなど、まだ解明されていない多くの課題が残されている。

メスだけで子を残せるなら、オスはいらない。オスはどのような役割を果たしているのだろうか。オスを産まなければ、その分だけメスが増えるので、子孫を効率的に残せるはずだ。その一方で、子孫の遺伝的な多様性は失われると予想される。遺伝的な多様性が失われた集団では、例えば、新しい病気が広がるなど環境の急激な変化に対応できずに、子孫を残せなくなる可能性がある。ところが、すでに紹介したように、実際には単為生殖する生き物の集団でも、多様なクローン個体が保たれている例がある。このような現象の背景にはどのような原理があるのだろうか。さらなる研究により、性に対する新たな認識がもたらされるかもしれない。なぜオスがいるのか？ という生物学的に大きな謎を解くヒントが、ごく身近な生き物に隠されている。

保谷彰彦「オスはいらない？ーメスだけで子を残す生き物たちー」（書き下ろし）

**【ことば問題】**

問題1. 「単為生殖」の反対の意味のことばは何ですか。

問題2. 植物が「受精」するというのはどういうことですか。文章中のことばを下の＿＿＿に入れてください。

雌しべの＿＿＿＿＿が＿＿＿＿＿の花粉を＿＿＿＿＿＿こと

問題3. 本文に出てくる生物学に関係する語を「植物以外の生物にも関係する語」と「植物だけに関係する語」に分けて、できるだけたくさんあげてください。

問題4. 「1,000種」の「種」、「単為生殖する種」の「種」、「種子」の「種」の三つの意味はどう違いますか。

問題5. 「複数」の「複」と反対の意味の漢字を文章の中から一つあげてください。

➡ウェブサイトに【内容理解問題】があります。

# 索　引・INDEX

## あ

アイデア　46
アウト　100
明らか　14
　あき
挙げる　179
　あ
値　47
　あたい
与える　86
　あた
あたかも　188
-当たり　58
　あ
扱う　110
　あつか
当てはまる　44
　あ
アプローチ（する）　130
誤り　107
　あやま
新た　107
　あら
表す　14
　あらわ
ある　16
あるいは　15
案　190
　あん
安全　64
　あんぜん
安定（する）　66
　あんてい

## い

言い換える　12
　い　か
委員　88
　いいん
以下　14
　いか
以外　158
　いがい
意義　178
　いぎ
以降　44
　いこう
移行（する）　177
　いこう
維持（する）　75
　いじ
意識（する）　74
　いしき
以上　14
　いじょう
位置（する）　4
　いち
著しい　199
　いちじる
一部　137
　いちぶ
一連　189
　いちれん

一種　116
　いっしゅ
一致（する）　137
　いっち
一定　176
　いってい
一般　146
　いっぱん
一方　14
　いっぽう
意図（する）　191
　いと
移動（する）　36
　いどう
イメージ（する）　34
言わば　68
　い
いわゆる　126
引用（する）　126
　いんよう

## う

訴える　108
　うった
生み出す　75
　う　だ
運動（する）　6
　うんどう

## え

影響（する）　66
　えいきょう
描く　76
　えが
得る　56
　え
延長（する）　136
　えんちょう

## お

応じる　128
　おう
応用（する）　119
　おうよう
多く　16
　おお
大幅　189
　おおはば
オープン（する）　139
補う　25
　おぎな
行う　5
　おこな
汚染（する）　147
　おせん
おのおの　84
主に　22
　おも
及ぶ　74
　およ
及ぼす　86
　およ

## か

-化（する）　4
　か

会　23
　かい
会員　23
　かいいん
解決（する）　129
　かいけつ
開始（する）　108
　かいし
回収（する）　159
　かいしゅう
概念　192
　がいねん
開発（する）　147
　かいはつ
外部　199
　がいぶ
開放（する）　68
　かいほう
解明（する）　201
　かいめい
科学　33
　かがく
化学　119
　かがく
掲げる　127
　かか
係る　160
　かか
関わる　55
　かか
限る　35
　かぎ
-学　33
　がく
各種　201
　かくしゅ
拡大（する）　117
　かくだい
拡張（する）　191
　かくちょう
確認（する）　198
　かくにん
確率　120
　かくりつ
確立（する）　180
　かくりつ
仮説　188
　かせつ
型　158
　かた
課題　179
　かだい
形　35
　かたち
価値　64
　かち
活動（する）　13
　かつどう
活発　136
　かっぱつ
合併（する）　64
　がっぺい
活用（する）　192
　かつよう
過程　166
　かてい
カテゴリー　44
可能　136
　かのう

212

| カバー（する） 107 | 共有（きょうゆう）（する） 77 | 厳密（げんみつ） 127 |
| 考える（かんが） 2 | 協力（きょうりょく）（する） 157 | 権利（けんり） 169 |
| 環境（かんきょう） 147 | 極端（きょくたん） 35 | 原理（げんり） 192 |
| 関係（かんけい）（する） 3 | 記録（きろく）（する） 86 | **こ** |
| 観察（かんさつ）（する） 85 | 議論（ぎろん）（する） 110 | -光（こう） 42 |
| 監視（かんし）（する） 22 | きわめて 198 | 行為（こうい） 6 |
| 関心（かんしん） 138 | 近代（きんだい） 201 | 効果（こうか） 148 |
| 関する（かん） 55 | 近年（きんねん） 140 | 講義（こうぎ）（する） 12 |
| 間接（かんせつ） 88 | **く** | 工業（こうぎょう） 57 |
| 完全（かんぜん） 45 | 具体（ぐたい） 117 | 合計（ごうけい）（する） 108 |
| 観点（かんてん） 199 | 区分（くぶん）（する） 128 | 貢献（こうけん）（する） 13 |
| 管理（かんり）（する） 99 | 区別（くべつ）（する） 156 | 考察（こうさつ）（する） 188 |
| 関連（かんれん）（する） 157 | 比べる（くら） 3 | 後者（こうしゃ） 45 |
| **き** | 加える（くわ） 78 | 向上（こうじょう）（する） 167 |
| 機関（きかん） 157 | **け** | 構成（こうせい）（する） 128 |
| 機器（きき） 177 | -形（けい） 35 | 構造（こうぞう） 146 |
| 危険（きけん） 55 | 経過（けいか）（する） 99 | 構築（こうちく）（する） 14 |
| 技術（ぎじゅつ） 34 | 計画（けいかく）（する） 24 | 肯定（こうてい）（する） 109 |
| 基礎（きそ） 167 | 経験（けいけん）（する） 25 | 高度（こうど） 140 |
| 規則（きそく） 126 | 傾向（けいこう） 168 | 行動（こうどう）（する） 84 |
| 期待（きたい） 148 | 計算（けいさん）（する） 55 | 購入（こうにゅう）（する） 177 |
| 規定（きてい）（する） 201 | 継続（けいぞく）（する） 129 | 公平（こうへい） 168 |
| 機能（きのう） 149 | 形態（けいたい） 57 | 項目（こうもく） 109 |
| 基盤（きばん） 148 | 結果（けっか） 34 | 効率（こうりつ） 189 |
| 基本（きほん） 85 | 結合（けつごう）（する） 189 | 交流（こうりゅう）（する） 96 |
| 疑問（ぎもん） 23 | 決定（けってい）（する） 200 | 考慮（こうりょ）（する） 149 |
| 逆（ぎゃく） 169 | 結論（けつろん）（する） 96 | 超える（こ） 98 |
| 急激（きゅうげき） 150 | -源（げん） 148 | 国際（こくさい） 110 |
| 吸収（きゅうしゅう）（する） 45 | 研究（けんきゅう）（する） 146 | 国土（こくど） 99 |
| 急速（きゅうそく） 25 | 現在（げんざい） 147 | 試み（こころ） 98 |
| -業（ぎょう） 56 | 現実（げんじつ） 3 | 個人（こじん） 177 |
| 強化（きょうか）（する） 156 | 現象（げんしょう） 157 | 古典（こてん） 201 |
| 境界（きょうかい） 120 | 現状（げんじょう） 200 | 異なる（こと） 32 |
| 共感（きょうかん）（する） 77 | 健全（けんぜん） 139 | コミュニケーション（する） 24 |
| 供給（きょうきゅう）（する） 158 | 現代（げんだい） 67 | 固有（こゆう） 179 |
| 競争（きょうそう）（する） 33 | 顕著（けんちょ） 157 | 根拠（こんきょ） 138 |
| 共通（きょうつう）（する） 179 | 検討（けんとう）（する） 5 | 今後（こんご） 13 |

程度 116
ていど

データ 33

テーマ 128

手がかり 188
て

-的（な） 3
てき

適する 46
てき

適正 110
てきせい

適切 106
てきせつ

適当 129
てきとう

適用（する） 98
てきよう

デジタル 57

徹底（する） 75
てってい

点 3
てん

展開（する） 190
てんかい

転換（する） 178
てんかん

典型 137
てんけい

電子 4
でんし

伝統 64
でんとう

**と**

同一 128
どういつ

統計 54
とうけい

動向 67
どうこう

動作 65
どうさ

同時 75
どうじ

当事者 107
とうじしゃ

当初 189
とうしょ

投入（する） 75
とうにゅう

導入（する） 191
どうにゅう

透明 44
とうめい

同様 26
どうよう

独自 68
どくじ

特殊 130
とくしゅ

特色 78
とくしょく

特性 190
とくせい

特徴 33
とくちょう

特定（する） 5
とくてい

特に 6
とく

---

特別 12
とくべつ

特有 119
とくゆう

遂げる 176
と

都市 68
とし

途上 167
とじょう

富む 34
と

伴う 200
ともな

捉える 139
とら

取り上げる 43
あ

取り入れる 190
い

取り組み 13
く

取り込む 109
と こ

**な**

なお 168

流れ 76
なが

なす 129

**に**

日常 33
にちじょう

認識（する） 180
にんしき

**ね**

年度 137
ねんど

**の**

能力 177
のうりょく

除く 99
のぞ

望ましい 116
のぞ

述べる 32
の

**は**

場合 119
ばあい

-倍 54
ばい

背景 42
はいけい

測る 150
はか

初め／始め 4
はじ はじ

パターン 97

果たす 178
は

働き 66
はたら

発揮（する） 190
はっき

発生（する） 177
はっせい

---

発想（する） 127
はっそう

発達（する） 32
はったつ

発展（する） 24
はってん

発表（する） 54
はっぴょう

範囲 98
はんい

反映（する） 128
はんえい

反射（する） 42
はんしゃ

半数 55
はんすう

判断（する） 147
はんだん

反応（する） 106
はんのう

**ひ**

比較（する） 136
ひかく

光 42
ひかり

美術 68
びじゅつ

非常 12
ひじょう

筆者 5
ひっしゃ

必要 15
ひつよう

否定（する） 119
ひてい

等しい 42
ひと

表 45
ひょう

費用 170
ひよう

評価（する） 138
ひょうか

**ふ**

不可欠 116
ふかけつ

普及（する） 129
ふきゅう

副- 117
ふく

複合（する） 202
ふくごう

複雑 108
ふくざつ

複数 86
ふくすう

含む 116
ふく

含める 34
ふく

付属（する） 170
ふぞく

物理 33
ぶつり

部分 188
ぶぶん

プラス（する） 118

プログラム 118

プロセス 150

文献 126
ぶんけん

分析（する） 128
ぶんせき

分布（する） 198
ぶんぷ

分野 76
ぶんや

分類（する） 44
ぶんるい

**へ**

平均（する） 127
へいきん

経る 129
へ

変化（する） 148
へんか

変動（する） 169
へんどう

**ほ**

ポイント 126

法／-法 160
ほう　ほう

方向 78
ほうこう

報告（する） 54
ほうこく

方針 117
ほうしん

膨大 15
ぼうだい

法的 160
ほうてき

方法 15
ほうほう

法律 57
ほうりつ

他 3
ほか

保障（する） 66
ほしょう

ほとんど 4

本質 192
ほんしつ

本来 88
ほんらい

**ま**

マイナス（する） 118

まず 43

まとめる 22

**み**

未- 138
み

見いだす 150
み

満たす 201
み

導く 130
みちび

密接 66
みっせつ

認める 24
みと

見直し 199
みなお

**む**

向ける 23
む

無限 110
むげん

矛盾（する） 75
むじゅん

**め**

明確 88
めいかく

目指す 169
め　ざ

メディア 56

面 192
めん

面積 42
めんせき

**も**

モード 170

目的 6
もくてき

目標 127
もくひょう

もたらす 120

用いる 16
もち

最も 54
もっと

モデル 65

基 157
もと

基づく 32
もと

求める 67
もと

**や**

約 54
やく

役割 22
やくわり

やりとり（する） 106

**ゆ**

有効 25
ゆうこう

有利 32
ゆうり

ゆるやか 147

**よ**

容易 35
ようい

要因 191
よういん

要求（する） 198
ようきゅう

要する 159
よう

要素 74
ようそ

読み取る 77
よ　と

**ら**

ライフ 46

ライン 150

**り**

理解（する） 136
りかい

理由 106
りゆう

量 15
りょう

利用（する） 191
りよう

両者 179
りょうしゃ

両方 76
りょうほう

-力 2
りょく

理論 178
りろん

**る**

類／-類 137
るい　るい

類似（する） 200
るいじ

ルール 159

**れ**

レベル 2

連続（する） 191
れんぞく

**ろ**

論じる 166
ろん

論争 150
ろんそう

**わ**

ワーク 85

分ける 13
わ

割合 44
わりあい

217

# 参考文献

石澤徹(2013)「日本語学術共通語彙データベースを利用した語彙教材の開発 ―大学での学習を支える語彙の習得のために―」『漢字・日本語教育研究』3, pp.6-35.

石澤徹・岩下真澄・桜木ともみ(2016)「語彙教育について考えよう―教師の工夫と悩み―」『2016年度第1回日本語教育学研究集会予稿集』pp.26-27.

松下達彦(2011)日本語学術共通語彙リスト Version 1.01
http://www17408ui.sakura.ne.jp/tatsum/list.html#jcaw (2018年5月8日 閲覧)

松下達彦(2011)日本語を読むための語彙データベース Ver. 1.11
http://www17408ui.sakura.ne.jp/tatsum/database.html#vdrj (2018年5月8日 閲覧)

松下達彦(2016)「コーパス出現頻度から見た語彙シラバス」森篤嗣(編)『ニーズを踏まえた語彙シラバス』pp.53-77, くろしお出版.

菅長陽一・松下達彦(2013)「日本語テキスト語彙分析器 J-LEX」
http://www17408ui.sakura.ne.jp/tatsum/webtools.html#jlexhttp://www17408ui.sakura.ne.jp/index.html (2018年5月8日 閲覧)

Anthony, L. (2013). AntWordProfiler Ver. 1.4.0w
http://www.laurenceanthony.net/software/antwordprofiler/ (2018年5月8日 閲覧)

Kawamura, Y., Kitamura T. & Hobara R. (1997) 日本語読解学習支援システム リーディングチュウ太 http://language.tiu.ac.jp/ (2018年5月8日 閲覧)

=====

**チャレンジ①**

安藤貞雄(1986)『英語の論理・日本語の論理』大修館書店.

池上嘉彦(1981)『「する」と「なる」の言語学―言語と文化のタイポロジーへの試論』大修館書店.

牧野成一(1996)『ウチとソトの言語文化学―文法を文化で切る』アルク.

水谷　修(1987)『話しことばと日本人―日本語の生態』創拓社.

森田良行(2002)『日本語文法の発想』ひつじ書房.

**チャレンジ②**

小野里 坦・鳥澤 雅・草間政幸(1983)「北海道に於ける倍数体フナの分布」『魚類学雑誌』30, pp.184-190.

保谷彰彦(2010)「雑種性タンポポの進化」種生物学会(編)『外来生物の生態学』pp.217-246, 文一総合出版.

間田康史・海野徹也・荒井克俊(2001)「皇居上道灌濠 における三倍体および四倍体ギンブナ Carassius langs-dorfiiの雌性発生生殖とクローン性の証明」『日本水産学会誌』67, pp.217-221.

Gladyshev EA., Meselson M., Arkhipova IR. (2008) Massive Horizontal Gene Transfer in Bdelloid Rotifers. *Science* 320, pp.1210-1213.

Mark Welch D. B., & Meselson M. (2000) Evidence for the Evolution of Bdelloid Rotifers Without Sexual Reproduction or Genetic Exchange. *Science* 288, pp.1211-1215.

Pouchkina-Stantcheva N. N., McGee B. M., Boschetti C., Tolleter D., Chakrabortee S., et al. (2007) Functional Divergence of Former Alleles in an Ancient Asexual Invertebrate. *Science* 318, pp.268-271.

# 謝 辞

本教材の開発においては、公益財団法人日本漢字能力検定協会(平成25年度漢字・日本語教育助成制度)のご支援を賜りました。ここに記すとともに厚く御礼申し上げます。

また、本教材の作成に当たり、以下の皆さんにご協力をいただきました。ここに記し、心から感謝の意を表します。
青木幸子さん、和泉智恵さん、大前彩果さん、梶原史佳さん、亀岡桂子さん、北浦慶尚さん、北村優子さん、黒江理恵さん、菅川裕希さん、芹澤有美さん、田畑亮さん、冨永祐子さん、西嶋千恵さん、服部真子さん、濱田明子さん、保谷彰彦さん、和田一菜さん、Sky Marsenさん、文章の使用に許諾を下さった著者及び出版社の皆さま。

そして、くろしお出版の皆さんには、本当に長い間、温かく見守っていただきました。中でも、市川麻里子さんにはここには記しきれないほどお世話になりました。構想のころからお話を聞いて下さり、作業がなかなか進まない私たちを叱咤激励しながら、完成までお導きくださいました。日本語教育をよくしたいという思いを共にすることができ、本当にうれしく思います。謹んで感謝申し上げます。引き続きよろしくお願いいたします。

最後に、このテキストを使ってくださっている皆さんに、感謝と心からのエールを！

## 著者紹介

**石澤　徹(いしざわ　とおる)**
東京外国語大学大学院　国際日本学研究院　講師

**岩下　真澄(いわした　ますみ)**
活水女子大学　国際文化学部　日本文化学科　准教授

**伊志嶺　安博(いしみね　やすひろ)**
エリート日本語学校　教務部・進路指導部　常勤教員

**桜木　ともみ(さくらぎ　ともみ)**
国際基督教大学　教養学部　日本語教育課程　講師

**松下　達彦(まつした　たつひこ)**
東京大学　グローバルコミュニケーション研究センター　准教授

---

語彙(ごい)ドン！ 一大学(だいがく)で学(まな)ぶためのことばー [vol.1]
**GOI-DON:** Vocabulary for Academic Purposes

2018年　6月9日　　第1刷 発行

[著者]　石澤徹・岩下真澄・伊志嶺安博・桜木ともみ・松下達彦

[発行人]　岡野秀夫

[発行所]　くろしお出版
〒113-0033　東京都文京区本郷3-21-10
Tel : 03-5684-3389　Fax : 03-5684-4762
URL : http://www.9640.jp　Mail : kurosio@9640.jp

[装丁]　スズキアキヒロ

[印刷]　三秀舎



ISBN 978-4-87424-759-4 C2081

Answer

# 解答（かいとう）

## Lesson 1

### STEP 3

#### アクティビティー❶

| | |
|---|---|
| a. 目的／もくてき | 1. 特定 |
| b. 電子／でんし | 2. 時点 |
| c. 運動／うんどう | 3. 運動 |
| d. 位置／いち | 4. 目的 |
| e. 筆者／ひっしゃ | 5. 筆者 |
| f. 時点／じてん | 6. 電子 |
| g. 特定／とくてい | 7. 位置 |

#### アクティビティー❷

| | | | | | | |
|---|---|---|---|---|---|---|
| お | く | ら | べ | る | て | ん |
| こ | ん | ぴ | ゅ | ー | た | ー |
| な | ち | せ | い | か | つ | た |
| う | て | か | ん | け | い | と |
| ほ | か | き | ら | か | は | え |
| し | ゃ | か | い | た | じ | ば |
| れ | べ | る | せ | つ | め | い |

| | |
|---|---|
| 1. 行わ(おこなわ) | 9. 生活(せいかつ) |
| 2. 他(ほか) | 10. 点(てん) |
| 3. 社会(しゃかい) | 11. 力(ちから) |
| 4. 比べる(くらべる) | 12. はじめ |
| 5. コンピューター | 13. 関係(かんけい) |
| 6. レベル | 14. 的(てき) |
| 7. 例えば(たとえば) | 15. ため |
| 8. 説明(せつめい) | 16. 化(か) |

#### アクティビティー❸

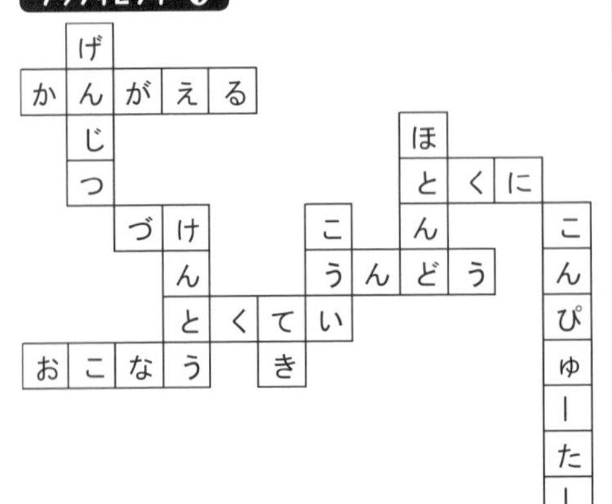

| (左から右へ) | (上から下へ) |
|---|---|
| 2. 考え(かんがえ) | 1. 現実(げんじつ) |
| 4. 特に(とくに) | 3. ほとんど |
| 5. 付け(づけ) | 6. 検討(けんとう) |
| 9. 運動(うんどう) | 7. 行為(こうい) |
| 10. 特定(とくてい) | 8. コンピューター |
| 12. 行う(おこなう) | 11. 的(てき) |

### STEP 4

問題1. インターネット

問題2. 投票／候補者

問題3. 電子投票

問題4. インターネット／新聞／テレビ

## Lesson 2

### STEP 3

#### アクティビティー❶

| | |
|---|---|
| a. 膨大／ぼうだい | 1. 活動 |
| b. 貢献／こうけん | 2. 団体 |
| c. 大量／たいりょう | 3. 膨大 |
| d. 構築／こうちく | 4. 今後 |
| e. 今後／こんご | 5. 貢献 |
| f. 団体／だんたい | 6. 消費 |
| g. 活動／かつどう | 7. 構築 |
| h. 消費／しょうひ | 8. 一方 |
| i. 一方／いっぽう | 9. 大量 |
| j. 講義／こうぎ | 10. 講義 |

#### アクティビティー❷

| | | | | | | | |
|---|---|---|---|---|---|---|---|
| わ | い | い | か | え | る | こ | し |
| あ | け | お | ひ | じ | ょ | う | す |
| ら | き | る | お | い | か | ぎ | て |
| わ | | ら | と | く | べ | つ | む |
| す | あ | る | か | あ | る | い | は |
| も | ち | い | る | ち | ぇ | っ | く |

1. システム
2. チェック
3. 用いる(もちいる)
4. 表す(あらわす)
5. 明らか(あきらか)
6. 分け(わけ)
7. 言い換える
(いいかえる)
8. 非常(ひじょう)
9. 多く(おおく)
10. あるいは
11. 特別(とくべつ)
12. 講義(こうぎ)
13. 以下(いか)
14. ある

**アクティビティー❸**

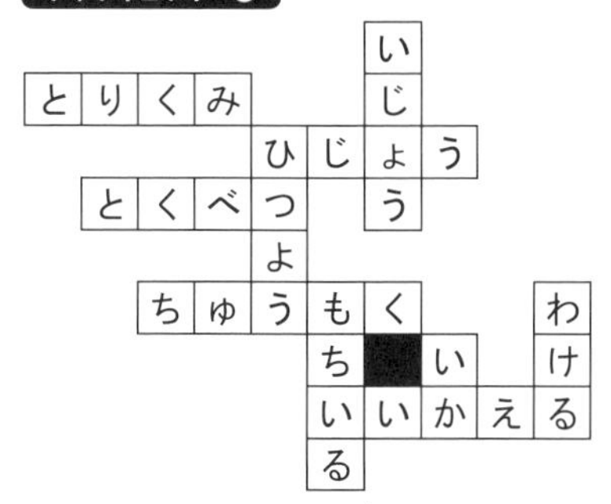


(左から右へ)
2. 取り組み(とりくみ)
3. 非常(ひじょう)
4. 特別(とくべつ)
5. 注目(ちゅうもく)
9. 言い換え(いいかえ)

(上から下へ)
1. 以上(いじょう)
3. 必要(ひつよう)
6. 用い(もちい)
7. 分ける(わける)
8. 以下(いか)

## STEP 4

問題1. 大量/膨大/大勢

問題2. 食料/食べ物/食べ(られる)/食品/食費

問題3. 銀行/利息/貸し(たり)/借り(たり)/売り物/預かる/寄付/無料/食費/節約/コスト

問題4. (活動を)行う/(活動が)始まる/(活動に)なる

# Lesson 3

## STEP 3

**アクティビティー❶**

a. 有効/ゆうこう
b. 状況/じょうきょう
c. 提案/ていあん
d. 発展/はってん
e. 政府/せいふ
f. 疑問/ぎもん
g. 監視/かんし
h. 地理/ちり
i. 急速/きゅうそく

1. 監視
2. 急速
3. 疑問
4. 政府
5. 地理
6. 状況
7. 提案
8. 有効
9. 発展

**アクティビティー❷**

| し | ょ | う | か | い |
|---|---|---|---|---|
| せ | む | じ | い | み |
| い | け | ゆ | い | と |
| ふ | る | う | ん | め |
| さ | ま | ざ | ま | る |

1. 様々(さまざま)
2. 認め(みとめ)
3. 紹介(しょうかい)
4. 政府(せいふ)
5. 自由(じゆう)
6. 向け(むけ)
7. 会員(かいいん)

**アクティビティー❸**

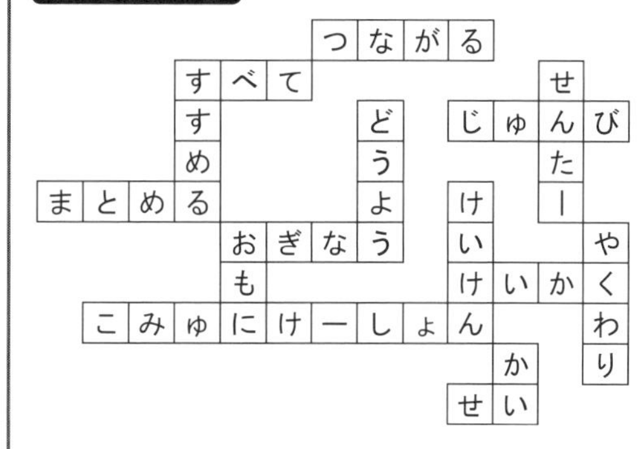

（左から右へ）
1. つながっ
2. 全て（すべて）
5. 準備（じゅんび）
6. まとめる
8. 補う（おぎなう）
10. 計画（けいかく）
11. コミュニケーション
13. 性（せい）

（上から下へ）
2. 進め（すすめ）
3. センター
4. 同様（どうよう）
7. 経験（けいけん）
8. 主に（おもに）
9. 役割（やくわり）
12. 会（かい）

### STEP 4

問題1. 小さな／素朴な／一人ひとりが簡単にできる／ささやかな
問題2. 小さな発案
問題3. イギリス／ポルトガル／フランス
問題4. 180万人／人権／イギリス人／2人／囚人／人たち／1人ひとり／1人
問題5. （運動が）有効である／（運動が）認められる／（運動が）発展する

## Lesson 4

### STEP 3

**アクティビティー❶**

a. 発達／はったつ
b. 種類／しゅるい
c. 極端／きょくたん
d. 有利／ゆうり
e. 生物／せいぶつ
f. 代表／だいひょう
g. 日常／にちじょう
h. 特徴／とくちょう

1. 種類
2. 代表
3. 特徴
4. 生物
5. 極端
6. 有利
7. 発達
8. 日常

**アクティビティー❷**

| き | ょ | う | そ | う | ゆ |
|---|---|---|---|---|---|
| ぜ | ん | た | い | ど | う |
| ん | か | た | ち | け | り |
| ご | と | む | ■ | っ | す |
| た | い | け | い | か | う |

1. 富ん（とん）
2. 移動（いどう）
3. 有利（ゆうり）
4. 前後（ぜんご）
5. 形（かたち）
6. 競争（きょうそう）
7. 数（すう）
8. 全体（ぜんたい）
9. 結果（けっか）
10. 体系（たいけい）

**アクティビティー❸**

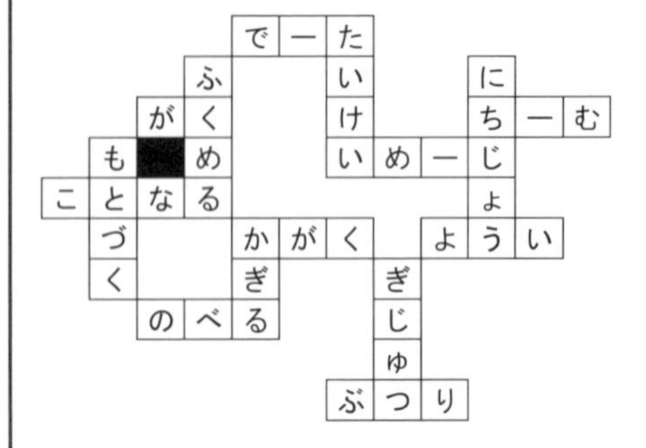


（左から右へ）
1. データ
5. 学（がく）
6. チーム
8. イメージ
9. 異なる（ことなる）
10. 科学（かがく）
11. 容易（ようい）
13. 述べ（のべ）
14. 物理（ぶつり）

（上から下へ）
2. 体系（たいけい）
3. 含め（ふくめ）
4. 日常（にちじょう）
7. 基づい（もとづい）
10. 限る（かぎる）
12. 技術（ぎじゅつ）

### STEP 4

問題1. 深海魚／オタマジャクシ／魚／バケダラ／蛇／オニキンメ／ホウライエソ／生物
問題2. 頭／背中／尾／顔／牙／体／あご／胃袋
問題3. 個性的／弾力性
問題4. 不利
問題5. そのため／生きるため（「そのため」は「それなので」「それだから」の意味で、「ため」は原因（cause）・理由（reason）を表します。「生きるため」の「ため」は目的（purpose）を表します。）

## Lesson 5

### STEP 3

**アクティビティー❶**

a. 吸収／きゅうしゅう
b. 手段／しゅだん
c. 数学／すうがく
d. 透明／とうめい
e. 分類／ぶんるい
f. 障害／しょうがい
g. 完全／かんぜん

1. 手段
2. 完全
3. 透明
4. 障害
5. 吸収
6. 数学
7. 分類

**アクティビティー❷**

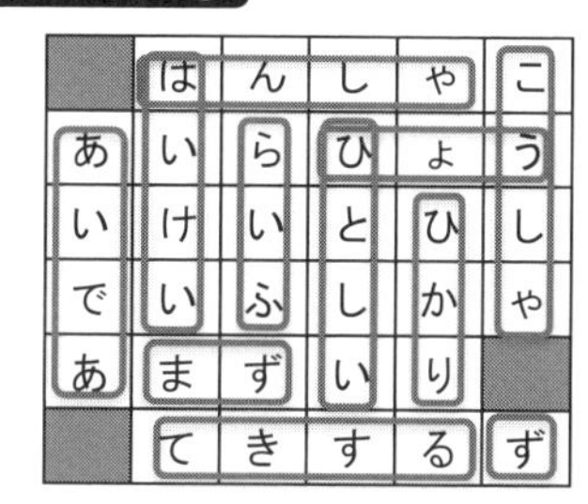


1. 光(ひかり)
2. 反射(はんしゃ)
3. アイデア
4. 図(ず)
5. 後者(こうしゃ)
6. 背景(はいけい)
7. 等しい(ひとしい)
8. まず
9. ライフ
10. 表(ひょう)
11. 適し(てきし)

**アクティビティー❸**

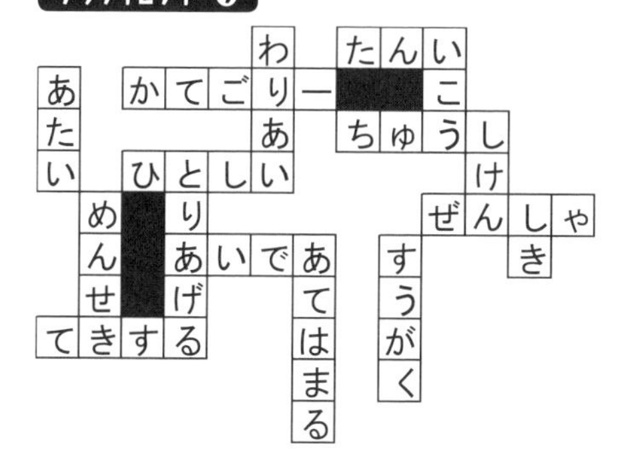

(左から右へ)

2. 単位(たんい)
5. カテゴリー
6. 中止(ちゅうし)
8. 等しい(ひとしい)
11. 前者(ぜんしゃ)
13. アイデア
16. 適し(てきし)

(上から下へ)

1. 割合(わりあい)
3. 以降(いこう)
4. 値(あたい)
7. 試験(しけん)
9. 取り上げ(とりあげ)
10. 面積(めんせき)
12. 式(しき)
14. 当てはまる(あてはまる)
15. 数学(すうがく)

### STEP 4

問題1. 色／透明／赤
問題2. 光／暗い／明るい／反射
問題3. 深海生物／陸上生物
問題4. 手段
問題5. 前者
問題6. 例(れい)) 彼は現代アートの代表的画家である。

## Lesson 6

### STEP 3

**アクティビティー❶**

a. 発表／はっぴょう
b. 推定／すいてい
c. 統計／とうけい
d. 形態／けいたい
e. 地域／ちいき
f. 計算／けいさん
g. 報告／ほうこく
h. 半数／はんすう
i. 作業／さぎょう

1. 半数
2. 作業
3. 報告
4. 発表
5. 地域
6. 統計
7. 形態
8. 推定
9. 計算

**アクティビティー❷**

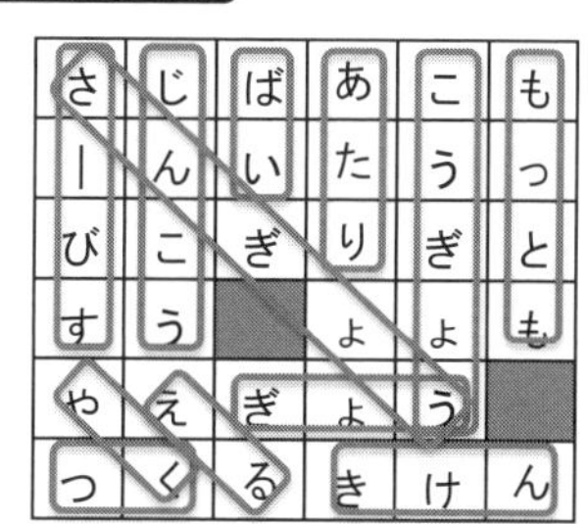

1. 人口(じんこう)
2. 業(ぎょう)
3. 危険(きけん)
4. サービス
5. 就く(つく)
6. 工業(こうぎょう)
7. 当たり(あたり)
8. 得(え)
9. 最も(もっとも)
10. 倍(ばい)
11. 約(やく)
12. 産業(さんぎょう)

**アクティビティー❸**

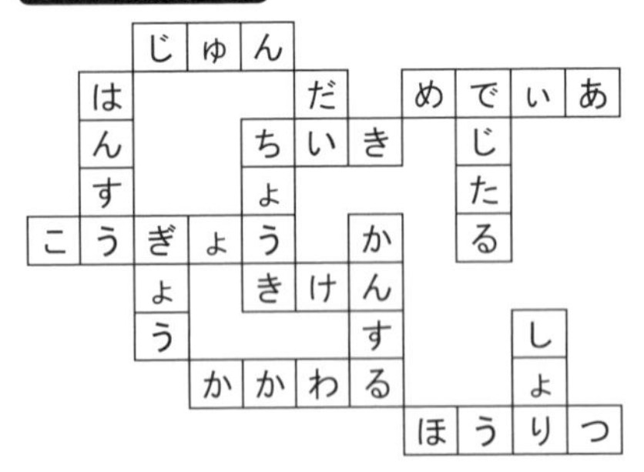

(左から右へ)

1. 順(じゅん)
4. メディア
6. 地域(ちいき)
7. 工業(こうぎょう)
10. 危険(きけん)
12. 関わる(かかわる)
13. 法律(ほうりつ)

(上から下へ)

2. 半数(はんすう)
3. 代(だい)
5. デジタル
6. 長期(ちょうき)
8. 業(ぎょう)
9. 関する(かんする)
11. 処理(しょり)

**STEP 4**

問題1. 農業/漁業/作業/性産業/サービス業/物つくり業/工業

問題2. 2倍/7人に1人/半数/70%/20%/10%

問題3. C

問題4. みられています

## Lesson 7

**STEP 3**

**アクティビティー❶**

a. 影響/えいきょう
b. 自体/じたい
c. 動向/どうこう
d. 最新/さいしん
e. 合併/がっぺい
f. 保障/ほしょう
g. 独自/どくじ
h. 刺激/しげき

1. 保障
2. 合併
3. 最新
4. 刺激
5. 自体
6. 影響
7. 動向
8. 独自

**アクティビティー❷**

1. 求め(もとめ)
2. 自然(しぜん)
3. 安全(あんぜん)
4. 生産(せいさん)
5. 言わば(いわば)
6. 刺激(しげき)
7. 働き(はたらき)
8. 現代(げんだい)
9. 安定(あんてい)
10. 密接(みっせつ)
11. 価値(かち)
12. 美術(びじゅつ)

**アクティビティー❸**

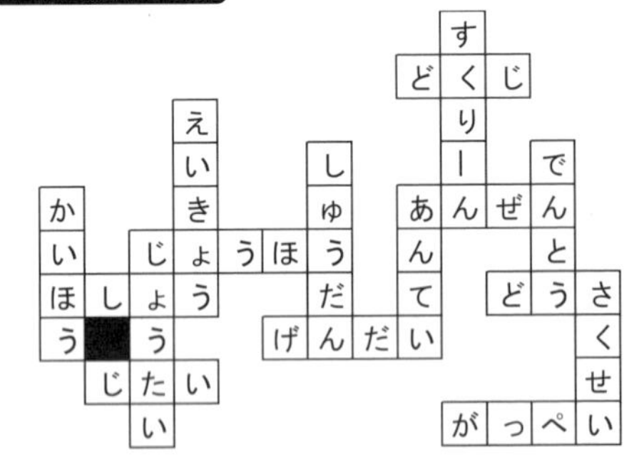

(左から右へ)

2. 独自(どくじ)
7. 安全(あんぜん)
8. 情報(じょうほう)
9. 保障(ほしょう)
10. 動作(どうさ)
12. 現代(げんだい)
13. 自体(じたい)
14. 合併(がっぺい)

(上から下へ)

1. スクリーン
3. 影響(えいきょう)
4. 集団(しゅうだん)
5. 伝統(でんとう)
6. 開放(かいほう)
7. 安定(あんてい)
8. 状態(じょうたい)
11. 作成(さくせい)

## STEP 4

問題1. 不安定／安全保証／不安／安らぎ
問題2. 生きている／生活／生産
問題3. 人間／お年寄り／先祖／人々／(都市生活)者／人／赤ちゃん／母親
問題4. 美術：赤ちゃん／地域：周りの人／人：母親
問題5. 不安

# Lesson 8

## STEP 3

### アクティビティー❶

| | |
|---|---|
| a. 投入／とうにゅう | 1. 主流 |
| b. 要素／ようそ | 2. 特色 |
| c. 全般／ぜんぱん | 3. 要素 |
| d. 主流／しゅりゅう | 4. 投入 |
| e. 方向／ほうこう | 5. 追求 |
| f. 特色／とくしょく | 6. 全般 |
| g. 順序／じゅんじょ | 7. 方向 |
| h. 追求／ついきゅう | 8. 順序 |

### アクティビティー❷

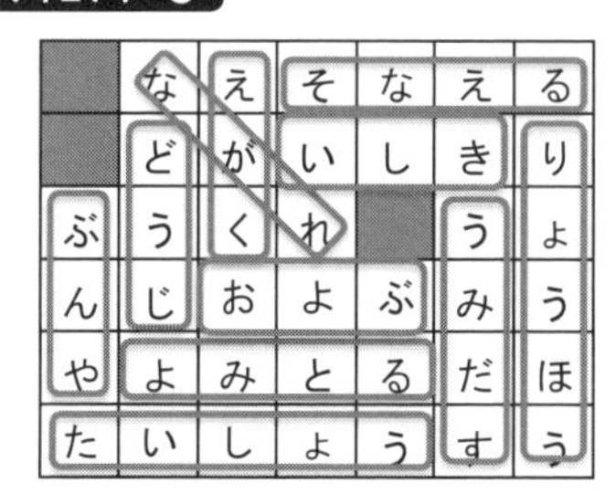


| | |
|---|---|
| 1. 両方(りょうほう) | 7. 読み取る(よみとる) |
| 2. 備え(そなえ) | 8. 描い(えがい) |
| 3. 及ん(およん) | 9. 意識(いしき) |
| 4. 生み出す(うみだす) | 10. 同時(どうじ) |
| 5. 分野(ぶんや) | 11. 対象(たいしょう) |
| 6. 流れ(ながれ) | |

### アクティビティー❸

| (左から右へ) | (上から下へ) |
|---|---|
| 3. 対象(たいしょう) | 1. 条件(じょうけん) |
| 5. 矛盾(むじゅん) | 2. チャンネル |
| 7. 読み取っ(よみとっ) | 4. 意識(いしき) |
| 11. 追求(ついきゅう) | 6. 共感(きょうかん) |
| 13. 主流(しゅりゅう) | 8. 特色(とくしょく) |
| 14. 順序(じゅんじょ) | 9. 共有(きょうゆう) |
| 15. 投入(とうにゅう) | 10. 提供(ていきょう) |
| | 12. 維持(いじ) |

## STEP 4

問題1. 世界観／価値観
問題2. 感覚／感じる／共感
問題3. トレンド／流行
問題4. 流れ／流行／主流
問題5. 独創的／徹底的

# Lesson 9

## STEP 3

### アクティビティー❶

| | |
|---|---|
| a. 人種／じんしゅ | 1. 本来 |
| b. 対照／たいしょう | 2. 主要 |
| c. 観察／かんさつ | 3. 対照 |
| d. 行動／こうどう | 4. 人種 |
| e. 本来／ほんらい | 5. 視点 |
| f. 視点／してん | 6. 正確 |
| g. 主要／しゅよう | 7. 観察 |
| h. 正確／せいかく | 8. 行動 |

**アクティビティー❷**

1. 与える(あたえる)
2. 主要(しゅよう)
3. ワーク
4. 視点(してん)
5. 及ぼす(およぼす)
6. 対する(たいする)
7. 人種(じんしゅ)
8. つまり
9. 集合(しゅうごう)
10. 際(さい)
11. 選択(せんたく)
12. おのおの
13. 行動(こうどう)
14. 調査(ちょうさ)

**アクティビティー❸**

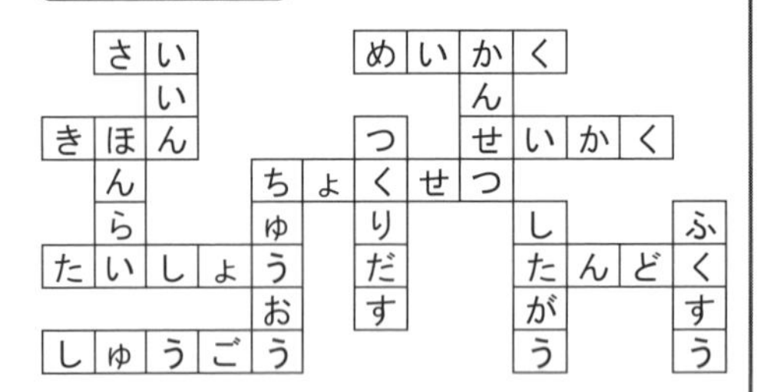


**(左から右へ)**

1. 際(さい)
3. 明確(めいかく)
5. 基本(きほん)
8. 正確(せいかく)
9. 直接(ちょくせつ)
12. 対照(たいしょう)
13. 単独(たんどく)
14. 集合(しゅうごう)

**(上から下へ)**

2. 委員(いいん)
4. 間接(かんせつ)
6. 本来(ほんらい)
7. 作り出し(つくりだし)
9. 中央(ちゅうおう)
10. 従っ(したがっ)
11. 複数(ふくすう)

## STEP 4

問題1. 観

問題2. 東洋／西洋

問題3. 与える

問題4. 例(れい)) 人々／日々／度々／国々・・・

問題5. 例(れい)) もともと／初(はじ)めから／当(あ)たり前(まえ)に

問題6. 少し

問題7. 楽

問題8. 生まれました(うまれました)／生(せい)／生きる(いきる)／一生懸命(いっしょうけんめい)

# Lesson 10

## STEP 3

**アクティビティー❶**

| | |
|---|---|
| a. 所在／しょざい | 1. 国土 |
| b. 管理／かんり | 2. 範囲 |
| c. 範囲／はんい | 3. 経過 |
| d. 交流／こうりゅう | 4. 制度 |
| e. 国土／こくど | 5. 交流 |
| f. 制度／せいど | 6. 管理 |
| g. 経過／けいか | 7. 所在 |

**アクティビティー❷**

1. 結論(けつろん)
2. スムーズ
3. 除い(のぞい)
4. 章(しょう)
5. 接する(せっする)
6. 多様(たよう)
7. 制限(せいげん)
8. 単に(たんに)
9. 交流(こうりゅう)
10. 縮小(しゅくしょう)
11. 生じる(しょうじる)
12. パターン

**アクティビティー❸**

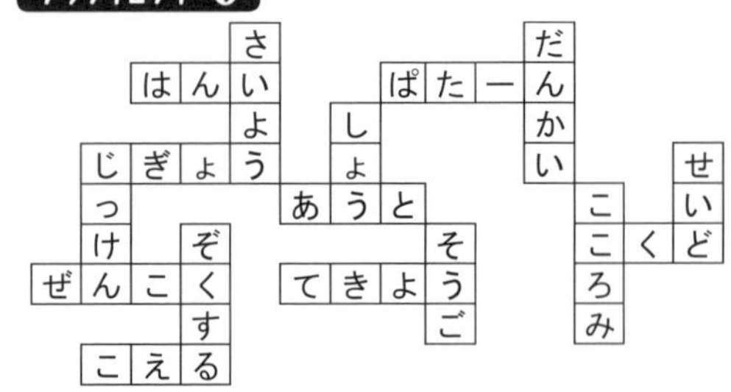

（左から右へ）
3. 範囲（はんい）
4. パターン
6. 事業（じぎょう）
8. アウト
12. 国土（こくど）
13. 全国（ぜんこく）
14. 適用（てきよう）
15. 超え（こえ）

（上から下へ）
1. 採用（さいよう）
2. 段階（だんかい）
5. 章（しょう）
6. 実験（じっけん）
7. 制度（せいど）
9. 試み（こころみ）
10. 属し（ぞくし）
11. 相互（そうご）

**STEP 4**

問題1. 雲形／横長／長方形／六角形／城の形／米粒の形
問題2. 陸運局／検査事務所／国土交通省／自治体
問題3. 原付バイク／普通自動車

## Lesson 11

**STEP 3**

**アクティビティー❶**

| | |
|---|---|
| a. 循環／じゅんかん | 1. 理由 |
| b. 反応／はんのう | 2. 反応 |
| c. 複雑／ふくざつ | 3. 単純 |
| d. 組織／そしき | 4. 複雑 |
| e. 理由／りゆう | 5. 循環 |
| f. 単純／たんじゅん | 6. 組織 |
| g. 無限／むげん | 7. 無限 |

**アクティビティー❷**

1. 誤り（あやまり）
2. 肯定（こうてい）
3. 扱う（あつかう）
4. 中間（ちゅうかん）
5. 追加（ついか）
6. 合計（ごうけい）
7. サイド
8. 単純（たんじゅん）
9. カバー
10. 議論（ぎろん）
11. 定着（ていちゃく）
12. 取り込ん（とりこん）

**アクティビティー❸**

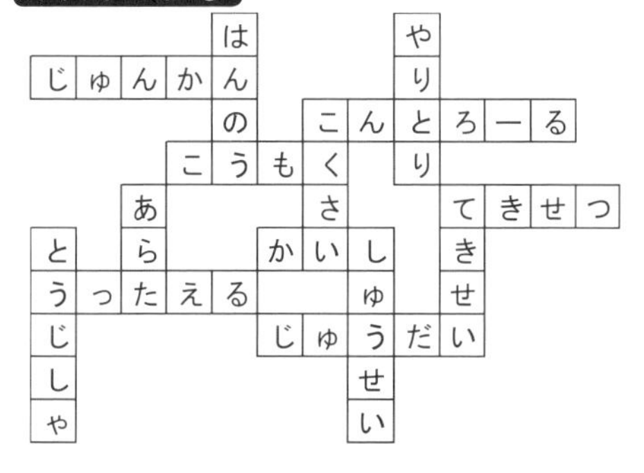


（左から右へ）
3. 循環（じゅんかん）
4. コントロール
5. 項目（こうもく）
7. 適切（てきせつ）
9. 開始（かいし）
11. 訴え（うったえ）
12. 重大（じゅうだい）

（上から下へ）
1. 反応（はんのう）
2. やりとり
4. 国際（こくさい）
6. 新た（あらた）
7. 適正（てきせい）
8. 当事者（とうじしゃ）
10. 修正（しゅうせい）

**STEP 4**

問題1. 復讐
問題2. 被害者／加害者／当事者／第三者
問題3. 報復の連鎖
問題4. 一回入ってしまったら、そこから出るのが難しいような状態
問題5. 憎しみ／悲しみ／怒り

## Lesson 12

### STEP 3

**アクティビティー❶**

| | |
|---|---|
| a. 性質／せいしつ | 1. 性質 |
| b. 程度／ていど | 2. 作用 |
| c. 責任／せきにん | 3. 生命 |
| d. 作用／さよう | 4. 責任 |
| e. 生命／せいめい | 5. 応用 |
| f. 通常／つうじょう | 6. 程度 |
| g. 応用／おうよう | 7. 通常 |

**アクティビティー❷**

| | | | | | | |
|---|---|---|---|---|---|---|
| ふ | し | ょ | う | て | ん | ぷ |
| ふ | か | ほ | う | し | ん | ろ |
| ら | く | け | | ぐ | | ぐ |
| す | だ | | つ | た | ひ | ら |
| ま | い | な | す | い | て | む |
| | き | ょ | う | か | い | ふ |
| と | く | ゆ | う | か | が | く |

| | |
|---|---|
| 1. 化学(かがく) | 8. 否定(ひてい) |
| 2. 焦点(しょうてん) | 9. プログラム |
| 3. プラス | 10. 具体(ぐたい) |
| 4. 拡大(かくだい) | 11. 副(ふく) |
| 5. マイナス | 12. 不可欠(ふかけつ) |
| 6. 特有(とくゆう) | 13. 境界(きょうかい) |
| 7. 方針(ほうしん) | |

**アクティビティー❸**

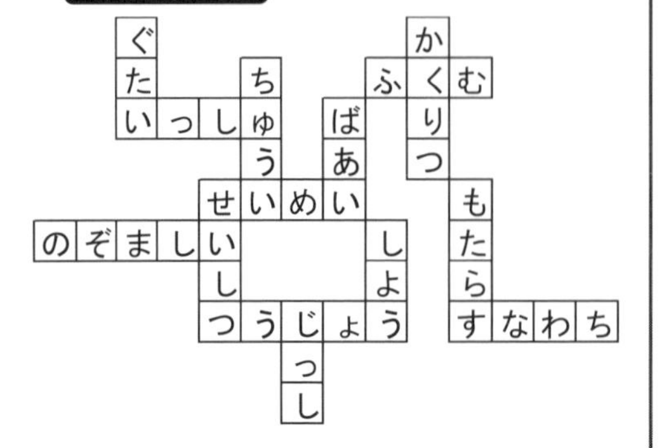

| (左から右へ) | (上から下へ) |
|---|---|
| 4. 含ま(ふくま) | 1. 具体(ぐたい) |
| 5. 一種(いっしゅ) | 2. 確率(かくりつ) |
| 7. 生命(せいめい) | 3. 注意(ちゅうい) |
| 9. 望ましい(のぞましい) | 6. 場合(ばあい) |
| 11. 通常(つうじょう) | 7. 性質(せいしつ) |
| 13. すなわち | 8. もたらし |
| | 10. 使用(しよう) |
| | 12. 実施(じっし) |

### STEP 4

問題1. 毒／毒殺／中毒
問題2. 一種／一面
問題3. 場合／都合／化合物
問題4. 化学物質／物質／食物／化合物
問題5. 使用／利用／作用／副作用／応用

## Lesson 13

### STEP 3

**アクティビティー❶**

| | |
|---|---|
| a. 解決／かいけつ | 1. 目標 |
| b. 厳密／げんみつ | 2. 数値 |
| c. 文献／ぶんけん | 3. 宣言 |
| d. 目標／もくひょう | 4. 規則 |
| e. 平均／へいきん | 5. 解決 |
| f. 宣言／せんげん | 6. 文献 |
| g. 数値／すうち | 7. 厳密 |
| h. 規則／きそく | 8. 平均 |

**アクティビティー❷**

1. 資料(しりょう)
2. 経(へ)
3. 特殊(とくしゅ)
4. テーマ
5. 反映(はんえい)
6. 厳密(げんみつ)
7. 分析(ぶんせき)
8. 構成(こうせい)
9. 引用(いんよう)
10. 増大(ぞうだい)
11. 区分(くぶん)
12. アプローチ
13. 普及(ふきゅう)
14. なさ
15. 発想(はっそう)

**アクティビティー❸**

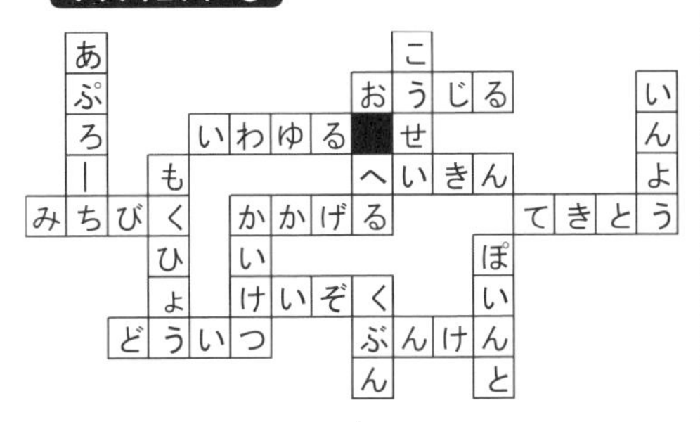


**(左から右へ)**

3. 応じ(おうじ)
5. いわゆる
7. 平均(へいきん)
8. 導い(みちびい)
9. 掲げ(かかげ)
10. 適当(てきとう)
12. 継続(けいぞく)
14. 同一(どういつ)
15. 文献(ぶんけん)

**(上から下へ)**

1. アプローチ
2. 構成(こうせい)
4. 引用(いんよう)
6. 目標(もくひょう)
7. 経(へ)
9. 解決(かいけつ)
11. ポイント
13. 区分(くぶん)

## STEP 4

問題1. 食べる／食料／食／食生活／食育

問題2. 生(い)きる／生(せい)活／誕生(じょう)／食生(せい)活／長生(い)き／生(う)まれる

問題3. 例(れい)）摂取(せっしゅ)／摂生(せっせい)

問題4. 抽象的

問題5. 耳／目／身／骨

# Lesson 14

## STEP 3

**アクティビティー❶**

a. 近年／きんねん
b. 根拠／こんきょ
c. 評価／ひょうか
d. 比較／ひかく
e. 可能／かのう
f. 関心／かんしん
g. 信頼／しんらい
h. 指摘／してき

1. 指摘
2. 可能
3. 評価
4. 根拠
5. 信頼
6. 近年
7. 比較
8. 関心

**アクティビティー❷**

1. 整理(せいり)
2. 一致(いっち)
3. 承認(しょうにん)
4. 活発(かっぱつ)
5. 生存(せいぞん)
6. 延長(えんちょう)
7. 年度(ねんど)
8. 短期(たんき)
9. 類(るい)
10. 実用(じつよう)
11. 高度(こうど)
12. 典型(てんけい)
13. 未(み)
14. 健全(けんぜん)
15. オープン

**アクティビティー❸**

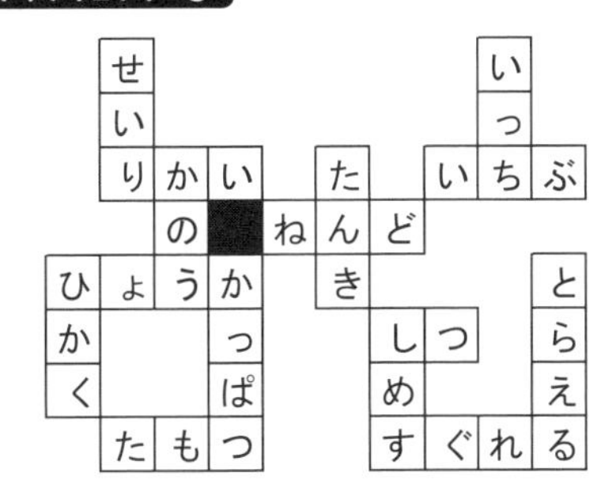

**（左から右へ）**

3. 理解（りかい）
6. 一部（いちぶ）
7. 年度（ねんど）
8. 評価（ひょうか）
11. 質（しつ）
12. 保ち（たもち）
13. 優れ（すぐれ）

**（上から下へ）**

1. 整理（せいり）
2. 一致（いっち）
4. 可能（かのう）
5. 短期（たんき）
8. 比較（ひかく）
9. 活発（かっぱつ）
10. 捉える（とらえる）
11. 示し（しめし）

## STEP 4

問題1. 影響／害

問題2. 過（す）ぎる

問題3. バランスよ（く）

問題4. 一面／一部

問題5. 魚／貝／クジラ／キンメダイ／メカジキ／クロマグロ／メバチマグロ／魚介類

## Lesson 15

### STEP 3

**アクティビティー❶**

a. 資源／しげん
b. 環境／かんきょう
c. 促進／そくしん
d. 構造／こうぞう
e. 考慮／こうりょ
f. 急激／きゅうげき
g. 周辺／しゅうへん
h. 開発／かいはつ
i. 現在／げんざい

1. 考慮
2. 開発
3. 急激
4. 環境
5. 構造
6. 資源
7. 現在
8. 促進
9. 周辺

**アクティビティー❷**

| | | | | | |
|---|---|---|---|---|---|
| ろ | へ | ぷ | ろ | せ | す |
| し | ん | ぽ | き | ら | い |
| は | か | そ | の | い | じ |
| ん | か | ■ | う | ん | ゅ |
| だ | ■ | る | き | ば | ん |
| ん | み | い | だ | す | ■ |

1. 進歩（しんぽ）
2. 見いだす（みいだす）
3. 機能（きのう）
4. 論争（ろんそう）
5. 判断（はんだん）
6. 水準（すいじゅん）
7. 変化（へんか）
8. 基盤（きばん）
9. プロセス
10. ライン
11. 測る（はかる）

**アクティビティー❸**

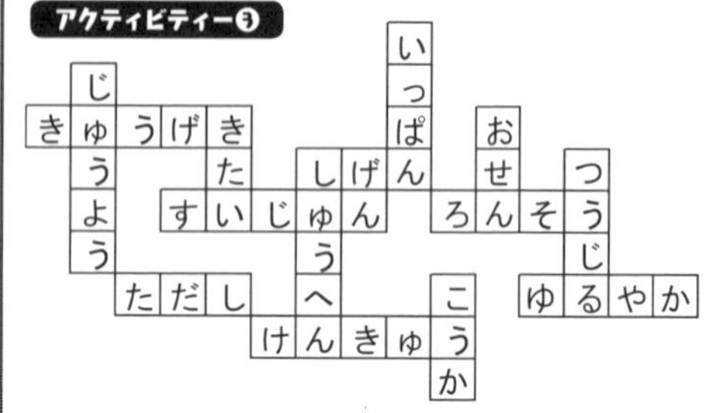


**（左から右へ）**

3. 急激（きゅうげき）
6. 資源（しげん）
9. 水準（すいじゅん）
10. 論争（ろんそう）
11. ただし
13. ゆるやか
14. 研究（けんきゅう）

**（上から下へ）**

1. 一般（いっぱん）
2. 重要（じゅうよう）
4. 期待（きたい）
5. 汚染（おせん）
6. 周辺（しゅうへん）
7. 源（げん）
8. 通じ（つうじ）
12. 効果（こうか）

### STEP 4

問題1. 水分子／分子／主成分

問題2. 二酸化炭素／窒素酸化物／硫黄酸化物／地球温暖化／変化

問題3. エネルギー源／資源

問題4. 空気／気候

問題5. 量／２倍／少なく／多く／少ない／大量

## Lesson 16

### STEP 3

**アクティビティー❶**

a. 回収／かいしゅう
b. 省略／しょうりゃく
c. 設備／せつび
d. 指導／しどう
e. 協力／きょうりょく
f. 機関／きかん
g. 製造／せいぞう

1. 回収
2. 協力
3. 省略
4. 設備
5. 機関
6. 製造
7. 指導

**アクティビティー❷**

1. 法的(ほうてき)
2. ステップ
3. 強化(きょうか)
4. 基(もと)
5. 顕著(けんちょ)
6. 係る(かかる)

7. 相当(そうとう)
8. 現象(げんしょう)
9. 新規(しんき)
10. 要する(ようする)
11. 慎重(しんちょう)

**アクティビティー❸**

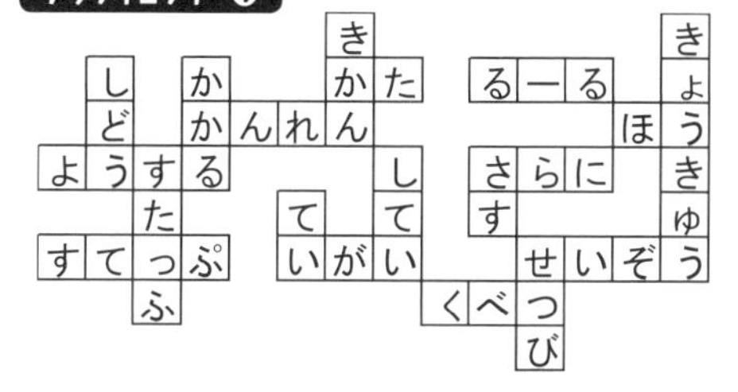

(左から右へ)

5. 型(かた)
6. ルール
7. 関連(かんれん)
8. 法(ほう)
9. 要する(ようする)
12. さらに
14. ステップ
15. 以外(いがい)
16. 製造(せいぞう)
17. 区別(くべつ)

(上から下へ)

1. 機関(きかん)
2. 供給(きょうきゅう)
3. 指導(しどう)
4. 係る(かかる)
10. スタッフ
11. 指定(してい)
12. 指し(さし)
13. 低(てい)
16. 設備(せつび)

## STEP 4

問題1. 児童

問題2. 作業場/企業/(サッカーボール)産業/作業

問題3. 子ども/おとな/労働者/仲介人/人/スタッフ/児童

問題4. 国際的/定期的

問題5. 7000人より少し少ない/もう少しで7000人になる/7000人弱の

# Lesson 17

## STEP 3

**アクティビティー❶**

a. 公平/こうへい
b. 途上/とじょう
c. 費用/ひよう
d. 側面/そくめん
e. 実際/じっさい
f. 支援/しえん
g. 向上/こうじょう
h. 変動/へんどう
i. 権利/けんり

1. 費用
2. 実際
3. 向上
4. 権利
5. 公平
6. 側面
7. 支援
8. 途上
9. 変動

**アクティビティー❷**

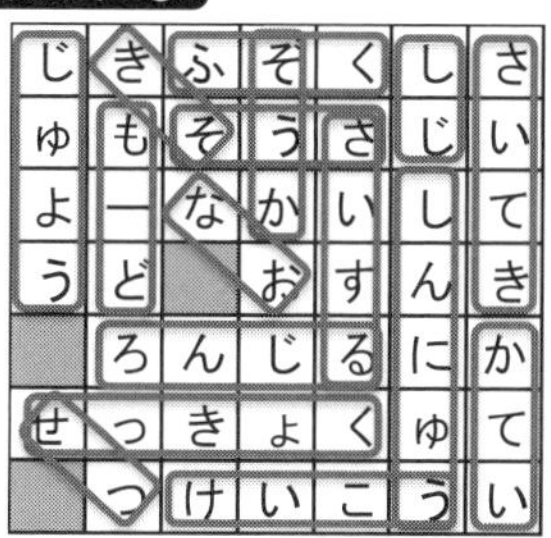


1. 過程(かてい)
2. 需要(じゅよう)
3. 最適(さいてき)
4. 指示(しじ)
5. 傾向(けいこう)
6. 積極(せっきょく)
7. 論じ(ろんじ)
8. なお

9. 基礎(きそ)
10. 節(せつ)
11. 際し(さいし)
12. 増加(ぞうか)
13. モード
14. 侵入(しんにゅう)
15. 操作(そうさ)
16. 付属(ふぞく)

**アクティビティー❸**

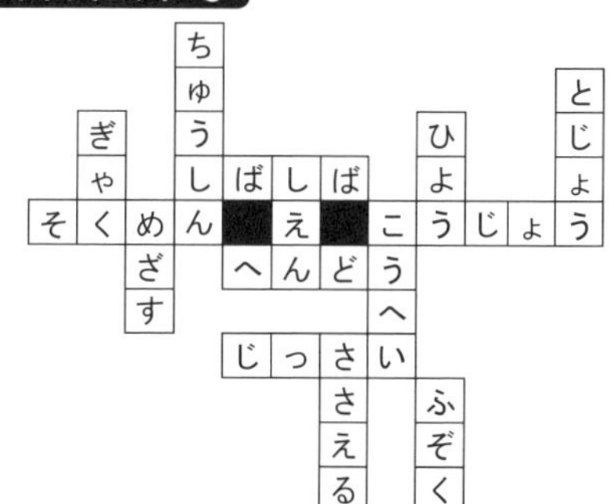

（左から右へ）

5. しばしば
7. 側面(そくめん)
9. 向上(こうじょう)
10. 変動(へんどう)
11. 実際(じっさい)

（上から下へ）

1. 中心(ちゅうしん)
2. 途上(とじょう)
3. 逆(ぎゃく)
4. 費用(ひよう)
6. 支援(しえん)
8. 目指し(めざし)
9. 公平(こうへい)
12. 支え(ささえ)
13. 付属(ふぞく)

### STEP 4

問題1. 価格／ドル／値段／安く／高く／お金／投資／もうける／費用／利益／コスト／支払わ(れる)／賃金

問題2. 倍

問題3. 生産者／生産量／生産農家／生産コスト

問題4. 目的／目指し(て)／目標

問題5. 生産者／労働者

問題6. コスト

## Lesson 18

### STEP 3

**アクティビティー❶**

a. 能力／のうりょく
b. 機器／きき
c. 移行／いこう
d. 購入／こうにゅう
e. 前提／ぜんてい
f. 一定／いってい
g. 成長／せいちょう
h. 個人／こじん
i. 転換／てんかん
j. 両者／りょうしゃ

1. 両者
2. 移行
3. 機器
4. 能力
5. 前提
6. 転換
7. 個人
8. 購入
9. 成長
10. 一定

**アクティビティー❷**

| に | は | っ | せ | い |
|---|---|---|---|---|
| ん | て | い | ぎ | き |
| し | ゅ | ほ | う | ょ |
| き | さ | こ | は | う |
| い | ぎ | ゆ | た | つ |
| し | ょ | う | す | う |

1. 発生(はっせい)
2. 少数(しょうすう)
3. 認識(にんしき)
4. 定義(ていぎ)
5. 固有(こゆう)
6. 意義(いぎ)
7. 差(さ)
8. 果たし(はたし)
9. 手法(しゅほう)
10. 共通(きょうつう)

**アクティビティー❸**

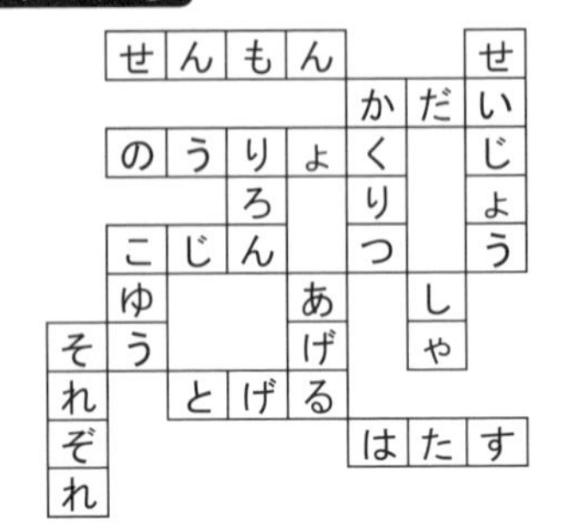


（左から右へ）

1. 専門(せんもん)
3. 課題(かだい)
4. 能力(のうりょく)
6. 個人(こじん)
9. 沿っ(そっ)
10. 遂げ(とげ)
11. 果たし(はたし)

（上から下へ）

2. 正常(せいじょう)
3. 確立(かくりつ)
5. 理論(りろん)
6. 固有(こゆう)
7. 挙げる(あげる)
8. 社(しゃ)
9. それぞれ

### STEP 4

問題1. 仕事力／戦力外／力／能力／実力

問題2. ビジネス社会／帰属社会／契約社会／A社／社外／社内／競合他社

問題3. 以前／大前提／当たり前

問題4. 年功序列／定年／勤続年数

問題5. 係長／課長／部長／経済成長

## Lesson 19

### STEP 3

**アクティビティー❶**

a. 概念／がいねん
b. 当初／とうしょ
c. 発揮／はっき
d. 設定／せってい
e. 詳細／しょうさい
f. 大幅／おおはば
g. 連続／れんぞく

1. 大幅
2. 発揮
3. 概念
4. 設定
5. 当初
6. 連続
7. 詳細

**アクティビティー❷**

1. 占め（しめ）
2. 原理（げんり）
3. 面（めん）
4. 取り入れ（とりいれ）
5. 拡張（かくちょう）
6. 一連（いちれん）
7. 手がかり（てがかり）
8. 当初（とうしょ）
9. 特性（とくせい）
10. 展開（てんかい）
11. 要因（よういん）
12. 案（あん）
13. 本質（ほんしつ）
14. 意図（いと）

**アクティビティー❸**

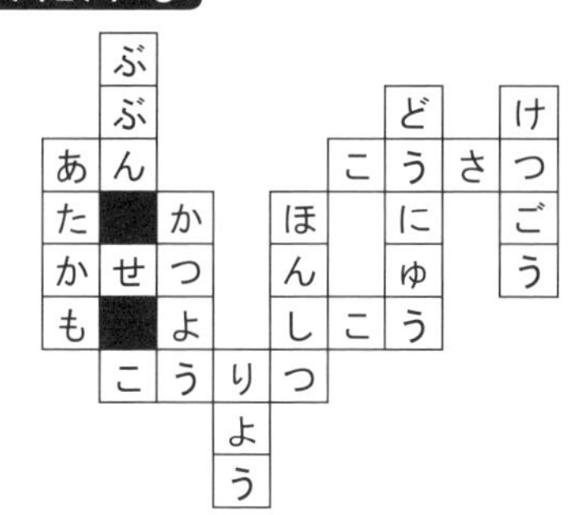


（左から右へ）

4. 案（あん）
5. 考察（こうさつ）
8. 仮説（かせつ）
9. 思考（しこう）
10. 効率（こうりつ）

（上から下へ）

1. 部分（ぶぶん）
2. 導入（どうにゅう）
3. 結合（けつごう）
4. あたかも
6. 活用（かつよう）
7. 本質（ほんしつ）
11. 利用（りよう）

## STEP 4

問題1. 例）ヒント／きっかけ
問題2. 用（れい）い（る）／利用す（る）
問題3. 日本（語）
問題4. 輸出
問題5. 40％

## Lesson 20

## STEP 3

**アクティビティー❶**

a. 古典／こてん
b. 提示／ていじ
c. 複合／ふくごう
d. 外部／がいぶ
e. 分布／ぶんぷ
f. 成立／せいりつ
g. 類似／るいじ

1. 提示
2. 外部
3. 古典
4. 分布
5. 複合
6. 類似
7. 成立

**アクティビティー❷**

1. 観点（かんてん）
2. 決定（けってい）
3. 近代（きんだい）
4. 分布（ぶんぷ）
5. 生成（せいせい）
6. 視（し）
7. 相対（そうたい）
8. 解明（かいめい）
9. 古典（こてん）
10. 困難（こんなん）
11. 現状（げんじょう）
12. 伴っ（ともなっ）
13. 要求（ようきゅう）
14. 確認（かくにん）
15. 衝突（しょうとつ）
16. 規定（きてい）

**アクティビティー⑤**

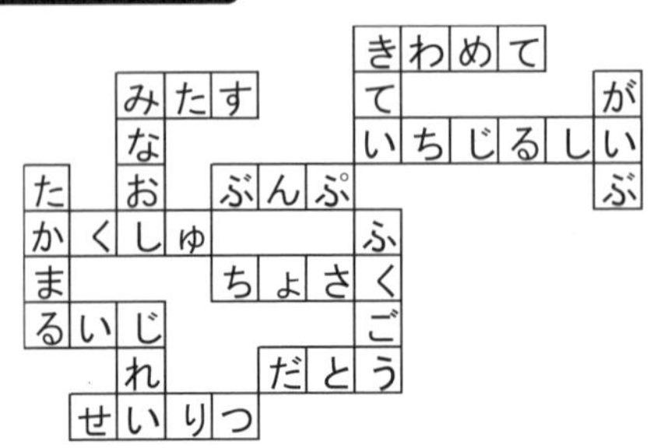


（左から右へ）

1. 極めて（きわめて）
2. 満たし（みたし）
4. 著しい（いちじるしい）
6. 分布（ぶんぷ）
7. 各種（かくしゅ）
9. 著作（ちょさく）
10. 類似（るいじ）
12. 妥当（だとう）
13. 成立（せいりつ）

（上から下へ）

1. 規定（きてい）
2. 見直し（みなおし）
3. 外部（がいぶ）
5. 高まれ（たかまれ）
8. 複合（ふくごう）
11. 事例（じれい）

**STEP 4**

問題1. 身近

問題2. 希薄化／相対化

問題3. つねに敏感（な）／感覚を研ぎすませ（た）／神経を張りつめ（た）

問題4. 現代（的）／対人（的）／人間（的）／感覚（的）／世界（的）／対立（的）／絶対（的）／比較（的）／相対（的）

## チャレンジ　ドン！

①

問題1. いろいろな／まるで

問題2. （検討する）価値がある

問題3. 多数派（たすうは）

問題4. 敬語／方言／自動詞／受け身／授受表現／母音／音／破裂音／音韻構造／省略／音節／主語／目的語

問題5. 「～」を定義する／考察を展開する／～を（観点として）提示する／半数を占める／仮説を検証する／理論を確立する　など

②

問題1. 有性生殖

問題2. 雌しべの　胚のう　が　雄しべ　の花粉を　受け取る　こと

問題3. 植物以外の生物にも関係する語：性／遺伝子／殖／精子／精／卵／クローン／オス／メス／種／異／細菌／類
植物だけに関係する語：植物／雄しべ／花粉／雌しべ／胚のう／花／つぼみ

問題4. 「1,000種」の「種」は「種類」(kind)という意味で／「単為生殖する種」の「種」は生物を分類するときの基本単位の「種」(species)という意味で／「種子」の「種」は「たね」(seed)という意味。

問題5. 単